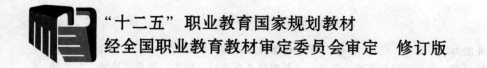

"十二五"职业教育国家规划教材

经全国职业教育教材审定委员会审定 修订版

汽车行驶与操纵系统检修
（第 3 版）

主　编　焦传君　董长兴

"互联网+"教材

图书总码

北京理工大学出版社
BEIJING INSTITUTE OF TECHNOLOGY PRESS

内 容 简 介

本书按照职业能力培养主线，结合"1+X"职业技能等级标准，系统地介绍了汽车行驶、转向与制动系统的结构原理、部件检修与调整等内容。主要包括3个项目：汽车行驶系统检修、汽车转向系统检修和汽车制动系统检修。下设17个任务，每个任务明确了知识目标与技能目标，通过案例引入，学习基本知识、练习操作技能。

本书可作为高等院校、高职院校汽车类专业教材，也可供汽车相关行业技术人员使用。

版权专有　侵权必究

图书在版编目（CIP）数据

汽车行驶与操纵系统检修 / 焦传君，董长兴主编. —3版. --北京：北京理工大学出版社，2021.8（2022.1重印）
ISBN 978-7-5763-0118-2

Ⅰ.①汽…　Ⅱ.①焦…②董…Ⅲ.①汽车-行驶系-车辆修理-职业教育-教材②汽车-操纵系统-车辆修理-职业教育-教材　Ⅳ.①U472.41

中国版本图书馆 CIP 数据核字（2021）第 152866 号

出版发行 /	北京理工大学出版社有限责任公司
社　　址 /	北京市海淀区中关村南大街5号
邮　　编 /	100081
电　　话 /	（010）68914775（总编室）
	（010）82562903（教材售后服务热线）
	（010）68944723（其他图书服务热线）
网　　址 /	http://www.bitpress.com.cn
经　　销 /	全国各地新华书店
印　　刷 /	北京国马印刷厂
开　　本 /	787毫米×1092毫米　1/16
印　　张 /	18
字　　数 /	423千字
版　　次 /	2021年8月第3版　2022年1月第2次印刷
定　　价 /	49.90元

责任编辑 / 申玉琴
文案编辑 / 申玉琴
责任校对 / 周瑞红
责任印制 / 李志强

图书出现印装质量问题，请拨打售后服务热线，本社负责调换

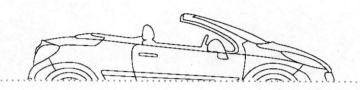

前言

随着汽车工业的迅猛发展，汽车保有量以惊人的速度增长，特别是一些新结构、新技术、新工艺、新材料等在汽车上的应用也越来越多。因而对于汽车后市场而言，急需大量的技能型汽车维修人员。为适应紧缺型维修人才培养的需要，我们对多年来的教学、培训与实践进行了系统的总结，编写了本教材。

本教材的编写，坚持职业能力培养主线，结合"1+X"职业技能等级标准，体现教学内容的先进性、实用性和针对性，在对汽车维修企业市场调研及维修案例分析的基础上，参阅了大量的文献资料，并结合多年的教学、培训及实践经验，系统地阐述了汽车行驶、转向与制动系统的结构原理、部件检修与调整等内容，做到理论与实际的紧密结合，突出学生综合职业能力的培养。本教材共包括3个项目：汽车行驶系统检修、汽车转向系统检修、汽车制动系统检修。下设17个任务，每个任务明确了知识目标与技能目标，通过案例引入，学习基本知识、练习操作技能，使学生掌握相关知识、学会部件检修与调整。

本教材的编写体现以下特点：

（1）项目引领任务驱动。以典型工作任务为载体组织教学，通过典型工作任务将各系统的结构、工作原理、检修调整等内容融为一体，理论与实践紧密结合。

（2）教材内容与时俱进。将汽车市场的主导车型，如奥迪、丰田等轿车的新技术融入教材，如电控悬架系统、汽车上坡起动与下坡控制系统等内容。

（3）注重安全意识、法规意识、环保意识的建立，必要时通过"提示""注意"加深印象，通过任务实施，培养学生团队意识，强化学生沟通能力。

（4）教材结构完整。设有知识目标、技能目标、案例引入、基本知识、任务实施、实训工单、考核工单、项目小结、自测练习等环节，方便学生学习、理解、自我测试等。

（5）教材配套资源丰富。实现"互联网+新形态教材"，为教师及学生提供了教学课件、教学短视频、教学进度计划、电子教案等。

教材编写人员：本教材由焦传君、董长兴主编。董长兴、孙雪梅、李明清编写项目一，王慧怡、李东兵、佟得利、王椿龙编写项目二，焦传君、何英俊、邱艳芬编写项目三。孙雪梅、何英俊、佟得利有着十余年的4S店工作经历，具有丰富的维修经验，并且都担任企业内训师，有深厚的教学底蕴。王椿龙来自中国第一汽车股份有限公司研发总院，具有丰富的一线实践经验。

本教材编写过程中，得到了许多专家与同行的支持，特别是一汽—大众售后服务有限公司张颖培训师及长春通立商贸有限公司云晓生高级技师对本教材的编写提出了很多宝贵意见，同时教材的编写参阅了大量的文献资料，在此一并表示感谢！

由于编者水平有限，书中难免会有不妥或错漏之处，恳请读者批评指正。

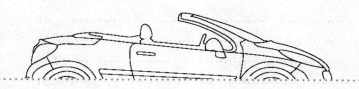

目 录
CONTENTS

项目一 汽车行驶系统检修

任务一　汽车行驶系统介绍 ·································· 1
  【基本知识】 ·· 1
  一、汽车行驶系统组成与功用 ································ 1
  二、汽车行驶系统的类型 ······································ 2
  三、汽车行驶系统的受力分析 ································ 3
任务二　车轮与轮胎检修 ·· 3
  【基本知识】 ·· 4
  一、车轮 ·· 4
  二、轮胎 ·· 5
  三、轮胎与车轮的检查维护 ·································· 12
  四、车轮动平衡检测 ·· 16
  【任务实施】 ·· 18
  一、任务实施准备 ··· 18
  二、任务实施步骤 ··· 18
任务三　车桥检修与车轮定位检测 ·························· 21
  【基本知识】 ·· 21
  一、车桥结构 ··· 21
  二、车桥检修 ··· 27
  三、车辆定位检测与调整 ····································· 29
  【任务实施】 ·· 30
  一、任务实施准备 ··· 30
  二、任务实施步骤 ··· 31
任务四　车架和悬架检修 ·· 34
  【基本知识】 ·· 34
  一、车架结构 ··· 34
  二、车架的检修 ·· 37
  三、悬架结构 ··· 38

四、悬架检修 …………………………………………………………… 48
　　【任务实施】 …………………………………………………………… 50
　　　一、任务实施准备 …………………………………………………… 50
　　　二、任务实施步骤 …………………………………………………… 51
　任务五　电子控制悬架检修 ……………………………………………… 54
　　【基本知识】 …………………………………………………………… 54
　　　一、电子控制悬架的结构 …………………………………………… 54
　　　二、半主动悬架 ……………………………………………………… 70
　　　三、主动悬架 ………………………………………………………… 74
　　　四、电子控制悬架检修 ……………………………………………… 76
　　【任务实施】 …………………………………………………………… 82
　　　一、任务实施准备 …………………………………………………… 82
　　　二、任务实施步骤 …………………………………………………… 87
　任务六　新型汽车轮胎介绍 ……………………………………………… 90
　　【基本知识】 …………………………………………………………… 90

项目二　汽车转向系统检修

任务一　汽车转向系统基本检查 …………………………………………… 95
　【基本知识】 ……………………………………………………………… 96
　　一、转向系统功用及分类 ………………………………………………… 96
　　二、转向系统的基本组成及工作原理 …………………………………… 97
　　三、转向中心与转弯半径 ………………………………………………… 98
　　四、转向盘自由行程 ……………………………………………………… 99
　　五、转向器 ………………………………………………………………… 99
　　六、转向操纵机构 ………………………………………………………… 103
　　七、转向传动机构 ………………………………………………………… 108
　　八、转向系统基本检查与维护 …………………………………………… 114
　　九、转向器的拆检与调整 ………………………………………………… 115
　【任务实施】 ……………………………………………………………… 120
　　一、任务实施准备 ………………………………………………………… 120
　　二、任务实施步骤 ………………………………………………………… 120
任务二　液压动力转向系统检修 …………………………………………… 124
　【基本知识】 ……………………………………………………………… 124
　　一、液压动力转向系统的组成与工作原理 ……………………………… 124
　　二、液压动力转向系统的基本检查及维护 ……………………………… 133
　　三、转向油泵的检查与调整 ……………………………………………… 135
　　四、整体式动力转向器的拆装检修 ……………………………………… 136

【任务实施】……144
一、任务实施准备……144
二、任务实施步骤……145

任务三　电控动力转向系统检修……148
【基本知识】……148
一、液压式电控动力转向系统……148
二、电动式电控动力转向系统……155
三、电控动力转向系统检修……159
【任务实施】……164
一、任务实施准备……164
二、任务实施步骤……164

任务四　四轮转向系统介绍……167
【基本知识】……167
一、液压式电控四轮转向系统……167
二、电控电动式四轮转向系统……172

项目三 汽车制动系统检修

任务一　制动器检修……179
【基本知识】……180
一、制动系统的功用及工作原理……180
二、制动系统的组成及类型……181
三、对制动系统的要求……182
四、制动器的结构分析……182
五、制动器检修……201
【任务实施】……203
一、任务实施准备……203
二、任务实施步骤……203

任务二　液压制动传动装置检修……207
【基本知识】……207
一、液压制动回路……207
二、液压制动系统基本检查与部件检修……212
【任务实施】……216
一、任务实施准备……216
二、任务实施步骤……216

任务三　气压制动传动装置检修……219
【基本知识】……219
一、气压制动回路……219

二、气压制动系统基本检查与部件检修 228
　【任务实施】 229
　　一、任务实施准备 229
　　二、任务实施步骤 229

任务四　防抱死制动系统检修 233
　【基本知识】 233
　　一、车轮抱死后车辆的运动情况 233
　　二、制动时车轮的受力分析 234
　　三、附着系数与车轮滑移率的关系 235
　　四、ABS 的基本组成与工作原理 237
　　五、ABS 的主要部件 242
　　六、ABS 的检查与维护 251
　　七、ABS 的部件检修 254
　【任务实施】 255
　　一、任务实施准备 255
　　二、任务实施步骤 256

任务五　电控驱动防滑控制系统介绍 259
　【基本知识】 259
　　一、防滑控制系统的理论基础 259
　　二、防滑控制系统的控制方式 260
　　三、ASR 与 ABS 的比较 261
　　四、防滑控制系统的结构与工作原理 261

任务六　电子稳定控制系统介绍 265
　【基本知识】 265
　　一、电子稳定程序系统的功能 265
　　二、电子稳定程序系统的基本工作原理 266
　　三、电子稳定程序系统的组成 267

任务七　辅助制动电控系统介绍 269
　【基本知识】 269
　　一、电动真空制动助力系统 269
　　二、电子制动力分配（EBV）系统 271
　　三、车辆上坡起步与下坡控制系统 273
　　四、电子驻车制动系统 274

参考文献 280

项目一
汽车行驶系统检修

项目简介

汽车行驶系统是汽车底盘的重要组成部分，一般由车架（或承载式车身）、前后车桥、车轮和悬架等部分组成，其功用是保证汽车平顺行驶。当行驶系统部件磨损或出现异常时，会造成车身倾斜、行驶跑偏、出现异响等，影响汽车的行驶平顺性。本项目通过汽车行驶系统介绍、车轮与轮胎检修、车桥检修与车轮定位检测、车架和悬架检修、电子控制悬架检修、新型汽车轮胎介绍六个任务的基本知识学习和任务实施，使学生能够更好地掌握汽车行驶系统检修知识和技能，完成汽车行驶系统检修。

任务一　汽车行驶系统介绍

知识目标

1. 了解汽车行驶系统的组成与功用。
2. 了解汽车行驶系统的类型。

技能目标

1. 能够向客户介绍汽车行驶系统的功用。
2. 能够区分比较不同类型的汽车行驶系统。
3. 能够对汽车行驶原理进行分析。

案例引入

汽车行驶系统有什么作用？汽车是怎么行驶起来的？汽车行驶系统有哪些类型？很多人都有这样一些疑问，相信通过下面的学习，你就会得到答案。

【基本知识】

一、汽车行驶系统组成与功用

汽车行驶系统一般由车架（或承载式车身）、车桥（前后车桥）、车轮（前后车轮）和悬架（前后悬架）等部分组成，如图1-1-1所示。车架1是全车装配与支承的基础，它将汽车的各相关总成连接成一个整体，并与行驶系统共同支承汽车的质量，车轮5和4分别安装在车桥6和3上，支承着车桥和汽车。为了减少汽车在行驶中受到的各种冲击和振动，车桥与车架之间又通过悬架7和2与车架相连接。

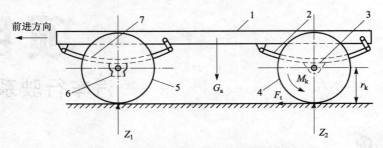

图 1-1-1　轮式汽车行驶系统的组成及受力情况
1—车架；2—后悬架；3—后桥（驱动桥）；4—后轮；5—前轮；6—前桥（从动桥）；7—前悬架

汽车行驶系统主要有以下几方面功用。

（1）接收由发动机经传动系统传来的转矩，并通过驱动轮与路面之间的附着作用，产生驱动力，以保证整车正常行驶。

（2）支承汽车的总质量。

（3）传递并支承路面作用于车轮上的各种反力及其所形成的力矩。

（4）尽可能地缓和不平路面对车身造成的冲击和振动，保证汽车平顺行驶。

二、汽车行驶系统的类型

汽车行驶系统的基本类型主要有轮式、半履带式、全履带式、车轮—履带式和水陆两用式等几种类型。应用较多的是轮式汽车行驶系统。

（1）轮式汽车行驶系统如图 1-1-1 所示。汽车行驶在比较坚实的道路上，其行驶系统中直接与路面接触的部分是车轮，车轮支承整个车辆，并通过车轮的滚动驱动汽车行驶。这样的行驶系统称为轮式行驶系统，这种汽车便是轮式汽车。

（2）半履带式汽车行驶系统如图 1-1-2 所示。前桥装有滑橇或车轮，用来实现转向，后桥上装有履带，以减少对地面的单位压力（比压），避免汽车下陷。同时履带上的履刺加强了附着作用，具有很高的通过能力，主要用在雪地或沼泽地带行驶。这样的行驶系统称为半履带式行驶系统，这种汽车称为半履带式汽车。

（3）全履带式汽车行驶系统如图 1-1-3 所示。汽车前后桥上都装有履带，行驶系统中直接与路面接触的部分是履带，这样的行驶系统称为全履带式汽车行驶系统，这种汽车称为全履带式汽车。

图 1-1-2　半履带式汽车行驶系统

图 1-1-3　全履带式汽车行驶系统

(4) 车轮—履带式汽车行驶系统如图 1-1-4 所示。行驶系统中直接与路面接触的部分既有车轮又有履带，称为车轮—履带式行驶系统，这种汽车称为车轮—履带式汽车。

(5) 水陆两用式汽车行驶系统。水陆两用式汽车除具有一般轮式汽车的行驶系统外，还备有一套在水中航行的行驶机构。

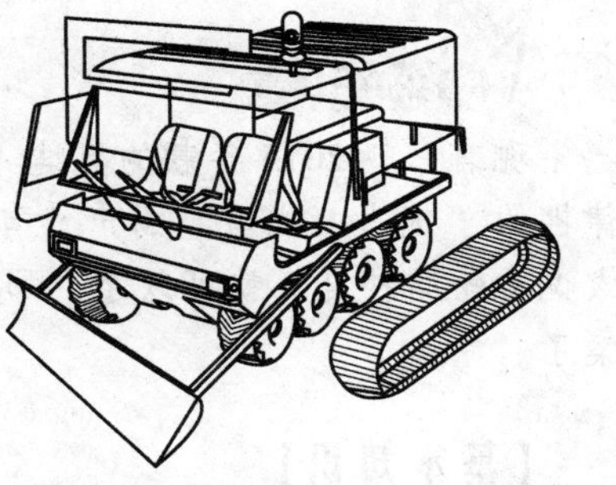

三、汽车行驶系统的受力分析

图 1-1-4 车轮—履带式汽车行驶系统

汽车行驶系统的受力情况如图 1-1-1 所示，汽车的总重力 G_a 通过前后轮传到地面，引起地面分别作用于前轮和后轮上的垂直反力 Z_1 和 Z_2。当驱动桥中半轴将驱动转矩 M_k 传到驱动轮 4 上时，通过路面和车轮的附着作用，产生路面作用于驱动轮边缘上的向前的纵向反力——牵引力 F_t。牵引力 F_t 的一部分用以克服驱动轮本身滚动阻力，其余大部分则依次通过驱动桥壳、后悬架传到车架，用来克服作用于汽车上的空气阻力和坡道阻力，还有一部分牵引力由车架经过前悬架传至从动桥，作用于自由支承在从动桥两端转向节上的从动轮中心，使前轮克服滚动阻力向前滚动。于是，整个汽车便向前行驶了。如果行驶系统中处于牵引力传递路线上的任意一个环节中断，汽车将无法行驶。

任务二　车轮与轮胎检修

知识目标

1. 了解汽车车轮与轮胎的功用与种类。
2. 了解车轮与轮胎的结构。
3. 清楚轮胎型号的含义。
4. 掌握轮胎的正确使用与维护方法。
5. 掌握车轮动平衡测试方法。

技能目标

1. 能够收集和整理相关资料。
2. 能够有效与客户进行沟通并进行产品介绍。
3. 能够对车轮和轮胎的结构进行说明与分析。
4. 能够针对轮胎的型号进行说明。
5. 能够对轮胎进行正确维护。
6. 能够对车轮进行动平衡测试并正确加装平衡块。
7. 能够对车轮进行更换。
8. 能够引导客户树立安全环保意识。

案例引入

现有一辆2015年款的奥迪A4L轿车，行驶75 000 km，在行驶中出现轻微跑偏并伴有规律性的"咣当、咣当"响声，有人说该换轮胎了，有人说给车轮做个动平衡就行了，还有人说给轮胎补补气就可以了，那么车主到底该听谁的呢？通过下面的学习，相信就能找到答案了。

【基本知识】

车轮与轮胎是汽车行驶系统的重要组成部分，起着重要作用：支承汽车和装载质量；传递汽车与路面之间的各种力和力矩；缓冲因颠簸引起的振动；保持汽车的行驶方向等。

一、车轮

1. 车轮的功用、组成与分类

车轮是介于轮胎和车桥之间承受负荷的旋转组件，其功用是安装轮胎并传递和承受轮胎、车桥之间的各种力和力矩。它主要由轮辋、轮辐和轮毂组成。按照轮辐的构造，车轮分为辐板式和辐条式两种主要型式。在辐板式车轮中，又根据所用材料的不同分为钢板型和合金型。

2. 车轮的结构

（1）辐板式车轮。

目前，汽车上普遍采用辐板式车轮。根据轮辋和辐板的连接方式，可以分为组合式结构和整体式结构。组合式结构将轮辋和辐板用焊接或铆接的方式进行连接。整体式结构将轮辋和辐板用锻造成型或铸造成型方式进行连接。前者主要用于钢制车轮，而后者则用于铝合金制车轮。

图1-2-1 辐板式车轮

辐板式车轮由挡圈、辐板、轮辋和气门嘴伸出孔等组成，如图1-2-1所示。用以连接轮毂和轮辋的钢质圆盘称为辐板。为了减小车轮的质量，有利于制动鼓（盘）散热，方便拆装，在辐板的外边缘制成通孔。

汽车车轮是高速旋转部件。为了防止行驶中固定车轮的螺母自行松脱，汽车左、右两侧车轮上的固定螺栓、螺母一般采用旋向不同的螺纹，即左轮使用左旋螺纹，右轮使用右旋螺纹。拆装时都是向汽车前进方向是紧，向汽车倒车方向是松。

目前，由于轿车和一些货车使用了螺母防松脱结构，因此左、右两侧车轮上的固定螺母均采用右旋螺纹。

（2）辐条式车轮。

辐条式车轮的特点是以钢丝辐条或铸造辐条为轮辐。由于钢丝辐条式车轮质量小、价格昂贵、维修安装不便，故仅用于赛车和某些高级轿车，如图1-2-2（a）所示。现代的中高级轿车多采用铸造辐条式车轮，如图1-2-2（b）所示。

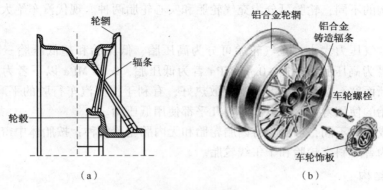

图1-2-2 辐条式车轮
(a) 钢丝辐条式；(b) 铸造辐条式

现代汽车的轮辐多种多样，与汽车造型融为一个整体，对整车起到了很好的装饰作用。采用少辐板的轮辐，有利于制动器的散热。图1-2-3所示为奔驰轿车的五辐车轮。

(3) 轮辋。

轮辋的外部须装上轮胎。不同规格的轮胎应该配用相应规格的标准轮辋，否则，会使轮胎变形，影响轮胎的性能。

轮辋的常见型式主要有两种：深槽轮辋和平底轮辋，如图1-2-4所示。深槽轮辋用于轿车和轻型越野车，平底轮辋用于中型货车。

图1-2-3 奔驰轿车的五辐车轮

图1-2-4 轮辋结构型式
(a) 深槽轮辋；(b) 平底轮辋

二、轮胎

1. 轮胎的功用与类型

轮胎由橡胶制成，安装在轮辋上，并与轮辋组成车轮与路面接触，其功用是：支承汽车及货物的总质量；保证车轮和路面的附着，以提高汽车的牵引性、制动性和通过性；与汽车悬架一同减少汽车行驶中所受到的冲击，并衰减由此而产生的振动，以保证汽车有良好的乘坐舒适性和平顺性。因此，轮胎内部必须充有气体，以具有一定的承受载荷的能力和适宜的弹性；轮胎的外部应有较复杂的花纹，以提高与路面的附着性。

按胎体结构的不同，轮胎可分为充气轮胎和实心轮胎两种。现代汽车绝大多数采用充气轮胎。

按胎内的空气压力大小，充气轮胎可分为高压胎、低压胎和超低压胎三种。一般气压 $0.5 \sim 0.7$ MPa 者为高压胎，$0.15 \sim 0.45$ MPa 者为低压胎，0.15 MPa 以下者为超低压胎。低压胎弹性好，断面宽，接地面积大，壁薄散热好，有利于提高汽车行驶的平顺性、稳定性，同时可提高轮胎的使用寿命，所以汽车上几乎都使用低压胎。

轮胎按组成结构不同，可分为有内胎轮胎和无内胎轮胎两种；按胎体中帘线排列的方向不同，还可分为普通斜交轮胎和子午线轮胎。

2. 轮胎的结构

（1）有内胎的充气轮胎。

这种轮胎一般由外胎、内胎和垫带组成，如图1-2-5所示。

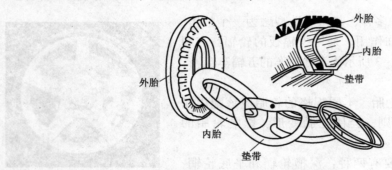

图1-2-5 有内胎的充气轮胎

1）外胎。

外胎由胎面、帘布层、缓冲层和胎圈组成。如图1-2-6所示。

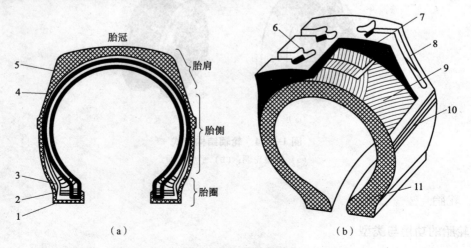

图1-2-6 外胎结构
(a) 外胎剖视图；(b) 外胎名称图
1—胎圈包边；2—钢丝圈；3—帘布层；4—缓冲层；5，6—胎冠；
7—缓冲层；8—胎肩；9—帘布层；10—胎侧；11—胎圈

a. 胎面。胎面是轮胎的外表面，由胎冠、胎肩和胎侧三部分组成。胎面与路面直接接触，产生摩擦阻力、驱动力和制动力。

胎冠的外部是耐磨的橡胶层，用于保护帘布层和内胎免受路面造成的磨损和外部损伤。胎冠与路面直接接触，并产生摩擦阻力，使车辆行驶和制动。为使轮胎与路面有良好的附着性能，防止纵向和横向滑移，在胎面上制有各种形状的花纹，主要有普通花纹（包括纵向折线花纹和横向花纹）、混合花纹、越野花纹等。普通花纹的特点是花纹细而浅，花纹块接地面积大，因而耐磨和附着性较好。其中纵向折线花纹［如图1-2-7（a）所示］滚动阻力小，操纵性能好，噪声小，适合于在较好的硬路面上高速行驶，广泛用于轿车、客车及货车等各种车辆；横向花纹［如图1-2-7（b）所示］有耐磨性好、不易夹石等优点，但滚动阻力大，所以仅用于货车。混合花纹由纵向折线花纹和横向花纹组合而成［如图1-2-7（c）所示］，在好路面和不良路面上都可提供稳定的驾驶性能，广泛用于客车和货车。越野花纹［如图1-2-7（d）所示］的凹部深而粗，在软路面上与地面附着性好，越野能力强，适用于矿山、建筑工地及其他一些在松软路面上行驶的越野汽车轮胎。

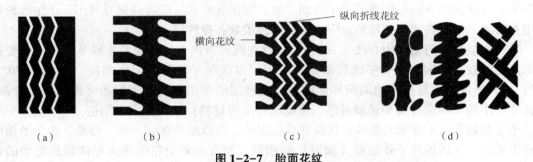

图1-2-7　胎面花纹
（a）纵向折线花纹；（b）横向花纹；（c）混合花纹；（d）越野花纹

胎肩是较厚的胎冠和较薄的胎侧间的过渡部分，一般也制有各种花纹，以提高该部位的散热性能。

胎侧又称胎壁，它由数层橡胶构成，覆盖轮胎两侧，保护内胎免受外部损坏。胎侧在行驶过程中不断地在载荷作用下发生弯曲变形。胎侧上标有厂家名称、轮胎尺寸及其他资料。

b. 帘布层。帘布层是外胎的骨架，用以保持外胎的形状和尺寸，并使其具有足够的强度。帘布层通常由成双数的多层帘布用橡胶贴合而成，相邻的帘线交叉排列。帘布层数越多，轮胎的强度越大，弹性下降。帘线可以是棉线、人造丝、尼龙线和钢丝等。

按照胎体帘布层的排列方式不同，有普通斜交轮胎、子午线轮胎，如图1-2-8所示。

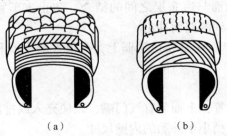

图1-2-8　普通斜交轮胎和子午线轮胎结构的比较
（a）普通斜交轮胎；（b）子午线轮胎

普通斜交轮胎和子午线轮胎在汽车上应用较广,特别是子午线轮胎应用最广泛。图1-2-9所示为子午线轮胎的构造。它由胎圈、帘布层、带束层、胎冠和胎肩等组成。其特点是:

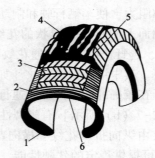

图1-2-9 子午线轮胎构造
1—胎圈;2—帘布层;3—带束层;4—胎冠;5—胎肩;6—子午断面

①帘线排列的方向与轮胎的子午断面一致,使帘线的强度能得到充分利用。子午线轮胎的帘布层数一般比普通斜交轮胎少一半,胎体较柔软,弹性好。

②帘布层帘线与胎面中心线呈90°角,帘线在圆周方向上只靠橡胶来联系。为了承受行驶时产生的较大切向力,子午线轮胎具有若干层帘线与子午断面呈大角度(交角为70°~75°)、高强度、不易拉伸的周向环形的类似缓冲层的带束层。带束层通常采用强度较高、拉伸变形小的织物帘布(如玻璃纤维、聚酰胺纤维等材料)或钢丝帘布制造。

子午线轮胎基本骨架的胎体帘线排列成辐射状,所以胎侧部分柔软。但是,由于胎面内侧有带束层,从而提高了外胎面(胎冠)的刚度。而普通斜交轮胎是由胎体构成轮胎的骨架,因而从外胎面(胎冠)到胎侧的柔软度是均匀的。

综上可知,子午线轮胎有如下的优点:
①因帘布层数少,胎侧薄,所以散热性能好。
②胎冠较厚且有坚硬的带束层,不易刺穿,行驶时变形小,可降低油耗3%~8%。
③接地面积大,附着性能好,胎面滑移小,对地面单位压力也小,因而滚动阻力小,使用寿命长。
④径向弹性大,缓冲性能好,负荷能力较大。
⑤在承受侧向力时,接地面积基本不变,故在转向行驶和高速行驶时稳定性好。
它的缺点是:胎侧过渡区易裂口,制造技术要求高,成本高。

c. 缓冲层。缓冲层夹在胎面和帘布层之间,由两层或数层较稀疏的帘布和橡胶制成,弹性较大。其作用是加强胎面与帘布层之间的结合,防止汽车紧急制动时胎面与帘布层脱离,并缓和汽车行驶时所受到的路面冲击。

d. 胎圈。胎圈使外胎牢固地安装在轮辋上,有很大的刚度和强度,由钢丝圈、帘布层包边和胎圈包布组成。

2)内胎。
内胎是一个环形的橡胶管,上面装有气门嘴,以便充入或排出空气。为使内胎在充气状态下不产生褶皱,其尺寸应稍小于外胎的内壁尺寸。

3)垫带。
垫带是一个环形的橡胶带,它垫在内胎与轮辋之间,保护内胎不被轮辋和胎面磨伤。

（2）无内胎的充气轮胎。

无内胎充气轮胎在结构和外观上与有内胎充气轮胎相似，所不同的是它没有内胎，空气被直接压入外胎中，因此要求外胎和轮辋之间有很好的密封性。其结构如图 1-2-10 所示。无内胎充气轮胎在轮辋的内壁上用硫化的方法附加了一层 2~3 mm 的橡胶密封层，气门嘴用橡胶密封垫直接固定在轮辋上，铆接轮辋和轮辐的铆钉外面涂上一层橡胶从内部塞入。因此外胎与轮辋之间密封性很好。

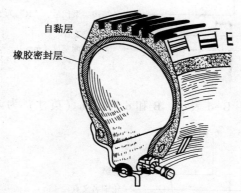

图 1-2-10　无内胎的充气轮胎

由于它没有内胎，空气直接压入外胎中，因此它的优点是消除了内、外胎之间的摩擦，且轮胎散热性好，胎温低，有利于车速的提高，结构简单，质量小，寿命长，耐刺穿性好。但材料、工艺要求高，维修困难。无内胎充气轮胎近年来应用非常广泛，轿车几乎均使用无内胎充气轮胎。

（3）应急轮胎。

汽车上装用的备胎即为应急轮胎，是在汽车某一个轮胎爆破或漏气时才使用的。备胎最好不要用在驱动车轮上。

注意：应急轮胎在行驶中应避免高速行驶或紧急制动。

3. 轮胎的规格与标记

轮胎的规格可用外胎直径 D、轮辋直径 d、轮胎断面宽度 B 和断面高度 H 的名义尺寸代号表示，如图 1-2-11 所示。H 与 B 之比称为轮胎的高宽比（以百分比表示），即 $H/B \times 100\%$，又称做轮胎的扁平率。轮胎的扁平率越小，说明轮胎的断面越宽，故扁平率小的轮胎称为宽断面轮胎。宽断面轮胎的优点是，因断面宽，接地面积大，接地比压小，磨损减小，滚动阻力也小，抗侧向稳定性强。因此，在相同承载能力下，宽断面轮胎较普通轮胎的直径可以减小，因此，在高速轿车上得到广泛应用。

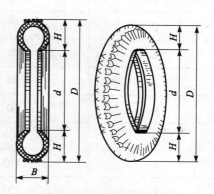

图 1-2-11　轮胎尺寸标记

（1）轮胎规格表示方法。

根据 GB/T 2978—2014《轿车轮胎规格、尺寸、气压与负荷》规定，我国轮胎规格表示方法如下：

① 子午线轮胎。

国产子午线轮胎规格用 BRd 表示，其中 R 代表子午线轮胎。

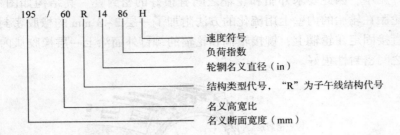

② 斜交轮胎。

我国斜交轮胎的规格用 B-d 表示，B 和 d 均用 in（英寸）为单位。

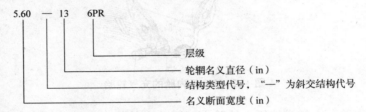

（2）轮胎速度符号与负荷指数。

我国标准 GB/T 2978—2014《轿车轮胎规格、尺寸、气压与负荷》中规定，轮胎的速度符号与最高速度的对应关系应符合表 1-2-1 的规定；行驶速度在 210 km/h 或以下时，轮胎负荷指数与负荷能力的对应关系应符合表 1-2-2 的规定。

表 1-2-1 速度符号与最高速度的对应关系

速度符号	最高速度/($km \cdot h^{-1}$)	速度符号	最高速度/($km \cdot h^{-1}$)
C	60	P	150
D	65	Q	160
E	70	R	170
F	80	S	180
G	90	T	190
J	100	H	210
K	110	V	240
L	120	W	270
M	130	Y	300
N	140	—	—

表 1-2-2　负荷指数与负荷能力的对应关系

负荷指数	负荷能力/kg	负荷指数	负荷能力/kg	负荷指数	负荷能力/kg	负荷指数	负荷能力/kg	负荷指数	负荷能力/kg	负荷指数	负荷能力/kg	负荷指数	负荷能力/kg
60	250	70	335	80	450	90	600	100	800	110	1 060	120	1 400
61	257	71	345	81	462	91	615	101	825	111	1 090	121	1 450
62	265	72	355	82	475	92	630	102	850	112	1 120	122	1 500
63	272	73	365	83	487	93	650	103	875	113	1 150	123	1 550
64	280	74	375	84	500	94	670	104	900	114	1 180	124	1 600
65	290	75	387	85	515	95	690	105	925	115	1 215	125	1 650
66	300	76	400	86	530	96	710	106	950	116	1 250	126	1 700
67	307	77	412	87	545	97	730	107	975	117	1 285	127	1 750
68	315	78	425	88	560	98	750	108	1 000	118	1 320	128	1 800
69	325	79	437	89	580	99	775	109	1 030	119	1 360	129	1 850
												130	1 900

4. 轮胎的性能

轮胎的性能包括：滚动阻力、产生的热量、制动性能、胎面花纹噪声、驻波、浮滑现象、磨损等。

（1）滚动阻力。

如何识别轮胎

轮胎的滚动阻力与轮胎的气压和弹性变形量有关。轮胎的气压越低和弹性变形量越大，轮胎的滚动阻力越大，但附着能力好，行驶的方向稳定性好；反之则小，但附着能力差，行驶的方向稳定性差。

（2）产生的热量。

轮胎产生的热量是因为轮胎变形时非弹性变形产生的。轮胎非弹性变形时吸收能量并将其转化为热量，它们都是不良导体，不能使产生的热量快速散发，因此热量积累在轮胎材料内部，造成轮胎内部温度上升。过量的热量积累，削弱了各橡胶层与轮胎帘线之间的贴合力，最终导致各橡胶层分离，甚至使轮胎爆裂。积累在轮胎之间的热量因充气压力、载荷、车速、胎面纹槽深度及轮胎结构等因素而异。

（3）制动性能。

轮胎与路面之间所产生的制动力可使汽车减速和停车。制动力的大小取决于路面条件、轮胎类型、轮胎结构以及轮胎工作的其他条件。轮胎的制动性能可由其摩擦系数评估。摩擦系数越小，则轮胎所产生的摩擦力越小，制动距离越长。

（4）胎面花纹噪声。

胎面花纹噪声是轮胎最突出的工作声音。与路面接触的胎面纹槽中含有空气，这些空气密封在纹槽与路面之间，并受到压缩，当胎面离开路面时，受到压缩的空气便从纹槽中突然冲出，产生噪声。

（5）驻波。

汽车行驶过程中，随着胎面新的部分与路面接触，轮胎便不断地变形。当胎面离开路面时，轮胎内的空气压力及轮胎本身的弹性便要将轮胎恢复原状。但当车速较高时，轮胎会没有足够的时间来完成这一复原过程。在如此短暂的时间间隔中不断地重复这一过程，会使胎面振动，这些振动被称为驻波。储存在驻波中心的能量大部分转化为热量，使轮胎温度急剧升高。在某些情况下，这种储存的热量会导致爆裂，甚至在几分钟内将轮胎毁坏。一般来说，轿车轮胎的最大允许速度由出现驻波时的车速决定。

（6）浮滑现象（水滑现象）。

如果车速太高，胎面没有足够的时间从路面上排开积水，不能附着在路面上，车辆便会在积水路面上打滑，这种现象称为浮滑现象。这是因为，当车速升高时，水的阻力也相应增大，迫使轮胎"浮"在水面上，其效果与滑水运动相似。滑水运动员在低速时沉入水中，而当速度升高时，它便开始在水面上滑行。横向花纹轮胎的排水性能比纵向花纹轮胎的排水性能好。

（7）磨损。

轮胎与路面之间的滚动和滑动摩擦力会使轮胎磨损，磨损程度与充气压力、载荷、车速、路面条件、温度有关。

三、轮胎与车轮的检查维护

1. 轮胎异常磨损分析

在使用中，轮胎出现异常磨损的原因如下：

（1）当轮胎气压过低时，轮胎变形大，轮胎胎面磨损加剧。当轮胎帘线松散脱胶或出现鼓包现象时，一旦行驶中遇到障碍物，就会局部变形增大，从而造成轮胎内壁破裂。

（2）当轮胎气压过高时，轮胎变形虽不大，但胎面中间磨损严重，轮胎局部承受应力增大过多，特别是受到冲击载荷时，更易发生线层自裂及爆胎现象。

（3）过度地超负荷或超速行驶，使轮胎变形增大，线层承受应力增加，易在胎侧较薄部位爆裂。当车速过快时，单位时间内轮胎变形次数增加，内部温度升高，易使轮胎损坏。超载高速行驶时，更易造成轮胎爆裂。

（4）路面拱形结构使轮胎内侧磨损加剧。

（5）因前轮胎定位不当，如前束值过大过小、外倾角度大（主销与转向节衬套磨损过多）、轮毂轴承过松、主销后倾失常、左右悬架减振性能不一致等一系列原因，将使前轮产生偏磨，或前轮摇摆产生不正常的磨损。

（6）轮辋变形，车轮每转一周，胎面局部位置产生横向和其他方向的滑磨。

（7）制动过于紧急且较频繁时，后轮的轮胎会沿整个轮胎圆周产生波浪形磨损。

（8）轮辋与轮胎不配套使用，极易使轮胎磨损加剧。

2. 轮胎的正确使用

（1）保持轮胎气压正常。

轮胎的气压是决定轮胎使用寿命和工作好坏的重要因素。

轮胎气压过低时，造成胎侧变形加大，胎冠部向内凸起，胎面接地面积增大，滑移量增加，使胎肩部位磨损加剧。由于轮胎弯形大，轮胎帘布层中的帘线应力增加，使得轮胎温度升高，加速橡胶老化和帘布与橡胶脱层，帘布松散，甚至帘线折断。轮胎气压过低，还会使滚动阻力增大，燃料消耗增加。

轮胎气压过高时，轮胎内部压力增加，接地面积减小，使轮胎的胎冠部位向外凸起，造成胎冠磨损加剧，使轮胎的橡胶、帘布等材料过度拉伸、刚性增加，一旦遇到冲击，极易造成轮胎的爆破。但是，轮胎气压略高，有利于降低行驶阻力，节约燃料。

（2）防止轮胎超载。

扒胎

轮胎承受负荷的高低对使用寿命影响较大。轮胎承受的负荷较小时，可提高使用寿命，但是不利于提高运输生产效率。轮胎承受的负荷较大时，使用寿命随负荷的增加而缩短。其原因是轮胎超载后，帘布和帘线应力增大，容易造成帘布与橡胶脱层和帘线松散、折断，同时因为变形加大使轮胎接地面积增加，致使轮胎胎肩磨损加剧；轮胎超载后，变形加大使轮胎温度升高，一旦遇到障碍物时极易引起轮胎爆破。

（3）合理搭配轮胎。

原装轮胎的花纹及底部设有若干横穿花纹、高度为 1.6 mm 的磨损标记，当轮胎磨出磨损标记时，必须更换新胎。合理搭配轮胎的目的是使整个汽车上的几条轮胎尽量磨损一致，使其有同等寿命。搭配轮胎的原则如下：装用新轮胎时，同一车轴上装配同一规格、结构、层级和花纹的轮胎；使用成色不同的轮胎时，前轮尽量使用最好的轮胎。

（4）精心驾驶。

驾驶技术的好坏直接影响到轮胎的寿命。驾驶方式不当，如急转弯、急制动、急加速和急减速以及盲目高速行驶，会使轮胎温度上升，加剧其异常磨损，缩短轮胎使用寿命。避免盲目择路，因为我国部分道路条件较差，砂石、坑凹、沟槽等损坏的路面对行驶中的轮胎具有破坏作用。即使是平整的沥青、混凝土路面，经常也会出现碎石、玻璃碴等杂物，这些都是构成轮胎损坏的因素，不可忽视。

夏季高温行车，应防止轮胎过热和内压过高；严禁放气降压和泼水冷却，应该选择阴凉地并增加停歇时间。当陷入泥泞路面时，应增加附着，避免轮胎空转而打滑；在冰雪路面上行驶时，防滑链应该两边对称装用，到达不滑的路面时应立即拆除，避免链条对轮胎的伤害。

另外，不要随意用轮胎去撞击较大的障碍物。停车太急撞击人行道台阶、绕躲石块时轮辋碰击石块、过大坑道时轮辋与坑道碰擦等，都会使轮辋受到损伤，甚至破坏，将会影响到轮胎的气密性。

（5）保持良好的底盘技术状况。

轮胎的异常磨损与底盘技术状况有关，如前轮定位中的前轮外倾与前轮前束配合不当、轮毂轴承松旷、转向传动机构间隙过大、车轮不平衡、轮辋变形、悬架与车架变形或制动技术状况不良等都会引起轮胎的不正常磨损，因此保持良好的底盘技术状况对防止轮胎的不正常磨损很关键。

3. 轮胎与车轮的检查维护

（1）轮胎气压及漏气检查。

在冷态下用轮胎气压表检查轮胎气压，若不符合要求，应充至规定气压以上，再放气至规定气压，如图 1-2-12（a）所示。充气后，在轮胎气门嘴周围涂抹肥皂水，检查气门嘴处是否出现气泡，从而判定轮胎是否漏气，如图 1-2-12（b）所示。

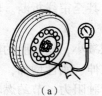 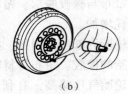

图 1-2-12 轮胎气压及漏气检查

(a) 轮胎气压检查；(b) 轮胎漏气检查

(2) 裂纹及损坏检查。

检查轮胎胎面和胎侧是否有裂纹、割痕或其他损坏，如图 1-2-13 (a) 所示。

(3) 轮胎纹槽嵌入物检查。

检查轮胎的胎面和胎壁是否嵌入金属颗粒、石子或者其他外物，如图 1-2-13 (b) 所示。

(4) 胎面纹槽深度检查。

可以使用轮胎纹槽深度规或游标卡尺测量轮胎胎面纹槽的深度，也可以通过观察轮胎表面的胎面磨损指示标记检查胎面纹槽深度。如果轮胎胎面纹槽深度达到 1.6 mm，轮胎表面的磨损指示标记就会出现，表明需要更换，如图 1-2-13 (c) 所示。

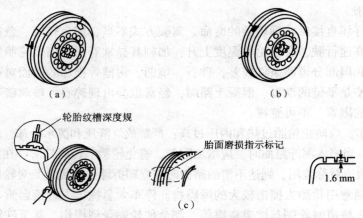

图 1-2-13 轮胎裂纹及损坏、纹槽嵌入物及胎面纹槽深度检查

(a) 裂纹及损坏检查；(b) 轮胎纹槽嵌入物检查；(c) 胎面纹槽深度检查

(5) 异常磨损检查。

检查车胎的整个外围是否有均匀磨损或者阶梯磨损。异常磨损可分为双肩磨损、中间磨损、薄边磨损、单肩磨损和跟部磨损，如图 1-2-14 所示。

图 1-2-14 轮胎异常磨损检查

(a) 双肩磨损；(b) 中间磨损；(c) 薄边磨损；(d) 单肩磨损；(e) 跟部磨损

（6）轮辐和轮辋检查。

检查轮辐和轮辋是否损坏、腐蚀、变形和跳动，如图 1-2-15 所示。

（7）轮胎换位。

1）按时换位可使轮胎磨损均匀，约可延长 20% 的使用寿命。在路面拱度较大的地区或夏季，轮胎磨损较大，可适当增加换位次数。厂家一般推荐 8 000 ～ 10 000 km 应将轮胎换位一次。

2）轮胎换位方法常用的有循环换位法、交叉换位法和单边换位法，如图 1-2-16、图 1-2-17 所示。

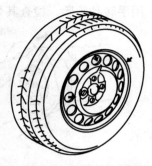

图 1-2-15　轮辐和轮辋检查

装用普通斜交轮胎的六轮二桥汽车，常用图 1-2-16（b）所示的交叉换位法，具体做法是：左右两交叉，主胎（后内）换前胎，前胎换帮胎（后外）、帮胎换主胎。这样，通过三次换位每只轮胎就可轮到一次担负内挡（主力）胎。

普通斜交轮胎也可采用交叉换位法，如图 1-2-17（a）所示。子午线轮胎宜用单边换位法如图 1-2-17（b）所示。

备胎更换

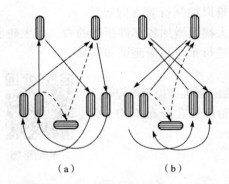

图 1-2-16　六轮二桥汽车轮胎换位法
（a）循环换位；（b）交叉换位

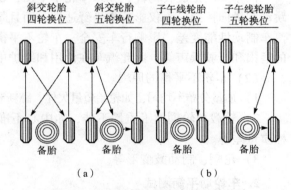

图 1-2-17　四轮二桥汽车轮胎换位法
（a）交叉换位；（b）单边换位

子午线轮胎的旋转方向应始终不变。若反向旋转，会因钢丝帘线反向变形产生振动，汽车平顺性变差。所以建议使用单边换位法。

提示：轮胎换位后，应按所换的胎位要求，重新调整气压。

注意：轮胎换位后须做好记录，下次换位仍要按上次选定的换位方法换位。

（8）车轮轴承检查。

通过车轮摆动检查和车轮转动状况、噪声检查来判断车轮轴承的工作状况。

1）车轮摆动检查。

用两柱举升机将车辆举升至中位，将一只手放在轮胎上面，而另一只手放在轮胎下面，推拉轮胎，检查是否有任何摆动，如图 1-2-18（a）所示。如果出现摆动，用制动踏板压器压紧制动踏板再次检查，如图 1-2-18（b）所示。此时若没有更大的摆动，则可初步判断是车轮轴承损坏；若仍然摆动，则可判断是球节、主销或者悬架有故障。

2）车轮转动状况和噪声检查。

用手转动轮胎，检查其是否能够无任何噪声地平稳转动，如图1-2-18（c）所示。

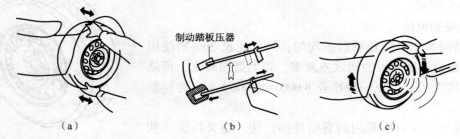

图1-2-18　车轮轴承检查

(a) 检查车轮是否摆动；(b) 压紧制动踏板；(c) 检查车轮转动是否平稳

四、车轮动平衡检测

1. 车轮不平衡危害及产生原因

（1）车轮不平衡的危害。

汽车车轮是旋转构件，如果车轮不平衡，在高速行驶时会引起车轮上下跳动和横向摇摆，不仅影响乘坐舒适性，而且驾驶员难以控制行驶方向导致汽车制动性能变差，影响行车安全。车轮不平衡还会大幅度增加各部件所受的力，加大轮胎的磨损和行驶噪声等。因此汽车在使用和维护中必须进行车轮平衡测试和校准。

车轮拆卸与安装

（2）车轮不平衡的原因。

1）质量分布不均匀，如轮胎质量欠佳，翻新胎、补胎、胎面磨损不均匀等。

2）轮毂与轮辋加工质量不佳，如中心不准、轮胎螺栓孔分布不均、螺栓质量差等。

3）轮辋、制动鼓变形等。

车轮动平衡

2. 车轮动平衡测试

车轮的平衡包括静平衡和动平衡。由于动平衡的车轮一定处于静平衡状态，因此只要检测了动平衡，就没有必要检测静平衡。车轮动平衡测试有离车式和就车式两种。

（1）离车式车轮动平衡测试。

离车式车轮动平衡测试，是将车轮从车上拆下，安装到平衡检测机转轴上进行平衡状态检测。具体检测方法：

1）清除被测车轮上的泥土、石子和旧平衡块。

2）检查轮胎气压，视必要充至规定值。

3）根据轮辋中心孔的大小选择锥体，仔细地装上车轮，用大螺距螺母拧紧。

4）打开电源开关，检查指示与控制装置的面板是否指示正确。

5）用卡尺测量轮辋直径（也可由胎侧读出）。用平衡检测机上的标尺分三次测量轮辋边缘至平衡检测机机箱距离，将测得的数值直接输入指示与控制装置中。为了适应不同计量制式，平衡检测机上的所有标尺一般都同时标有英制和米制刻度。

6）放下车轮防护罩，按下起动键使车轮旋转，平衡测试开始，计算机自动采集数据。

7) 车轮自动停转或听到"嘀"声按下停止键,并操纵制动装置使车轮停转后,从指示与控制装置面板读取车轮内外不平衡量和不平衡位置。

8) 抬起车轮防护罩,用手慢慢转动车轮。当指示和控制装置面板发出指示时,停止转动,在轮辋的内侧或外侧的上部(时钟12点位置)加装面板所显示的该侧不平衡质量,内外侧要分别进行,平衡块要装卡牢固。

9) 安装平衡块后有可能产生新的不平衡,应重新进行平衡测试,直至不平衡量小于5g,或指示和控制装置面板显示"0"时才符合要求。

10) 测试结束,关闭电源开关,将车轮拆下。

(2) 就车式车轮动平衡测试。

就车式车轮动平衡测试,不需要从车上拆下车轮,如图1-2-19所示。

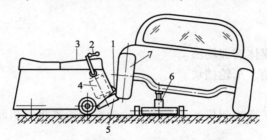

图1-2-19 就车式车轮动平衡测试
1—光电传感器;2—手柄;3—仪表板;4—驱动电动机;5—摩擦轮;6—传感器支架;7—被测车轮

具体检测方法:

1) 准备工作。

a. 检查轮胎锁紧螺母和轮毂轴承是否松旷,根据需要调整至规定松紧度。拆除旧平衡块。

b. 在轮胎外侧面任意位置画上记号。

c. 用千斤顶支起车轴,使两边车轮离地间隙相等,并清除被测车轮上的泥土、石子和杂物等。

2) 从动前轮静平衡。

a. 用三角垫木塞紧非测试车轮,将就车式车轮动平衡检测机推至被测前轮一端的前轴下,传感磁头吸附在悬架下或转向节下,调节可调支杆高度并锁紧。

b. 将车轮动平衡检测机推至车轮侧面或前面(视车轮平衡机形式不同而异),检查频闪灯工作是否正常,检查转轮的旋转方向能否使车轮的转动力与前进行驶方向一致。

c. 操纵车轮动平衡检测机转轮与轮胎接触,起动驱动电动机带动车轮旋转至规定转速。观察频闪灯照射下的轮胎标记位置,并从指示装置(第一挡)上读取不平衡量数值。

d. 操纵车轮动平衡检测机上的制动装置,使车轮停止转动。用手转动车轮,使其上的标记仍处在上述观察位置上,此时轮辋的最上部(时钟12点位置)即为加装平衡块的位置。

e. 按指示装置显示的不平衡量选择平衡块,牢固地装卡到轮辋边缘上。

f. 重新驱动车轮进行复查测试,指示装置用第二挡显示。若车轮平衡度不符合要求,应调整平衡块质量和位置,直至符合平衡要求。

3) 从动前轮动平衡。

a. 将传感磁头吸附在经过擦拭的制动底板边缘平整处。

b. 操纵车轮动平衡检测机转轮驱动车轮旋转至规定转速,观察轮胎标记位置,读取不平衡量数值。停转车轮找到平衡块加装位置,加装平衡块并复查,与车轮静平衡测试方法相同。

4) 驱动轮平衡。

a. 顶起驱动车轮。

b. 用发动机、传动系统驱动车轮,加速至 50~70 km/h 的某一转速下稳定运转。

c. 测试结束后,用汽车制动器使车轮停转。

d. 其他方法与从动前轮静、动平衡测试方法相同。

【任务实施】

一、任务实施准备

(1) 理实一体化多媒体实训场所。
(2) 实训汽车、车轮、车轮挡块。
(3) 拆装工作台。
(4) 离车式车轮动平衡检测机、就车式车轮动平衡检测机、扒胎机。
(5) 压缩空气源。
(6) 工量具:通用 54 件组合扳手、钢板尺、游标卡尺、一字螺丝刀、胎压表等。
(7) 备品:工作服、工作鞋、手套、座椅套、转向盘套、变速杆套、脚垫、翼子板布、前盖板布、抹布等;螺栓、螺母、垫片、密封圈等各种易损件;润滑油、润滑脂等;各种型号平衡块等。
(8) 废物收纳箱等。
(9) 车辆维修手册。
(10) 实训工单。

二、任务实施步骤

(1) 组织学生对基本知识进行学习。
(2) 学生分组。
(3) 以小组为单位,讨论制订车轮动平衡测试工作计划。
(4) 各小组汇报工作计划,教师组织点评,进行可行性分析。
(5) 组织学生按工作计划进行车轮动平衡测试实操训练,教师巡视、予以指导,同时依据考核工单对学生操作规范性进行考核。
(6) 组织学生查询该车的检测标准,参照检测标准对检查结果进行分析,按要求填写实训工单。
(7) 学生交回完成的实训工单。
(8) 实训总结,包括学生自我反思与教师答疑、点评、总结等。

实训工单

学生姓名：_____ 班级_____ 实训日期_____

序号	检查项目	检查结果
1	车辆品牌	
2	VIN 码	
3	车轮类型	
4	轮胎型号	
5	轮胎气压	
6	轮胎清理	
7	漏气检查	
8	胎面纹槽深度检查	
9	是否异常磨损	
10	轮辐、轮辋检查	
11	车轮动平衡仪型号	
12	扒胎机型号	
13	不平衡量	
14	不平衡位置	
实训总结	实训结论	实训收获与反思

考核工单

学生姓名：　　　　　　考核项目：　　　　　　考核成绩：

序号	项目	分值	扣分标准	得分
1	实训准备工作	5	每缺少1项扣1分	
2	工量具正确使用	5	每错误1次扣1分	
3	设备正确使用	5	每错误1次扣1分	
4	维修手册的正确使用	5	每错误1次扣1分	
5	操作规范性	60	每错误1次扣1分	
6	测量准确性	5	每错误1次扣1分	
7	实训工单填写	5	未填写扣5分	
8	车辆保护	5	每缺少1项扣1分	
9	5S	5	每缺少1项扣2分	
10	是否出现危险行为		出现人身危险总成绩0分；出现车辆危险扣20分；出现工具设备危险扣10分	
	合计	100		

教师评语

考核教师：

　　　　年　　月　　日

任务三　车桥检修与车轮定位检测

1. 了解汽车车桥的功用与种类。
2. 掌握车轮定位参数的意义。
3. 了解车桥的检修方法。
4. 掌握车轮定位检测与调整方法。

1. 能够收集和整理相关资料。
2. 能够有效与客户进行沟通并进行产品介绍。
3. 能够对车桥的结构进行说明与分析。
4. 能够对汽车定位参数进行说明。
5. 能够对车桥进行检查维护。
6. 能够对车轮定位进行检测与调整。
7. 能够引导客户树立安全环保意识。

每当修配厂或4S店建议要对汽车做四轮定位的时候，很多车主都怀疑是不是坑自己的钱。四轮定位调整的到底是什么？调整的这些参数到底对汽车有什么影响？调整什么时候该做什么时候不该做呢？要回答这些问题，我们需要先对底盘的车桥结构有所了解。

【基本知识】

一、车桥结构

车桥（俗称车轴）通过悬架和车架（或承载式车身）相连，两端安装车轮，其功用是传递车架（或车身）与车轮之间各方向的作用力及其所产生的弯矩和扭矩。

根据悬架结构型式的不同，车桥分为断开式和整体式两种。与独立悬架配合使用的是断开式车桥，而与非独立悬架配合使用的是整体式车桥。

根据用途的不同，车桥又可分为转向桥、驱动桥、转向驱动桥和支持桥四种类型，其中转向桥和支持桥都属于从动桥。

在后轮驱动的汽车中，前桥不仅用于承载，而且兼起转向作用，称为转向桥。一般汽车多以前桥为转向桥。后桥不仅用于承载，而且兼起驱动的作用，称为驱动桥。

越野汽车和前轮驱动汽车的前桥，除了承载和转向的作用外，还兼起驱动作用，称为转向驱动桥。

只起支承作用的车桥称为支持桥。支持桥除不能转向外，其他功能和结构与转向桥相同。

1. 转向桥

转向桥利用转向节使左、右车轮偏转一定角度，以实现汽车的转向。它除承受垂直载荷外，还承受由道路、制动等力产生的纵向力和侧向力以及这些力所形成的力矩。因此，转向桥必须有足够的强度和刚度。车轮转向过程中相对运动的部件之间摩擦力应该尽可能小，保证车轮正确的安装定位，从而保证转向轻便和方向的稳定性。

各类转向桥结构基本相同，主要由前轴、转向节、主销和轮毂等组成。转向桥可以与独立悬架匹配，也可以与非独立悬架匹配。转向桥按前轴的断面形状分为工字梁式转向桥和管式转向桥两种，如图1-3-1和图1-3-2所示。

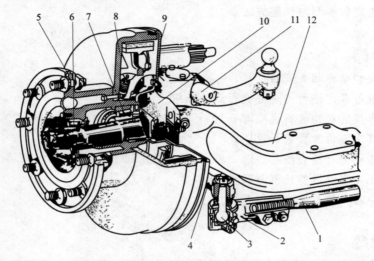

图1-3-1　工字梁式转向桥
1—转向横拉杆；2—横拉杆接头；3—横拉杆球头销；4—梯形臂；5—轮毂；6—外轮毂轴承；
7—内轮毂轴承；8—制动鼓；9—制动底板；10—转向节；11—转向节臂；12—前轴

在轿车和微型客车上通常采用断开式转向桥，它与独立悬架相配置组成了性能优良的转向桥。图1-3-3所示为断开式转向桥的结构图。该断开式转向桥主要由车轮、减振器、上支点总成、缓冲弹簧、转向节、大球头销总成、横向稳定杆总成、左右梯形臂、主转向臂、中臂、纵拉杆、左右横拉杆、悬臂总成等组成。其中有些臂、悬臂均为薄钢板焊接结构，主转向臂与中臂是通过螺栓与橡胶衬套连接的，左右梯形臂用大球头销总成与悬臂总成连接。该断开式转向桥，除具有承载传力功能外，还具有转向的功能。

2. 转向驱动桥

在全轮驱动的越野汽车和一些轿车上的前桥既能转向还起驱动的作用，故称为转向驱动桥，如图1-3-4所示。它与普通驱动桥一样，有主减速器和差速器，区别在于转向时车轮需要绕主销偏转过一个角度，故与转向轮相连的半轴必须分成内外两段：即内半轴（与差速器连接）和外半轴，两者用万向节（多为等角速万向节）连接，同时主销也因而制成上、下两段。转向节轴颈是中空的，以便外半轴穿过其中。

目前，许多轿车采用了发动机前置前轮驱动的布置型式，其前桥和全轮驱动的越野汽车一样也是转向驱动桥。轿车的转向驱动桥多与麦弗逊式独立悬架配合使用，因其前轮内侧空间较大，便于布置，具有良好的接近性，维修方便，所以被广泛采用。图1-3-5所示的转

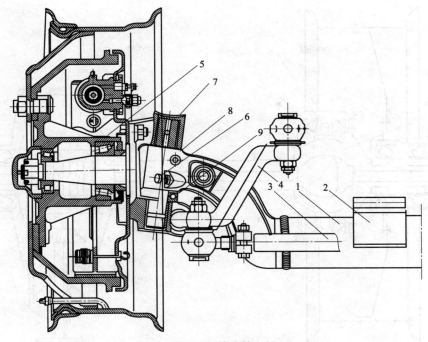

图 1-3-2 管式转向桥

1—前梁；2—钢板弹簧座；3—转向横拉杆；4—转向节臂；5—转向节；
6—车轮转角限位螺钉；7—主销；8—前梁拳形部分；9—轴承

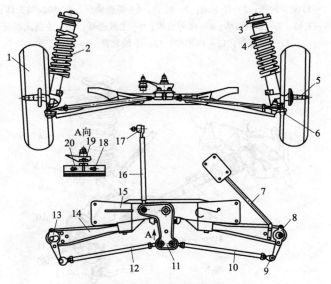

图 1-3-3 断开式转向桥

1—车轮；2—减振器；3—上支点总成；4—缓冲弹簧；5—转向节；
6—大球头销总成；7—横向稳定杆总成；8—左梯形臂；9—小球销头总成；
10—左横拉杆；11—主转向臂；12—右横拉杆；13—右梯形臂；14—悬臂总成；15—中臂；
16—纵拉杆；17—纵拉杆球头；18—转向限位螺钉座；19—转向限位杆；20—转向限位螺钉

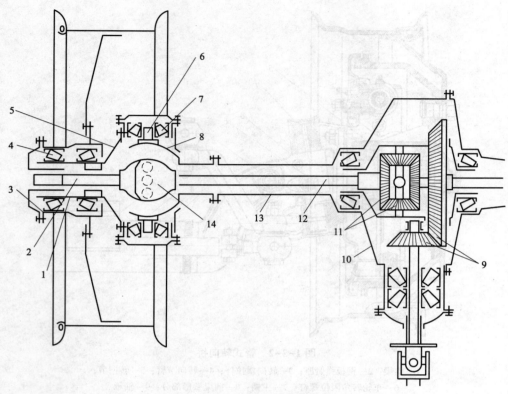

图 1-3-4　转向驱动桥

1—转向节轴颈；2—外半轴；3—轮毂；4—轮毂轴承；5—转向节壳体；
6—主销；7—主销轴承；8—球形支座；9—主减速器；10—主减速器壳；
11—差速器；12—内半轴；13—半轴套管；14—万向节

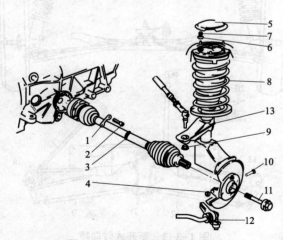

图 1-3-5　轿车的转向驱动桥

1—锁止板；2—圆头螺钉；3—断开式传动轴；4、7、9、11—自锁螺母；5—盖板；6—垫圈；
8—悬架弹簧；10—六角螺栓；12—销轴；13—转向节总成

向驱动桥，主要由转向节总成、销轴及断开式传动轴等组成。前轮毂通过轴承支撑在转向节上，外半轴上的外花键和前轮毂的内花键相连，而螺母拧在外半轴头部的螺纹上，使前轮毂和外半轴的相对位置固定。前轮毂外端又和制动盘、车轮总成连在一起。转向节上端由固定在滑柱筒内的减振器活塞杆端头与车身相连，转向节下端和控制臂上的销轴相连。转向时，转向节总成可以绕销轴和上弹簧座内轴承转动。

3. 支持桥

支持桥属于从动桥。有些单桥驱动的三轴汽车，中桥或后桥是支持桥。图 1-3-6 所示为轿车典型后支持桥。这种后支持桥采用的是四连杆式非独立悬架，它主要由后轴、纵臂、横向推力杆、支撑臂以及下端安装于后轴头上的减振器和套装在减振器上的螺旋弹簧等部件所组成。后轴两端连接着轮毂轴，其上装有制动器总成。

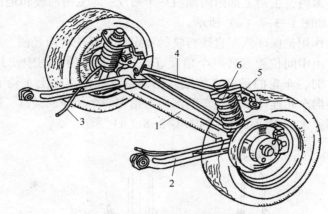

图 1-3-6　轿车典型后支持桥

1—后轴；2—纵臂；3—横向推力杆；4—支撑臂；5—减振器；6—螺旋弹簧

4. 转向轮定位

为了保证汽车直线行驶的稳定性和操纵的轻便性，减少轮胎和其他机件的磨损，转向桥在保证转向功能的同时，应使转向轮有自动回正作用。即当转向轮因偶遇外力作用而发生偏转时，一旦作用的外力消失后，应能立即自动回到原来的直线行驶位置。这种自动回正作用是由转向轮、主销和前轴之间的安装位置，即转向轮的定位参数来保证的。车轮的定位参数有：主销后倾角、主销内倾角、前轮外倾角和前轮前束。通常车轮定位主要指前轮定位，也有许多车辆需要除前轮定位外的后轮定位，即车辆的四轮定位。

（1）主销后倾角 γ。

在汽车的纵向平面内，主销上部向后倾一个角度，使主销轴线和地面垂直线在汽车纵向平面内有一夹角 γ，称为主销后倾角，如图 1-3-7 所示。

当主销具有后倾角 γ 时，主销轴线与路面交点 a 将位于车轮与路面接触点 b 之前，a、b 之间距离为 L，称作主销后倾移距。当汽车直线行驶时，若转向轮偶然受到外力作用而稍有偏转（如图中箭头所示），将使汽车行驶方向向右偏离。由于汽车本身离心力的作用，在车轮与路面接触点 b 处，路面对车轮作用着一个侧向反作用力 Y。Y 对车轮形成绕主销轴线作用的力矩 YL，其方向与车轮偏转方向相反。在此力矩作用下，将

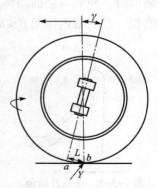

图 1-3-7　主销后倾角

使车轮回到原来中间的位置，保证了汽车稳定的直线行驶。此力矩称为稳定力矩。因此，主销后倾角γ的作用是保证了汽车直线行驶的稳定性，当汽车转向后能使转向轮自动回正，能形成回正的稳定力矩。但此力矩也不应过大，否则在转向时为了克服此力矩，驾驶员须在转向盘上施加较大的力（即所谓转向沉重）。因此力矩的大小主要取决于力臂 L 的数值，而力臂 L 取决于后倾角γ的大小。现在一般采用的γ角不超过3°。现代高速汽车由于轮胎气压降低，弹性增加，稳定力矩增加，因此，γ角可以减小到接近于零，甚至为负值。

（2）主销内倾角β。

在汽车的横向平面内，主销上部向内倾斜一个角度，即主销轴线和地面垂线之间的夹角称为主销内倾角β，如图1-3-8（a）所示。

主销内倾角β的作用是保证汽车直线行驶的稳定性，并使转向轻便、车轮自动回正。当转向轮在外力作用下由中间位置偏转一个角度（为了解释方便，图中使其偏转180°，即转到如虚线所示位置）时，车轮的最低点将陷入路面以下，但实际上车轮下边缘不可能陷入路面以下，而是将转向车轮连同整个汽车前部向上抬起一个相应的高度，这样汽车本身的重力会使转向轮回复到原来的中间位置，如图1-3-8（b）所示。

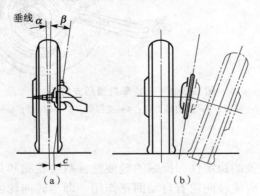

图1-3-8 主销内倾角

另外，主销的内倾还使得主销轴线与路面交点到车轮中心平面与地面交线的距离 c 减小，如图1-3-8（a）所示，这样可减少转向时驾驶员加在转向盘上的力，使转向操纵轻便，并减少从转向轮传到转向盘上的冲击力。但 c 值不宜太小（即内倾角不宜过大），否则在转向时，轮胎与路面间将产生较大的滑动，这不仅会使转向变得很沉重，而且加速了轮胎的磨损。故一般内倾角β≤8°，距离 c 一般为40~60 mm。

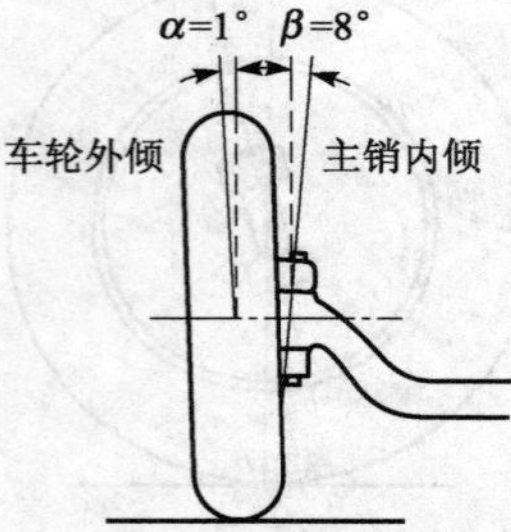

（3）前轮外倾角α。

前轮安装后，其旋转平面的顶端略向外倾斜，它的旋转平面与纵向垂直平面间形成一夹角α，称为前轮外倾角，如图1-3-9所示。α角也具有定位作用，如果空车时车轮的安装正好垂直于路面，则满载时，车桥将因承载变形，可能出现车轮内倾。这样将加速汽车轮胎磨损。同时，路面对车轮的垂直反作用力沿轮毂的轴向分力将使轮毂压向轮毂外轴承，加重了外轴承及轮毂紧固螺母的负荷，降低它们的使用寿命。因此，为了使轮胎磨损均匀

图1-3-9 车轮外倾角

和减轻轮毂外轴承的负荷，安装车轮时应预先使车轮有一定的外倾角，以防止车轮内倾。同时，车轮有了外倾角也可以与拱形路面相适应。但是，外倾角不宜过大，否则会使轮胎磨损。

设计时应使转向节轴颈的轴线与水平面成一角度。该角度即为前轮外倾角 α，一般为 $1°$ 左右。

（4）前轮前束。

车轮安装在车桥上，两前车轮的中心平面不平行，其前端略向内侧收束，这种现象称为前轮前束。两前轮后端距离 A 大于前端距离 B，其差值称为前轮前束值，如图 1-3-10 所示。

前轮前束的作用是消除因车轮外倾所造成的不良后果，保证车轮不向外滚动，防止车轮侧滑和减轻轮胎的磨损。

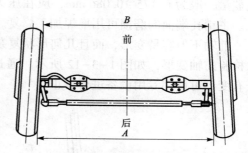

图 1-3-10　前轮前束

由于车轮外倾，汽车行驶时，两个车轮的滚动类似于两个锥体的滚动，其轨迹不再是直线，而是逐渐向各自的外侧滚开，如图 1-3-11 所示。但因受车桥和转向横拉杆的约束，两侧车轮不可能向外滚开，这样，车轮在路面上滚动行驶的同时又被强制地拉向内侧，产生向内的侧滑，从而加剧轮胎的磨损。有了前束，车轮滚动的轨迹是向内侧偏斜，只要前束值与车轮外倾角配合适当，车轮向内外侧滚动的偏斜量就会相互抵消，使车轮每一瞬间的滚动方向都朝着正前方，从而消除了侧滑，减轻了轮胎的磨损。

前轮前束值可以通过改变转向横拉杆的长度来调整，一般前束值为 0~12 mm。

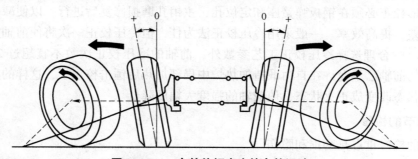

图 1-3-11　车轮外倾产生的车轮运动

二、车桥检修

车桥的技术状况尤其是前桥关系到汽车的操纵稳定性，也关系到汽车制动过程中方向的稳定性及轮胎的磨损，也影响到汽车的安全运行。前桥支承汽车前部的质量，承受路面传来的各种反力，尤其是行驶在不良路面上和高速行驶时，这些力构成的冲击载荷峰值很高。前桥总成零部件不但数量多，而且铰链配合多，零件的磨损、变形会引起前轮定位失准。而汽车的操纵稳定性主要是由前轮定位保证的，前轮定位失准及其他耗损则会引起前轮摆动、汽车跑偏、转向沉重以及转向盘振抖等故障，甚至引发重大交通事故。因此对前桥的维修必须仔细认真，确保汽车的操纵稳定性。

1. 前轴的检修

前轴的耗损包括主销孔、钢板弹簧座与定位孔的磨损,前轴变形与裂纹等。

一般前轴的钢板弹簧座平面磨损不大于 2 mm,定位孔磨损不大于 1 mm,磨损超标可堆焊后加工修复或更换新件。而主销孔与主销的配合间隙,轿车不大于 0.10 mm,载货汽车不大于 0.20 mm。磨损超过极限,可采用镶套法或修理尺寸法修复。主销衬套与主销孔的配合过盈量一般为 0.175~0.086 mm,应在压力机上平稳压入,压镶衬套时,必须对准润滑油孔。主销孔端面的磨损可用堆焊加工修复。

前轴不但容易变形,而且几何形状复杂,变形后影响汽车的操纵稳定性,可用角尺检验法检验前轴变形,如图 1-3-12 所示,通过测量 a、b 值判断前轴是否有弯曲和扭转变形,若有变形可使用专用设备进行校正。

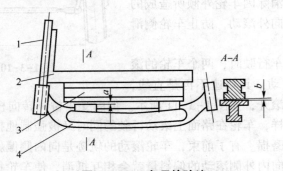

图 1-3-12 角尺检验法
1—芯轴;2—专用角尺;3—工字形平尺;4—前轴

前轴变形校正必须在钢板弹簧座和定位孔、主销孔磨损修复后进行,以便减少检验、校正的累积误差,提高效率。一般采用冷压校正法为佳,但冷压校正一次将使前轴疲劳强度降低 10%左右,除合理选择冷压校正工艺参数外,前轴的冷压校正次数不宜超过 2~3 次。另外现代汽车的前轴已不允许在自由锻造加热炉中局部加热后锤击校正了,这样的校正工艺把前轴由调质状态改变成正火状态,使前轴的强度大幅度降低。

2. 转向节的检修

转向节的检修重点是磨损和隐伤。

转向节的油封轴颈处,因其断面的急剧变化,应力集中,是一个典型的危险断面,容易产生疲劳裂纹,以致造成转向节轴疲劳断裂酿成重大的交通事故。因此二级维护和修理时,必须对转向节进行隐伤检验。一旦发现疲劳裂纹,只能更换,不可修复。

转向节轴径磨损后可用刷镀法修复。轴径与轴承的配合间隙:轴径直径不大于 40 mm 时,配合间隙为 0.040 mm;轴径直径大于 40 mm 时,配合间隙为 0.055 mm。转向节轴径磨损超标后,应更换新件。

转向节轴锁止螺纹的损伤不多于 2 牙。锁止螺母只能用扳手拧入,若能用手拧入,说明螺纹中径磨损松旷,应更换转向节。

转向节与转向节臂等杆件配合的锥孔磨损,应使用厚薄规进行检验,其接触面积不得小于 70%,与锥孔配合的锥径的止推端面沉入锥孔的沉入量一般不小于 2 mm,否则应更换转向节。

主销上耳衬套孔与下耳衬套孔的同轴度误差不超过 0.02 mm。为保证套孔的同轴度，最好以转向轴为基准，用导向锁导向镗削法加工衬套孔。若用手动铰刀铰削，应选用有导向装置的专用铰刀，或在通用手动铰刀上加装导向轴铰削衬套孔。

三、车辆定位检测与调整

1. 车辆何时需做四轮定位

当车辆出现下列情况时必须进行车轮定位检测：

（1）车辆直行时需紧握转向盘，否则汽车会跑偏。

（2）转向时转向盘太重、太轻以及快速行驶时转向盘发抖。

（3）车辆肇事或拆卸（更换）对车轮定位有影响的车桥部件，如车辆更换轮胎、车辆转向节以及减振器等悬挂系统配件后。

（4）轮胎出现异常磨损，如轮胎偏磨或出现凹凸状、羽毛状磨损。

（5）新车行驶 5 000 km 或行驶 10 000 km 后。

2. 车轮定位检测的条件

（1）悬架、车轮轴承、转向和转向杆系间隙正常且无损坏。

（2）同一车桥上轮胎花纹深度不超过 2 mm，轮胎气压正常。

（3）车辆承载，油箱必须加满，备胎和随车工具已安装到正确位置，各清洗液已加满。

（4）检测车轮定位时，确保滑动台座和转盘滑动、转动正常。

（5）车辆定位台和定位检测仪器必须精准。

（6）制动系统正常。

3. 车轮定位检测步骤

现代的电脑四轮定位仪不仅采用了先进的测量系统和科学的检测方法，而且储存了大量常见车型的四轮定位标准参数。在检测过程中，可随时把实测数据与标准数据进行比较，并通过屏幕用图标和数字显示出需要调整的部位、调整方法，以及在调整过程中数值的变化，把复杂的四轮定位检测调整简化成"看图操作"。

目前，常用的四轮定位仪虽然基本检查原理相同，但使用方法有很大差异，因此在使用前应认真阅读四轮定位仪的使用说明书。以下以电脑图像式四轮定位仪为例介绍其使用方法及注意事项。电脑图像式四轮定位仪由主机、前后车轮检测传感器、传感器支架、转向盘、制动锁、转向盘锁及导线等零部件构成。为便于检测与调整，被检汽车需放在地沟上或举升机上（以下以汽车放在举升机上为例），地沟或举升机平台应处于水平状态，四轮定位仪则安装在地沟或举升机两旁。

（1）检测前的准备工作。

1）把汽车开到举升机平台上，托起四个车轮，把汽车举升 0.5 m（第一次举升）。

2）托起车身适当部位，把汽车举升至车轮能够自由转动（第二次举升）。

3）拆下各车轮，检查轮胎磨损情况。

4）检查轮胎气压，必要时应充气或放气。

5）进行车轮动平衡测试，动平衡测试完成后，把车轮装好。

6）检查车身高度。检查车身四个角的高度和减振器技术状况，如车身不平应先调平；

同时检查转向系统和悬架是否松旷，如有松旷则应先紧固或更换零部件。

（2）检测与调整步骤。

1）把传感器支架安装在轮辋上，再把传感器（定位校正头）安装到支架上，并按说明书进行调整。

2）开机进入测试程序，输入被检汽车的车型和生产年份。

3）轮辋变形补偿。转向盘位于中间位置，使每个车轮旋转一周，即可把轮辋变形误差输入电脑。

四轮定位

4）降下举升机，使车轮落到地面上，把汽车前部和后部向下压动4~5次，使其进行压力弹跳。

5）用制动锁压下制动踏板，使汽车处于制动状态。

6）把转向盘左转至电脑发出"OK"声，输入左转角度；然后把转向盘右转至电脑发出"OK"声，输入右转角度。

7）把转向盘回正，电脑屏幕上显示出后轮的前束及外倾角数值。

8）调正转向盘并用转向盘锁锁住转向盘，使之不能转动。

9）把安装在四个车轮上的定位校正头的水平仪调到水平线上，此时电脑屏幕上显示出转向轮的主销后倾角、主销内倾角、转向轮外倾角和前束的数值。

10）调整主销后倾角、转向轮外倾角及前束，调整方法可按电脑屏幕提示进行。若调整后仍不能解决问题，则应更换相关零部件。

11）进行第二次压力弹跳，将转向轮左右转动，把车身反复压下后，观察屏幕上的数值有无变化，若数值变化应再次调整。

12）若第二次检查未发现问题，则应将调整时松开的部位紧固。

13）拆下定位校正头和支架，进行路试，检查四轮定位调整效果。

在缺乏四轮定位仪的企业，可以采用水平车轮定位仪和前束尺来测量前轮定位角，也可以在检测线上用侧滑试验台检测前束与车轮外倾角的配合情况。

提示：前轮定位的检查和调整顺序是：先检查和调整主销后倾角和左右轮的差值，然后检查和调整前轮外倾角和左右轮的差值，最后检查和调整前束。

【任务实施】

一、任务实施准备

（1）理实一体化多媒体实训场所。

（2）实训车辆、车轮挡块。

（3）拆装工作台。

（4）四柱举升机。

（5）车轮动平衡检测机、扒胎机、四轮定位仪。

（6）压缩空气源。

（7）工量具：通用54件组合扳手、钢板尺、游标卡尺、一字螺丝刀、胎压表等。

（8）备品：工作服、工作鞋、手套、座椅套、转向盘套、变速杆套、脚垫、翼子板布、前盖板布、抹布等；螺栓、螺母、垫片、密封圈等各种易损件；润滑油、润滑脂等；各种型号平衡块等。

(9) 废物收纳箱等。

(10) 车辆维修手册。

(11) 实训工单。

二、任务实施步骤

(1) 组织学生对基本知识进行学习。

(2) 学生分组。

(3) 以小组为单位，讨论制订车桥检修及车轮定位检测与调整工作计划。

(4) 各小组汇报工作计划，教师组织点评，进行可行性分析。

(5) 组织学生按工作计划进行车桥检修及车轮定位检测与调整实操训练，教师巡视、予以指导，同时依据考核工单对学生操作规范性进行考核。

(6) 组织学生查询该车的检测标准，参照检测标准对检查结果进行分析，按要求填写实训工单。

(7) 教师接收学生完成的实训工单。

(8) 实训总结，包括学生自我反思、教师答疑、点评、总结等。

实训工单

学生姓名：_____ 班级_____ 实训日期_____

序号	检查项目	检查结果
1	车辆品牌	
2	VIN 码	
3	前轴检查	
4	转向节检查	
5	轮胎类型	
6	轮胎气压	
7	胎面纹槽深度检查	
8	是否异常磨损	
9	轮辐、轮辋检查	
10	举升机型号	
11	四轮定位仪型号	
12	扒胎机型号	
13	检测结果	
14	调整参数	
实训总结	实训结论	实训收获与反思

考核工单

学生姓名：　　　　　考核项目：　　　　　考核成绩：

序号	项目	分值	扣分标准	得分
1	实训准备工作	5	每缺少1项扣1分	
2	工量具正确使用	5	每错误1次扣1分	
3	设备正确使用	5	每错误1次扣1分	
4	维修手册的正确使用	5	每错误1次扣1分	
5	操作规范性	60	每错误1次扣1分	
6	测量准确性	5	每错误1次扣1分	
7	实训工单填写	5	未填写扣5分	
8	车辆保护	5	每缺少1项扣1分	
9	5S	5	每缺少1项扣2分	
10	是否出现危险行为		出现人身危险总成绩0分；出现车辆危险扣20分；出现工具设备危险扣10分	
	合计	100		
教师评语				

考核教师：

＿＿＿＿＿年＿＿月＿＿日

任务四　车架和悬架检修

1. 了解汽车车架的功用与类型。
2. 了解悬架的功用、组成与工作原理。
3. 了解车架的检修方法。
4. 掌握悬架的检修方法。
5. 掌握减振器的更换方法。

1. 能够收集和整理相关资料。
2. 能够有效与客户进行沟通并进行产品介绍。
3. 能够对车架的结构进行说明与分析。
4. 能够对悬架进行说明与分析。
5. 能够对车架进行检查维护。
6. 能够对悬架进行检修。
7. 能够规范地更换汽车减振器。
8. 能够引导客户树立安全环保意识。

现有一辆 2015 年款的捷达轿车，行驶 88 000 km，在行驶中出现轻微跑偏并伴有轮胎异常磨损情况，在不良路面上行驶或高速行驶时颠簸严重，是不是减振器失效了？这种情况下是不是该考虑对悬架进行检修？通过下面的学习，相信就能找到答案了。

【基本知识】

一、车架结构

汽车车架俗称"大梁"，通过悬架装置坐落在车桥上。其上装有发动机、变速器、传动轴、前后悬架、车身等总成及部件。车架是整个汽车的安装基础。

1. 车架的功用与要求

车架的功用：用来安装汽车的各总成，并使各总成在汽车复杂多变的行驶过程中保持正确的相对位置，同时承受来自车内外的各种载荷。

车架结构应满足以下要求：

(1) 车架应具有足够的强度和适当的刚度。
(2) 质量应尽可能小。
(3) 车架的结构应简单，以降低整车质量，获得较大的转向角，提高汽车行驶的稳定性和机动性。

（4）车架应布置得离地面近一些，以使汽车重心位置降低，有利于提高汽车的行驶稳定性。

2. 车架的分类及结构

现代汽车绝大多数都具有独立的车架，汽车车架按其结构可分为边梁式车架、中梁式车架和综合式车架。

（1）边梁式车架。

边梁式车架是由两根位于两边的纵梁和若干根横梁用铆接或焊接的方法连接而成的坚固的刚性构架。纵梁通常用低合金钢板冲压而成，断面形状一般为槽形，也有的做成Z字形或箱形断面。根据汽车型式不同和结构布置的要求，纵梁可以在水平面内或纵向平面内做成弯曲的、等断面的或非等断面的。

边梁式车架的横梁不仅用来保证车架的扭转刚度和承受纵向载荷，还可以支承汽车上的主要部件，通常载货汽车有五至八根横梁。边梁式车架的结构特点是便于安装驾驶室、车厢及某些特种装备等。因此，被广泛应用在载货汽车和特种汽车上。

图1-4-1所示为边梁式车架。它由2根纵梁和8根横梁铆接而成，纵梁为槽形非等高断面梁。由于纵梁中部受到的弯曲力矩最大，为了使应力分布均匀，故中部断面高度最大。

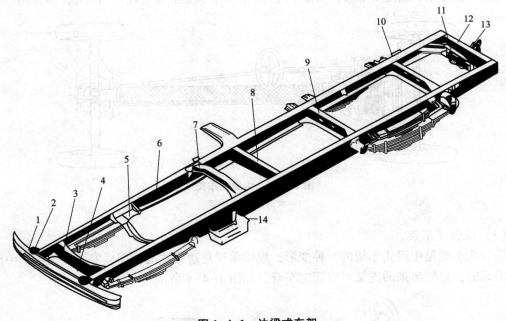

图1-4-1　边梁式车架

1—保险杠；2—挂钩；3—前横梁；4—发动机前悬置横梁；5—发动机后悬置右（左）支架和横梁；
6—纵梁；7—驾驶室后悬置横梁；8—第四横梁；9—后钢板弹簧前支架横梁；
10—后钢板弹簧后支架横梁；11—角撑横梁组件；12—后横梁；13—拖钩部件；14—蓄电池托架

为保证汽车高速行驶的稳定性，应使其重心尽量降低，为了改善乘员的舒适性，车身的底板也应尽量低。但底板的降低不应妨碍转向轮的偏转和悬架变形时车桥的跳动。因此轿车

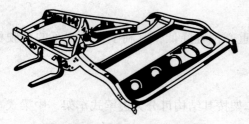

图 1-4-2 轿车（X形）车架

车架通常前部做得较窄，前后桥处向上弯曲，中间对应车身地板处比较平低。为了降低重心和提高车架的扭转刚度，轿车通常制成前窄后宽且后部向上弯曲的X形车架结构，如图1-4-2所示。

在货车车架前端或轿车车架的前、后两端装有一缓冲件——保险杠。当汽车受到撞击时，它可以保护车身、翼子板及散热器，使之免受损伤。轿车上的保险杠还同时起着美化汽车外观的作用。汽车车架前端还装有简单的挂钩，以便在汽车发生故障或陷入泥坑时可以由别的汽车来拖带。

边梁式车架的优点是结构简单，部件的安装固定方便；其最大的缺点是扭转刚度小。为提高车架的扭转刚度，在一些轿车和货车中采用了中梁式车架。

（2）中梁式车架。

中梁式车架主要由一根位于中央贯穿前后的纵梁和若干根横向悬伸托架组成，因此亦称为脊骨式车架。图1-4-3所示是具有中梁式车架的轿车底盘。中梁的断面可以做成管形或箱形，传动轴从中梁内孔穿过，主减速器通常固定在其尾端，形成断开式驱动桥。这种结构的车架有较大的扭转刚度并使车轮有较大的运动空间，便于采用独立悬架和获得大的转向角。但其制造工艺复杂，精度要求高，维修不方便。因此，只是在某些轿车和货车上被采用。

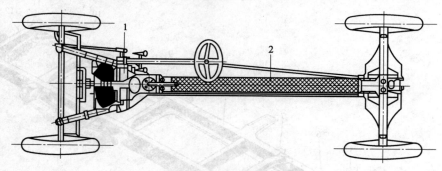

图 1-4-3 中梁式车架
1—发动机；2—中梁

（3）综合式车架。

综合式车架是中梁式车架的一种变形，纵梁前段是边梁式的，用以安装发动机，中后部是中梁式的，悬伸出来的支架可以固定车身，如图1-4-4所示。

图 1-4-4 综合式车架

大部分轿车和部分大型客车取消了车架,而以车身代替车架的作用,将主要部件固定在车身上,所有的力也由车身来承受,这种车身称为承载式车身,如图 1-4-5 所示。承载式车身的强度和刚度要比非承载式车身大。

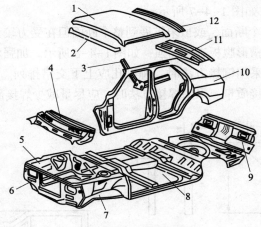

图 1-4-5　承载式车身

1—顶盖；2—前风窗框上部；3—加强撑；4—前围外板；5—前挡泥板；6—散热器框架；
7—底板前纵梁；8—底板部件；9—行李厢后板；10—侧门框部件；11—后围板；12—后风窗框上部

二、车架的检修

车架作为汽车的装配基体,承受着各种载荷的作用,在某些情况下会出现车架的弯曲变形和扭转变形。车架的变形会导致汽车各总成之间的装配、连接位置发生变化,使得各系统出现故障。

为了汽车整体布局、安装的需要,车架需要制成各种形状,在形状急剧变化的部位往往会出现应力集中而导致裂纹、断裂,所以早期发现对于行车安全非常重要。

恶劣的工作环境会导致汽车车架锈蚀,路面不平产生的冲击振动会造成螺栓、铆钉等连接松动。

1. 车架变形的检修

车架弯曲可以通过拉线、直尺等来测量检查。一般要检查车架上平面和侧平面的直线度误差。车架纵梁直线度误差允许值为 1 000 mm,长度上不大于 3 mm。

车架扭转通常采用对角线法进行测量。如图 1-4-6 所示,分段测量车架各段对角线 1-1、2-2、3-3、4-4 长度差,不应超过 5 mm。如果车架的各项形位误差超过标准,则应进行校正。

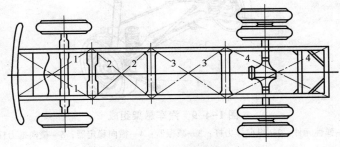

图 1-4-6　车架扭转的检查

2. 裂纹的检修

车架出现裂纹，应根据裂纹的长短及所在的位置，采取不同的修复方法。微小的裂纹可以采取焊修的方法；裂纹较长但未扩展至整个断面，且受力不大的部位，应先进行焊修，再用三角形腹板进行加强，如图1-4-7所示。

如果裂纹已扩展到整个断面，或虽未扩展到整个断面但在受力较大的部位时，应先对裂纹进行焊修，然后用角形或槽形腹板进行加强，如图1-4-8所示。加强腹板在车架上的固定可用铆接、焊接或铆焊结合。采用铆接方法时，铆钉孔应上下交错排列。采用铆焊结合的方法时，应先铆后焊，以免降低铆接质量。采用焊接方法时，应尽量减少焊接部位的应力集中。

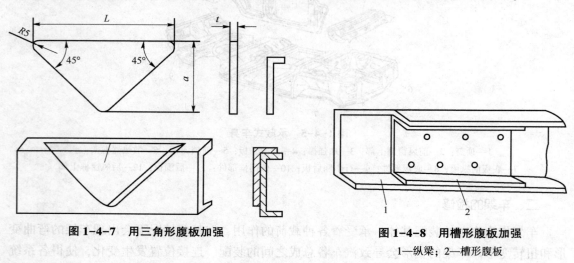

图1-4-7 用三角形腹板加强　　　　　图1-4-8 用槽形腹板加强
　　　　　　　　　　　　　　　　　　1—纵梁；2—槽形腹板

三、悬架结构

1. 悬架的组成及作用

现代汽车的悬架一般由弹性元件、导向装置、减振器和横向稳定器四部分组成，如图1-4-9所示。弹性元件的作用是缓和路面的冲击；导向装置的任务是使车轮按一定轨迹相对于车架和车身跳动，同时还负责传递车轮和车身之间的各个方向的力；安装减振器旨在迅速衰减车体的振动；在多数的轿车和客车上，为防止车身在转向行驶等情况下发生过大的横向倾斜，在悬架中还设有辅助弹性元件——横向稳定器。

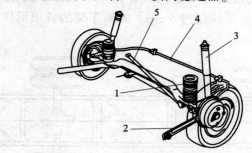

图1-4-9 汽车悬架组成
1—弹性元件；2—纵向推力杆；3—减振器；4—横向稳定器；5—横向推力杆

路面作用于车轮上的法向反力（支持力）、切向反力（牵引力和制动力）和侧向反力以及这些反力所造成的力矩都要传递到车架（或承载式车身）上，悬架的作用是缓和并衰减汽车在行驶中产生的冲击及振动，以保证汽车的正常行驶。

（1）弹性元件。

1）钢板弹簧。

钢板弹簧如图1-4-10所示，它是汽车悬架中应用最广泛的一种弹性元件，是由若干片等宽但不等长的合金弹簧片组合而成的近似等强度的弹性梁。

钢板弹簧的第一片（最长的一片）称为主片，其两端弯成卷耳，内装衬套，以便用弹簧销与固定在车架上的支架或吊耳作铰链连接。钢板弹簧的中部一般用U形螺栓固定在车桥上。

中心螺栓用以连接各弹簧片，并保证装配时各片的相对位置。中心螺栓距两端卷耳中心的距离可以相等——称为对称式钢板弹簧，也可以不相等——称为非对称式钢板弹簧。

钢板弹簧既起缓冲作用，又起导向作用。而且，一般钢板弹簧是多片叠成的，它本身即具有一定的减振能力。所以，在一些货车中采用钢板弹簧作为弹性元件的悬架中，可以不装减振器。

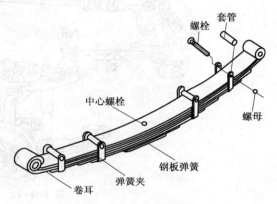

图1-4-10 钢板弹簧

2）螺旋弹簧。

螺旋弹簧广泛地应用于独立悬架，特别是前轮独立悬架中。其优点是：无须润滑，不忌泥污；安置它所需的纵向空间不大；弹簧本身质量小。

螺旋弹簧本身没有减振作用，因此在螺旋弹簧悬架中必须另装减振器。此外，螺旋弹簧只能承受垂直载荷，故必须装设导向装置以传递垂直力以外的各种力和力矩。

螺旋弹簧用弹簧钢棒料卷制而成，可做成等螺距或变螺距。前者刚度不变，后者刚度是可变的，如图1-4-11所示。

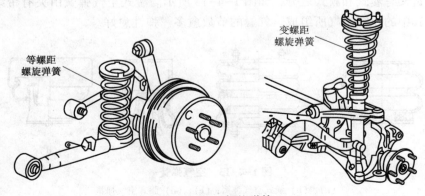

图1-4-11 螺旋弹簧

3）扭杆弹簧。

扭杆弹簧本身是一根由弹簧钢制成的杆，如图1-4-12所示。扭杆断面为圆形。其两端形状可以做成花键、方形、六角形或带平面的圆柱形等，以便一端固定在车架上，另一端固定在悬架的摆臂上。当车轮跳动时，摆臂便绕着扭杆轴线而摆动，使扭杆产生扭转弹性变形，用以保证车轮与车架的弹性联系。

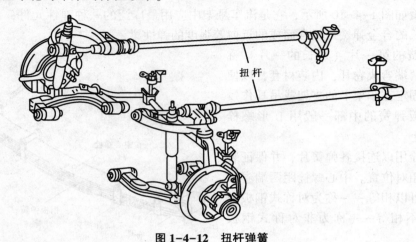

图1-4-12 扭杆弹簧

采用扭杆弹簧的悬架质量较小，结构比较简单，也不需润滑，并且通过调整扭杆弹簧固定端的安装角度，易实现车身高度的自动调节。既可以横向布置，也可以纵向布置，可以方便地安装满足设计要求长度的扭杆，以保证悬架具有良好的性能。

4）气体弹簧。

气体弹簧是在一个密封的容器中充入压缩气体（气压为0.5~1.0 MPa），利用气体的可压缩性实现其弹簧作用。这种弹簧的刚度是可变的，因为作用在弹簧上的载荷增加时，容器内的定量气体受压缩，气压升高，则弹簧的刚度增大。反之，载荷减小时，弹簧内的气压下降，刚度减小，故它具有较理想的弹性特性。

气体弹簧有空气弹簧和油气弹簧两种。

①空气弹簧。

空气弹簧又有囊式和膜式之分，如图1-4-13所示。囊式空气弹簧由夹有帘线的橡胶气囊和密闭在其中的压缩空气所组成。气囊的节数愈多，弹性愈好。

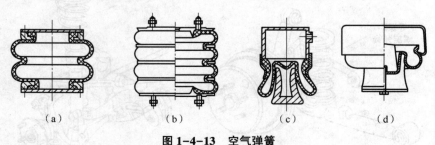

图1-4-13 空气弹簧
(a)、(b) 囊式空气弹簧；(c)、(d) 膜式空气弹簧

膜式空气弹簧的密闭气囊由橡胶膜片和金属压制件组成。与囊式空气弹簧相比，膜式空

气弹簧弹性特性曲线比较理想,因其刚度较囊式空气弹簧小,车身自然振动频率较低,且尺寸较小,在车上便于布置,故多用在轿车上。

②油气弹簧。

油气弹簧以气体(如氮气等惰性气体)作为弹性介质,用油液作为传力介质,利用气体的可压缩性实现弹簧作用,结构原理如图1-4-14所示。

球形室固定在工作缸之上,室内腔用橡胶隔膜将油与气隔开,充入高压氮气的一侧为气室,与工作缸相同而充满油液的一侧为油室。工作缸内装有活塞和阻尼阀及阀座。

当汽车受到载荷增加变化时,活塞向上移动,使工作缸内油压升高,打开阻尼阀进入球形室下部,推动橡胶隔膜向气室方向移动,气室受到的压缩压力升高,使油气弹簧刚度增加。当载荷减小时,气室内的高压氮气使橡胶隔膜向下方(油室)移动,油液通过阻尼阀流回工作缸,活塞下移使油压降低,同时气室容积变大,压力下降,使油气弹簧刚度降低。随着汽车行驶中的状态变化,工作缸内的油压与气室内的氮气压力也随之变化,此时活塞处于工作缸中的不同位置。因此,油气弹簧具有可变刚度的特性。

油气弹簧具有良好的行驶平顺性,而且体积小,质量轻。但是对密封性要求很高,维护相对麻烦。目前这种弹簧多用于重型汽车和部分轿车上。

(2)减振器。

在大多数汽车的悬架内部都装有减振器,它和弹性元件是并联安装的,如图1-4-15所示。其作用是加速车架和车身振动的衰减,以改善汽车的行驶平顺性。

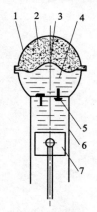

图1-4-14 单气室油气分隔式油气弹簧
1—球形室;2—气室;3—橡胶隔膜;4—油室;
5—阻尼阀;6—工作缸;7—活塞

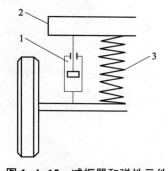

图1-4-15 减振器和弹性元件的安装
1—减振器;2—车架;3—弹性元件

汽车悬架中广泛采用液力减振器。其作用原理是利用液体流动的阻力来消耗振动的能量。当车架与车桥做往复相对运动时,活塞在缸筒内也做往复运动,减振器壳体内的油液便反复地从一个内腔通过一些窄小的孔隙流入另一内腔。此时,孔壁与油液间的摩擦及液体分子内摩擦便形成对振动的阻尼力,使车身和车架的振动能量转化为热能,而被油液和减振器壳体所吸收,然后散到大气中。减振器阻尼力的大小与车架和车桥(或车轮)的相对速度及油液度有关。

减振器的阻尼力愈大,振动消除得愈快,但却使并联的弹性元件的作用不能充分发挥,同时，过大的阻尼力还可能导致减振器连接零件及车架损坏。因此，对减振器提出如下要求：

①在悬架压缩行程（车桥与车架相互移近的行程）内，减振器的阻尼力应较小，以便充分利用弹性元件的弹性，缓和冲击。

②在悬架伸张行程（车桥与车架相对远离的行程）内，减振器的阻尼力应较大，以便迅速减振。

③当车桥（或车轮）与车架的相对速度过大时，减振器应当能自动加大液流通道截面积，使阻尼力始终保持在一定限度之内，避免承受过大的冲击载荷。

在压缩和伸张两行程内均能起减振作用的减振器称为双向作用式减振器。另有一种减振器仅在伸张行程内起作用，称为单向作用式减振器。目前汽车上广泛采用双向作用筒式减振器。

图1-4-16所示为双向作用筒式减振器。双向作用筒式减振器有三个同心钢筒：外面的钢筒是防尘罩，上面有一圆环与车架（车身）连接；中间的钢筒是储油缸，内部有一定量的减振器油，下部有一圆环与车桥相连；最里面的钢筒是工作缸，内部装满减振器油。在工作缸内部通过防尘罩和上部圆环制成一体的活塞杆，其底部固定有活塞。活塞上装有伸张阀

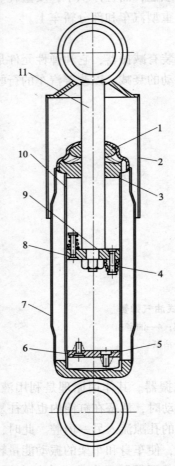

图1-4-16 双向作用筒式减振器
1—油封；2—防尘罩；3—导向座；4—流通阀；5—补偿阀；6—压缩阀；7—储油缸；
8—伸张阀；9—活塞；10—工作缸；11—活塞杆

和流通阀,在工作缸下部底座上装有补偿阀和压缩阀。为满足减振器工作需要,流通阀和补偿阀的弹簧相对较软,较小的油压便可以打开或关闭;而压缩阀和伸张阀的弹簧相对较硬,只有当油压增大到一定程度时才能打开,只要油压稍有下降便关闭。

双向作用筒式减振器的工作过程如下:压缩行程时,由于减振器被压缩,汽车车轮移近车身,减振器内的活塞向下移动,下腔容积减小,油压升高,大部分油液冲开流通阀流入上腔,由于上腔被活塞杆占去一部分空间,上腔容积的增加小于下腔容积的减少,于是一部分油液推开压缩阀,流回到储油缸中。油液通过阀孔时所形成的节流作用就产生了对悬架受压缩运动的阻尼作用。在伸张行程时,减振器受拉伸,车轮远离车身,这时活塞向上移动,上腔油压升高,流通阀关闭,上腔内的油液打开伸张阀流入下腔。由于活塞杆自身的存在,自上腔流来的油液不能充满下腔增加的容积,使得下腔产生一定的真空度,这时储油缸中的油液推开补偿阀流进下腔补充,阀的节流作用对悬架在伸张运动时起到阻尼作用。

由于伸张阀弹簧的刚度和预紧度设计得大于压缩阀,在相同力的作用下,伸张阀及相应的常通缝隙通道的截面积总和小于压缩阀及相应的常通缝隙通道的截面积总和,这使得减振器的伸张行程产生的阻尼力大于压缩行程产生的阻尼力,从而实现迅速减振。

2. 悬架的分类

汽车悬架可分为非独立悬架和独立悬架两大类,如图 1-4-17 所示。非独立悬架的结构特点是:两侧的车轮由一根整体式车桥相连,当一侧车轮因道路不平而发生跳动时,必然引起另一侧车轮在汽车横向平面内摆动,故称为非独立悬架。而独立悬架的结构特点是:车桥做成断开的,两侧车轮可以单独地通过弹性悬架与车架(或车身)连接,单独跳动,互不影响,故称为独立悬架。对于多轴汽车而言,为保证所有车轴与车轮载荷形同或相近,采用了平衡悬架。

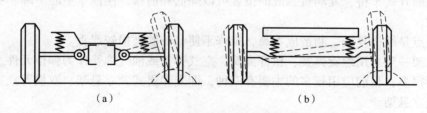

图 1-4-17 非独立悬架与独立悬架
(a) 独立悬架;(b) 非独立悬架

(1) 非独立悬架。

非独立悬架因其结构简单,工作可靠,广泛用作货车的前、后悬架,而在轿车中非独立悬架仅用作后悬架。

1) 钢板弹簧式非独立悬架。

钢板弹簧式非独立悬架主要由钢板弹簧和减振器组成,如图 1-4-18 所示。由于钢板弹簧本身可以兼起导向机构的作用,并有一定的减振作用,就使得悬架结构大为简化。钢板弹簧式非独立悬架通常将钢板弹簧纵向布置,因此又称为纵置板簧式非独立悬架。

2) 螺旋弹簧式非独立悬架。

螺旋弹簧式非独立悬架一般只用作中低级轿车的后悬架。由螺旋弹簧、减振器、纵向拖臂和扭力梁组成,如图 1-4-19 所示。这种悬架也被称为扭力梁式悬架、拖曳臂式悬架或 H 型悬架。

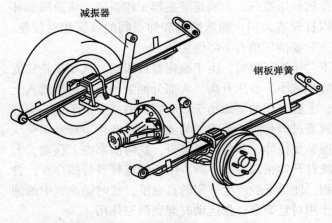
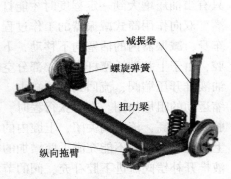

图 1-4-18 钢板弹簧式非独立悬架　　　图 1-4-19 螺旋弹簧式非独立悬架

（2）独立悬架。

独立悬架被广泛用于轿车转向轮和越野汽车。独立悬架的结构特点是：两侧的车轮各自独立地与车架或车身弹性连接。因而具有以下优点：

①在悬架弹性元件一定的变形范围内，两侧车轮可以单独运动，互不影响，这样在不平道路上行驶时可减少车架和车身的振动，而且有助于消除转向轮不断偏摆的不良现象。

②减小了汽车的非簧载重量（即不由弹簧支承的部分），悬架所受到的冲击载荷也减小，可以提高汽车的平均行驶速度。

③采用断开式车桥，发动机总成的位置可以降低和前移，使汽车重心下降，提高了汽车行驶稳定性。

它的缺点是结构复杂，制造成本高，维修不便，轮胎磨损较严重。

独立悬架一般采用螺旋弹簧、扭杆弹簧、空气弹簧或油气弹簧作为弹性元件。独立悬架的结构类型很多，目前应用较多的主要有三种，即麦弗逊式独立悬架、双横臂式独立悬架和多连杆式独立悬架。

1）麦弗逊式独立悬架。

麦弗逊式独立悬架目前在前置前驱动轿车和某些轻型客车上广泛采用。麦弗逊式独立悬架的结构如图 1-4-20 所示。其突出的特点是以筒式减振器为滑动立柱，筒式减振器的上端通过带轴承的隔振块总成（可看作减振器的上铰链点）与车身相连，筒式减振器的下端与转向节相连。下摆臂外侧与转向节铰接，内侧与车架铰接。车轮所受的侧向力通过转向节大部分由下摆臂承受，其余部分由减振器活塞和活塞杆承受。

筒式减振器上铰链的中心与下摆臂外端的球铰链中心的连线为主销轴线，此结构也为无主销结构。当车轮上下跳动时，因筒式减振器的下支点随下摆臂摆动，故主销轴线的角度是变化的，这说明车轮是沿着摆动的主销轴线而运动。因此，这种悬架在变形时，主销的定位角和轮距都有些变化。如果适当地调整杆系的布置，可使车轮的这些定位参数变化减小。

该悬架突出的优点是增大了两前轮内侧的空间，便于发动机和一些部件的布置；其缺点是滑动立柱摩擦和磨损较大。为减少摩擦通常是将螺旋弹簧中心线与滑柱中心线的布置不相重合。

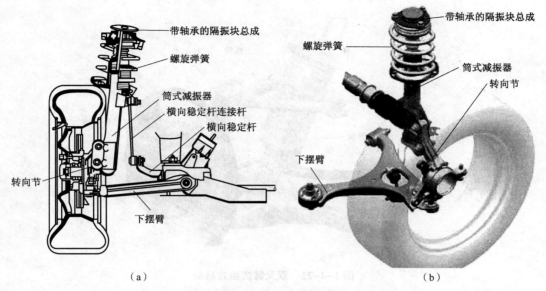

图 1-4-20 麦弗逊式独力悬架
(a) 平面图；(b) 立体图

2) 双横臂式独立悬架。

双横臂式独立悬架按上下横臂是否等长，又分为等长双横臂式独立悬架和不等长双横臂式独立悬架，如图 1-4-21 所示。等长双横臂式独立悬架在车轮上下跳动时，能保持主销倾角不变，但轮距变化大，造成轮胎磨损严重，现已很少使用。对于不等长双横臂式独立悬架，只要适当选择、优化上下横臂的长度，并通过合理的布置，就可以使轮距及前轮定位参数变化均在可接受的限定范围内，保证汽车具有良好的行驶稳定性。

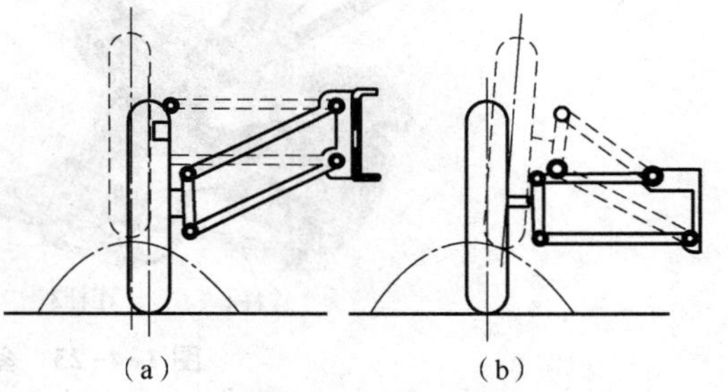

图 1-4-21 双横臂式独立悬架
(a) 等长双横臂式独立悬架；
(b) 不等长双横臂式独立悬架

图 1-4-21 (b) 所示为不等长双横臂式独立悬架。如果选择长度比例合适，可使车轮和主销的角度及轮距变化不大。这种独立悬架被广泛应用在轿车前轮上。为了传递纵向力，双横臂式独立悬架的上下两个横臂一般都做成 A 字形或 V 字形，所以这种悬架又称为双叉臂式独立悬架。悬架的上下两个 V 形摆臂以一定的距离，一端安装在转向节上，另一端安装在车架上，如图 1-4-22 所示。

3) 多连杆式独立悬架。

多连杆式独立悬架是由 3~5 根连杆组合起来控制车轮的位置变化的悬架，其结构如图 1-4-23 所示。多连杆式独立悬架能使车轮绕着与汽车纵轴线成一定角度的轴线内摆动，是横臂式和纵臂式的折中方案，适当地选择摆臂轴线与汽车纵轴线所成的夹角，可不同程度地获得横臂式与纵臂式悬架的优点，能满足不同的使用性能要求。多连杆式独立悬架的主要优点是：车轮跳动时轮距和前束的变化很小，不管汽车是在驱动、制动状态都可以按驾驶员的意图进行平稳转向。

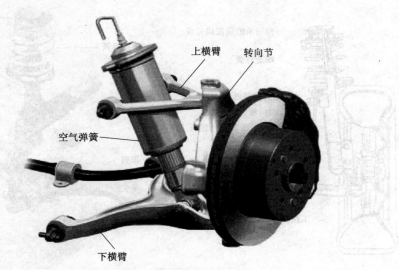

图 1-4-22 双叉臂式独立悬架

图 1-4-23 多连杆式独立悬架

三种独立悬架的比较：麦弗逊式独立悬架结构简单、成本低，两侧车轮内侧空间大，便于发动机的布置，但是其抗侧倾能力一般，高速转向时横向稳定性不好，多用作中低级轿车的前悬架。双横臂式独立悬架具有侧倾小、可调参数多、轮胎接地面积大、抓地性能优异等优点；但是相比麦弗逊式独立悬架多了一个上横臂，不仅需要占用较大的空间，而且其定位参数较难确定，因此小型轿车的前桥出于空间和成本考虑一般不会采用此种悬架，中高级轿车的前后悬架、部分运动型轿车及赛车的后轮采用这一悬架结构。多连杆式独立悬架结构复杂、成本高、舒适性和操纵稳定性非常好，多用于高级轿车。

（3）多轴汽车的平衡悬架

任何多轴车辆的全部车轮如果都是独立刚性地悬挂在车架上，则在不平道路上行驶时将不能保证所有车轮同时接触路面，如图 1-4-24（a）所示。当使用弹性悬架而道路不平度较小时，虽然不一定会出现车轮悬空的现象，但各个车轮间的垂直载荷分配比例会有很大的改变。在车轮垂直载荷变小甚至为零时，则车轮对路面的附着力随之变小，甚至等于零。转向车轮遇此情况将使汽车操纵能力大大降低，导致失去操纵（即驾驶员无法控制汽车的行驶方向）；驱动车轮遇此情况将不能产生足够的（甚至没有）驱动力。此外，还会使其他车桥及车轮有超载的危险。

若全部车轮采用独立悬架，可以保证所有车轮与路面的良好接触，但汽车结构将变得复杂，对于全轮驱动的多轴汽车尤其如此。

若将两个车桥（如三轴汽车的中桥与后桥）装在平衡杆的两端，而将平衡杆中部与车架作铰链式连接，如图1-4-24（b）所示。这样，一个车桥抬高将使另一车桥下降。而且，由于平衡杆两臂等长，则两个车桥上的垂直载荷在任何情况下都相等，不会产生如图1-4-24（a）所示的情况。这种能保证中后桥车轮垂直载荷相等的悬架称为平衡悬架。

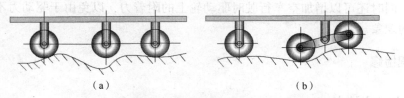

图1-4-24 三轴汽车在不平道路上行驶情况示意图
（a）各个车轮独立刚性地悬挂在车架上；（b）车轮通过平衡悬架悬挂在车架上

1) 等臂式平衡悬架。

等臂式平衡悬架是三轴和四轴越野汽车上普遍采用的一种平衡悬架结构形式，如图1-4-25所示。钢板弹簧的两端自由地支承在中、后桥半轴套管上的滑板式支架内，这样，钢板弹簧便相当于一根等臂平衡杆，它以悬架芯轴为支点转动，从而可保证汽车在不平道路上行驶时，各轮都能着地，且使中、后桥车轮的垂直载荷平均分配。

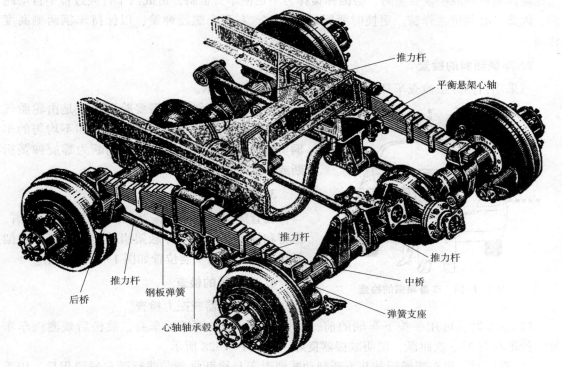

图1-4-25 三轴越野汽车中、后桥的等臂式平衡悬架

这种悬架的钢板弹簧只能传递垂直力和侧向力,而不能传递驱动力、制动力及其相应的反作用力矩,为此在中、后桥上还装有推力杆。

横向力由装在芯轴轴承毂内的推力垫圈和推力环承受。

2) 摆臂式平衡悬架。

摆臂式平衡悬架主要用于 6×2 的货车上。这种货车的结构特点是:前桥为转向桥,中桥为驱动桥,后桥是可以升降的支持桥。当汽车在轻载或空载行驶时,可操纵举升油缸,通过杠杆机构将后轮(支持轮)举起,使 6×2 汽车变为 4×2 汽车。这不仅可减少轮胎的磨损和降低油耗,同时还可以增加空车行驶时驱动轮上的附着力,以免由于驱动力不足而使驱动轮发生滑转的现象。

四、悬架检修

(一) 悬架基本检查

悬架技术状况变差,使汽车的冲击载荷变大,加剧了零件的磨损,影响汽车的行驶平顺性和操纵的可靠性。悬架的主要损耗形式是弹簧弹力下降、弹簧断裂、减振垫及限位挡块损坏和减振器失效等。

1. 弹性元件的检查

悬架的弹性元件多采用螺旋弹簧。螺旋弹簧的检修主要是检查弹簧上有无裂纹及其自由长度,如果弹簧的自由长度比标准长度缩短 5%,则表示该弹簧已经永久变形,刚度变差。当螺旋弹簧折断或刚度变差时,会因弹簧弹力不足使车身歪斜,造成汽车行驶过程中自动跑偏,因此,必须更换弹簧。更换时要同时更换左、右两个螺旋弹簧,以保持车辆两侧高度相同。

2. 车辆倾斜的检查

可采用目测方法检查车身倾斜情况,如图 1-4-26 所示。

如果车辆倾斜,则需要验证是否是由轮胎气压、左右轮胎或者车轮尺寸的偏差和不均匀的车辆负荷分配引起的,否则,应判断为螺旋弹簧折断或刚度变差。

3. 悬架状况检查

检查螺旋弹簧、减振器、横向稳定杆、下臂、拖臂和横梁、转向节等悬架组件是否损坏。悬架各组件在车上的安装位置如图 1-4-27 所示。

图 1-4-26 车身倾斜的检查

4. 减振器的检查

(1) 减振器减振力检查。

1) 驻车时,可用手按下车辆的前、后保险杠,上、下摇动车身,放松后观测汽车车身,若车身有 2~3 次跳跃,说明减振器良好,如图 1-4-28 所示。

2) 路试时,汽车缓慢行驶并不断制动减速时车身跳跃强烈,或行驶一段路程后,用手摸其外壳温度,若高于其他部位,说明减振器工作正常。

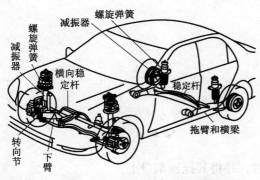

图 1-4-27 悬架各组件在车上的安装位置

图 1-4-28 减振器减振力的检查

(2) 减振器状况检查。

1) 检查减振器上是否有凹痕。另外，检查防尘罩上是否有裂纹、裂缝或者其他损坏。

2) 固定住减振器，并上下运动活塞杆时应有一定阻力，而且向上比向下的阻力要大一些。若阻力过大，应检查活塞杆是否弯曲；若无阻力，则表示减振器油已漏光或失效，必须更换。

(3) 减振器漏油检查。

用目视的方法检查减振器，观察减振器上是否有油污。减振器为免维护机构，减振器外面有轻微的油迹属正常现象。如有大量油迹即漏油时，减振器在压缩到底或伸张时会产生跳动现象或车辆行驶时发出冲击噪声，应更换减振器。

(4) 前减振器悬架轴承主橡胶挡块的检查。

1) 检查前减振器悬架轴承的磨损与损坏情况，轴承应能灵活转动，损坏时必须整体更换。

2) 检查橡胶挡块的损坏与老化情况，如损坏应及时更换。

(5) 副车架、横向稳定杆和梯形臂的检查。

1) 通过用手摇晃悬架接头上的连接，检查衬套是否磨损或者有裂纹，并且检查是否摆动。同时检查连接是否损坏，如图 1-4-29 所示。

2) 检查梯形臂（下摆臂）下球铰，如图 1-4-30 所示，其轴向间隙标准为 0；用弹簧秤检查下球铰，拉力应为 10.8~73.6 N，扭力应为 1.5~3.4 N·m。

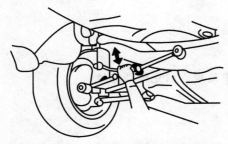

图 1-4-29 连接摆动情况检查

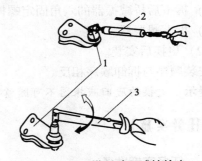

图 1-4-30 梯形臂下球铰检查

1—梯形臂下球铰；2—弹簧秤；3—扭力扳手

（二）减振器的更换

1. 前悬架减振器更换

（1）拆卸减振器。

1）拆卸车轮。
2）拧下减振器连接件上的六角螺母。
3）拉出制动管支架卡夹并松开制动管。
4）拆下转速传感器线束。
5）从制动钳上拆下固定螺栓，拆下制动钳，并将其挂到车身上。
6）从控制臂上拆下双向连接件。
7）从减振器上拆下转速传感器线束。
8）拆下隔音板。
9）将变速器驱动法兰与传动轴连接脱开。
10）松开车轮的轴承座与减振器螺栓连接。
11）用手沿减振器方向压制动盘。
12）向下拉车轮轴承座使其与减振器分开。
13）拆下减振器座的六角螺母。
14）用压紧装置压螺旋弹簧，使弹簧挡盘不受力。
15）拧下活塞杆上的六角螺母。
16）用压紧装置拆下减振器各个部件及其螺旋弹簧。

（2）更换部件后安装。

1）用压紧装置将螺旋弹簧安装到下弹簧支座上。
2）螺旋弹簧端部必须紧对着锁止位置，拧上减振器座的六角螺母（新螺母）。
3）拧上弹簧挡盘的六角螺母。
4）减振器的进一步安装工作与拆卸顺序相反。

2. 后悬架减振器更换

（1）拆卸减振器。

1）插入弹簧压紧装置，压紧螺旋弹簧，直至将其取下。
2）举升车辆至适当高度，拆下减振器上部的六角固定螺栓。
3）拆下后桥减振器的六角固定螺栓。
4）拆下减振器。

（2）更换后安装。

安装顺序与拆卸顺序相反。

提示：更换的废旧减振器不可随意丢弃，应集中处理，以免污染环境。

减震器更换

【任务实施】

一、任务实施准备

（1）理实一体化多媒体实训场所。

(2) 实训车辆、车轮挡块。
(3) 拆装工作台。
(4) 四柱举升机。
(5) 车轮动平衡检测机、扒胎机、悬架弹性元件、备用减振器等。
(6) 压缩空气源。
(7) 工量具：通用 54 件组合扳手、钢板尺、游标卡尺、一字螺丝刀、胎压表等。
(8) 备品：工作服、工作鞋、手套、座椅套、转向盘套、变速杆套、脚垫、翼子板布、前盖板布、抹布等；螺栓、螺母、垫片、密封圈等各种易损件；润滑油、润滑脂等；各种型号平衡块等。
(9) 废物收纳箱等。
(10) 车辆维修手册。
(11) 实训工单。

二、任务实施步骤

(1) 组织学生对基本知识进行学习。
(2) 学生分组。
(3) 以小组为单位，讨论制订减振器更换工作计划。
(4) 各小组汇报工作计划，教师组织点评，进行可行性分析。
(5) 组织学生按工作计划进行减振器更换实操训练，教师巡视、予以指导，同时依据考核工单对学生操作规范性进行考核。
(6) 组织学生查询该车的检测标准，参照检测标准对检查结果进行分析，按要求填写实训工单。
(7) 学生交回完成的实训工单。
(8) 实训总结，包括学生自我反思与教师答疑、点评、总结等。

实训工单

学生姓名：_____ 班级_____ 实训日期_____

序号	检查项目	检查结果
1	车辆品牌	
2	VIN 码	
3	汽车悬架类型	
4	弹性元件类型	
5	弹性元件状况	
6	减振器类型	
7	减振器状况	
8	轮胎气压	
9	轮胎磨损情况	
10	减振器更换主要步骤	
实训总结	实训结论	实训收获与反思

考核工单

学生姓名：　　　　　　考核项目：　　　　　　考核成绩：

序号	项目	分值	扣分标准	得分
1	实训准备工作	5	每缺少1项扣1分	
2	工量具正确使用	5	每错误1次扣1分	
3	设备正确使用	5	每错误1次扣1分	
4	维修手册的正确使用	5	每错误1次扣1分	
5	操作规范性	60	每错误1次扣1分	
6	测量准确性	5	每错误1次扣1分	
7	实训工单填写	5	未填写扣5分	
8	车辆保护	5	每缺少1项扣1分	
9	5S	5	每缺少1项扣2分	
10	是否出现危险行为		出现人身危险总成绩0分；出现车辆危险扣20分；出现工具设备危险扣10分	
	合计	100		

教师评语	

项目一　汽车行驶系统检修

考核教师：

　　　　年　　月　　日

任务五　电子控制悬架检修

1. 了解电子控制悬架的功能与种类。
2. 掌握电子控制悬架的结构与工作原理。
3. 掌握电子控制悬架使用与检修等基本知识。

1. 能够收集和整理相关资料。
2. 能够向客户介绍电子控制悬架的特点及其相关知识。
3. 能够对典型电子控制悬架进行比较与分析。
4. 能够对电子控制悬架进行一般故障的诊断与检修。
5. 能够引导客户树立安全环保意识。

普通结构车桥上的弹簧、减振器和稳定杆是按照车辆的特殊使用条件来匹配的，这种匹配特性在车辆行驶中是无法改变的，它就是个折中方案。一般情况下，舒适性和动力操控性是一对矛盾，所以底盘调整就显得尤为重要。现在应用的电子控制悬架增加了调整的空间，使车辆在某些情况下可以兼顾动力性和舒适性。都有哪些类型的悬架设计？它们有什么样的结构？它们是如何工作的？通过本章的学习，你将找到答案。

【基本知识】

一、电子控制悬架的结构

（一）电子控制悬架的功能

电子控制悬架通过控制调节悬架的刚度和阻尼力，突破传统被动悬架的局限性，使汽车的悬架特性与道路状况和行驶状态相适应，从而保证汽车行驶的平顺性和操纵稳定性。

（1）车高调整。

无论车辆的负载多少，都可以保持汽车高度一定，车身保持水平，从而使前大灯光束方向保持不变。当汽车在坏路面上行驶时，可以使车高升高，防止车桥与路面相碰；当汽车高速行驶时，又可以使车高降低，以便减少空气阻力，提高操纵稳定性。

（2）减振器阻尼力控制。

通过对减振器阻尼系数的调整，防止汽车急速起步或急加速时车尾下蹲，防止紧急制动时车头下沉，防止汽车急转弯时车身横向摇动，防止汽车换挡时车身纵向摇动等，提高行驶平顺性和操纵稳定性。

(3) 弹簧刚度控制。

与减振器一样，在各种工况下，通过对弹簧弹性系数的调整，来改善汽车的乘坐舒适性与操纵稳定性。

有些车型只具有其中的一个或两个功能，而有些车型同时具有以上三个功能。

（二）电子控制悬架的种类

现代汽车装备的电子控制悬架种类很多。

按传力介质的不同，电子控制悬架可分为气压式和油压式两种。

按控制理论的不同，电子控制悬架可分为半主动式、主动式两大类。其中半主动式又分为有级半主动式（阻尼力有级可调）和无级半主动式（阻尼力连续可调）两种。主动式电子控制悬架根据频带和能量消耗的不同，分为全主动式（频带宽大于 15 Hz）和慢全主动式（频带宽 3~6 Hz）。

根据驱动机构和介质的不同，电子控制悬架可分为电磁阀驱动的油气主动式悬架和由步进电动机驱动的空气主动式悬架。

无级半主动式悬架可以根据路面的行驶状态和车身的响应对悬架阻尼力进行控制，并在几毫秒内由最小到最大，使车身的振动响应始终被控制在某个范围内。但在转向、起步、制动等工况时不能对阻尼力实施有效的控制。它比主动式悬架优越的地方是不需要外加动力源，消耗的能量很小，成本较低。

主动式悬架是一种能供给和控制动力源（油压、空气压）的装置。根据各种传感器检测到的汽车载荷、路面状况、行驶速度、起动、制动、转向等状况的变化，自动调整悬架的刚度、阻尼力以及车身高度等。它能显著提高汽车的操纵稳定性和乘坐舒适性。

（三）电子控制悬架的组成与工作原理

虽然现代汽车电子控制悬架由于控制功能和控制方法的不同，其结构形式多种多样，但它们的基本组成是相同的，即由感应汽车运行状况的各种传感器、开关、电子控制单元及执行机构等组成。传感器一般有车高传感器、车速传感器、加速度传感器、转角传感器、节气门位置传感器等。开关有模式选择开关、制动灯开关、停车开关和车门开关等。执行机构有可调阻尼力的减振器，可调节弹簧高度和弹性大小的弹性元件等。

电子控制悬架的工作原理如图 1-5-1 所示，利用传感器（包括开关）把汽车行驶时路面的状况和车身的状态进行检测，将检测信号输入计算机进行处理，计算机通过驱动电路控制悬架的执行器动作，完成悬架特性参数的调整。

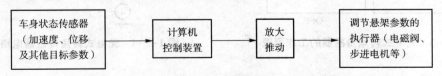

图 1-5-1　电子控制悬架的工作原理

1. 传感器

电子控制悬架传感器的功能是检测汽车行驶时路面的状况和车身的状态，并将检测到的信号输入计算机进行处理。

（1）转角传感器。

转角传感器用于检测转向盘的中间位置、转动方向、转动角度和转动速度。在电子控悬架中，电子控制单元根据车速传感器信号和转角传感器信号，判断汽车转向时侧向力的大小和方向，以控制车身的侧倾。

现代汽车多采用光电式转角传感器。图1-5-2所示为丰田汽车TEMS上应用的光电式转角传感器的安装位置和结构。在转向盘的转向轴上装有一个带窄缝的圆盘，传感器的光电元件（即发光二极管）和光敏接收元件（光敏三极管）相对地装在遮光盘两侧形成遮光器。由于圆盘上的窄缝呈等距均匀分布，当转向盘的转轴带动圆盘偏转时，窄缝圆盘将扫过遮光器中间的空穴，从而在遮光器的输出端，即可进行ON、OFF转换，形成脉冲信号。

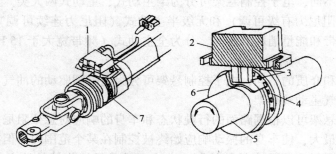

图1-5-2　光电式转角传感器的安装位置和结构

1、2—转角传感器；3—光电元件；4—遮光盘；5—转向轴；6、7—传感器圆盘

光电式转角传感器的工作原理如图1-5-3所示，电路原理如图1-5-4所示。

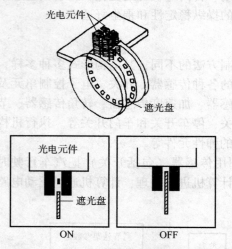

图1-5-3　光电式转角传感器的工作原理

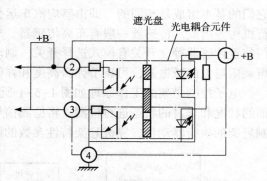

图1-5-4　光电式转角传感器电路原理

当转动转向盘时，带窄缝的圆盘使遮光器之间的光束产生通/断变化，遮光器的这种反复开/关状态产生与转向轴转角成一定比例的一系列数字信号，系统控制装置可根据此信号的变化来判断转向盘的转角与转速。同时，传感器在结构上采用两组光电耦合器组件，可根据检测到的脉冲信号的相位差来判断转向盘的偏转方向。这是因为两个遮光器在安装上使它们的ON、OFF变换的相位错开90°，通过判断哪个遮光器首先转变为ON状态，即可检测出转向轴的偏转方向。例如，向左转时，左侧遮光器总是先于右侧遮光器达到ON状态；而向右转时，右侧遮光器总是先于左侧遮光器达到ON状态。

（2）加速度传感器

在车轮打滑时，不能以转向角和汽车车速正确判断车身侧向力的大小。为了直接测出车身横向加速度和纵向加速度，可以利用加速度传感器。横向加速度传感器主要用于检测汽车转向时，因离心力的作用而产生的横向加速度，并将产生的电信号输送给电子控制单元，使电子控制单元能判断悬架的阻尼力改变的大小及空气弹簧中空气压力的调节情况，以维持车身的最佳姿势。

加速度传感器常用的有差动变压器式和钢球位移式两种。

①差动变压器式加速度传感器。图1-5-5所示是差动变压器式加速度传感器的结构，图1-5-6所示是其工作原理图。

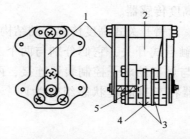

图1-5-5 差动变压器式加速度传感器的结构
1—弹簧；2—封入硅油；3—检测线圈；4—励磁线圈；5—芯杆

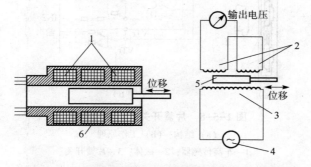

图1-5-6 差动变压器式加速度传感器的工作原理
1、2—二次绕组；3、6——次绕组；4—电源；5—芯杆

在励磁线圈（一次绕组）通以交流电的情况下，当汽车转弯（或加、减速）行驶时，芯杆在汽车横向力（或纵向力）的作用下产生位移，随着芯杆位置的变化，检测线圈（二次绕组）的输出电压发生变化。所以，检测线圈的输出电压与汽车横向力（或纵向力）一一对应，反映了汽车横向力（或纵向力）的大小。悬架的电子控制装置根据此输入信号即可正确判断汽车横向力（或纵向力）的大小，对车身姿势进行控制。

②钢球位移式加速度传感器。钢球位移式加速度传感器的结构如图1-5-7所示。

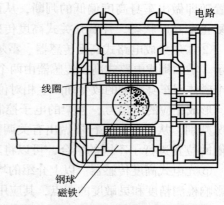

图1-5-7 钢球位移式加速度传感器

根据所检测的力（横向力、纵向力或垂直力）不同，加速度传感器的安装方向也不一样。如汽车转弯行驶时，钢球在汽车横向力的作用下产生位移，随着钢球位置的变化，造成线圈的输出电压发生变化，所以，悬架的电子控制装置根据加速度传感器输入的信号即可正确判断汽车横向力的大小，从而实现对汽车车身姿势的控制。

除此之外，还有半导体加速度传感器，如三菱GALANT汽车采用的G传感器是一小型半导体加速度计，它安装于汽车前端，用于确定汽车转向时的横向加速度。

(3) 车高传感器。

车高传感器的作用是检测汽车行驶时车身高度的变化情况（汽车悬架的位移量），并转换成电信号输入悬架的电子控制装置。车高传感器常用的有片簧开关式高度传感器、霍尔集成电路式高度传感器、光电式高度传感器。

①片簧开关式高度传感器。片簧开关式高度传感器的结构和工作原理如图1-5-8所示。片簧开关式高度传感器有四组触点式开关，它们分别与两个三极管相连，构成四个检测回路。用两个端子作为输出信号与悬架的电子控制装置连接，两个三极管均受电子控制装置"输出"端子的控制。该传感器将车身高度状态组合为四个检测区域，分别是低、正常、高、超高。

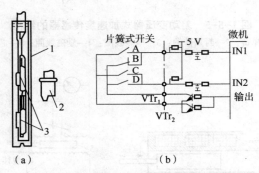

图1-5-8 片簧开关式高度传感器
(a) 结构；(b) 工作原理
1—车高传感器；2—磁体；3—片簧开关

当车身高度调定为正常高度时，如果因乘员数量的增加，而使车身高度偏离正常高度，此时片簧开关式高度传感器的另一对触点闭合，产生电信号输送给电子控制装置，电子控制装置随即做出车身高度偏低的判断，从而输出电信号到车身高度控制执行器，促使车身高度恢复正常高度状态。片簧开关式高度传感器在福特车型上应用较多。

②霍尔集成电路式高度传感器。霍尔集成电路式高度传感器的结构和工作原理如图1-5-9所示。霍尔集成电路式高度传感器由两个霍尔集成电路、磁体等组成。其基本工作原理是：当两个磁体因车身高度的改变而产生相对位移时，将在两个霍尔集成电路上产生不同的霍尔电效应，形成相应的电信号，悬架的电子控制装置根据这些电信号做出车身高度偏离调定高度的情况判别，从而驱动执行器做出有关调整。由于在两个霍尔集成电路和两个磁体安装时，对它们的位置进行了不同的组合，可以将车身高度状态分为三个区域进行检测。

③光电式高度传感器。以上介绍的均是接触式车身高度传感器，在使用过程中存在因磨损而影响检测精度和灵敏度的弱点，其应用受到一定限制。光电式高度传感器属于非接触式高度传感器，它有效地克服了上述缺点，因此现代轿车越来越多地采用了光电式高度传感器。

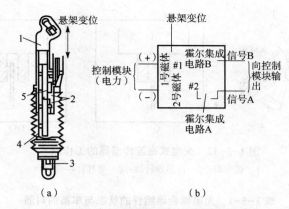

图 1-5-9 霍尔集成电路式高度传感器
(a) 结构；(b) 工作原理
1—传感器体；2—霍尔集成电路；3—弹簧夹；4—滑轴；5—窗孔

图 1-5-10 所示是光电式高度传感器的结构。在主动悬架中，要对车身高度进行检测与调节，一般只需在悬架上安装三个车身高度传感器即可，位置在左、右前轮和后桥中部。如果传感器多于三个，则会出现调整干涉现象。

在传感器上，有一根靠连杆带动的转轴，转轴上固定一个开有许多窄槽的圆盘，圆盘两边是由发光二极管和光敏三极管组成的光电耦合器组件。每一个光电耦合器组件共有四组发光二极管和光敏三极管组成。一般情况下，传感器中有两个光电耦合器组件。实际结构中，光电式高度传感器固定在车架上，传感器轴的外端装有导杆，导杆的另一端通过一连杆与独立悬架的下摆臂连接，如图 1-5-11 所示。

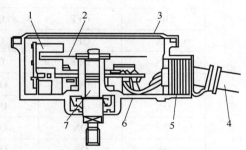

图 1-5-10 光电式高度传感器
1—遮光器；2—圆盘；3—传感器盖；4—信号线；
5—金属油封环 6—传感器壳；7—传感器轴

图 1-5-12 所示是光电式高度传感器的工作原理。当车身高度发生变化时（如汽车载荷发生变化），导杆将随悬架摆臂的上下移动而摆动，从而通过传感器转轴驱动圆盘转动，使光电耦合器组件相对应的发光二极管和光敏三极管上的光线产生 ON/OFF 的转换，光敏三极管把接收到的光线 ON/OFF 转换成电信号，并通过导线输送给悬架的电子控制装置。电子控制装置根据每一个光电耦合器组件上每组发光二极管和光敏三极管 ON/OFF 转换的不同组合，判断圆盘转过的角度，

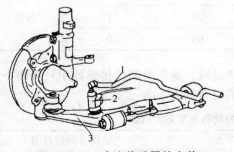

图 1-5-11 高度传感器的安装
1—导杆；2—传感器；3—下摆臂

从而计算出悬架高度的变化情况。

表 1-5-1 为具有四个光电耦合器组件的状态与车高的对照表。

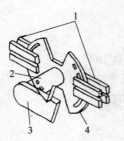 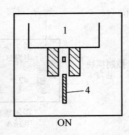 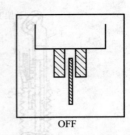

图 1-5-12 光电式高度传感器的工作原理
1—遮光器；2—传感器转轴；3—导杆；4—圆盘

表 1-5-1 光电耦合器组件的状态与车高的对照

车高	光电耦合器组件的状态				车高范围/mm	计算结果
	1	2	3	4		
高 ↓ 低	OFF	OFF	ON	OFF	15	过高
	OFF	OFF	ON	ON	14	
	ON	OFF	ON	ON	13	
	ON	OFF	ON	OFF	12	高
	ON	OFF	OFF	OFF	11	
	ON	OFF	OFF	ON	10	
	ON	ON	OFF	ON	9	
	ON	ON	OFF	OFF	8	普通
	ON	ON	ON	OFF	7	
	ON	ON	ON	ON	6	
	OFF	ON	ON	ON	5	
	OFF	ON	ON	OFF	4	低
	OFF	ON	OFF	OFF	3	
	OFF	ON	OFF	ON	2	
	OFF	OFF	OFF	ON	1	过低
	OFF	OFF	OFF	OFF	0	

悬架进行车高调节时，如果只需判断出四个车高区域，则车身高度传感器中只需两个光电耦合器组件。此时光电耦合器组件的状态与车高的对照如表 1-5-2 所示。

表 1-5-2 两个光电耦合器组件的状态与车高的对照

车高检验区域	光电耦合器组件 A	光电耦合器组件 B
过 高	OFF	ON
偏 高	OFF	OFF
偏 低	ON	OFF
过 低	ON	ON

如果只需判断三个车高区域，即过高、正常、过低，则只需将表 1-5-2 中偏高和偏低两种状态均作为"正常"状态即可。

（4）节气门位置传感器。

悬架的控制系统中利用节气门位置传感器信号来判断汽车是否在进行急加速。节气门位置传感器先将信号输入发动机电子控制装置，然后，发动机电子控制装置再将此信号输入悬架电子控制装置。

（5）车速传感器。

车速是汽车悬架常用的控制信号，汽车车身的侧倾程度取决于车速和汽车转向半径的大小。通过对车速的检测，来调节电控悬架的阻尼力，从而改善汽车行驶的安全性。

常用的车速传感器的类型有舌簧开关式车速传感器、磁阻元件式车速传感器、磁脉冲式车速传感器和光电式车速传感器。一般情况下，舌簧开关式车速传感器和光电式车速传感器安装在汽车仪表板上，与车速表装在一起，并用软轴与变速器的输出轴相连；而磁阻元件式车速传感器和磁脉冲式车速传感器装在变速器上，通过蜗杆蜗轮机构与变速器的输出轴相连。

2. 模式选择开关

模式选择开关位于变速器操纵手柄旁，如图 1-5-13 所示。驾驶员根据汽车的行驶状况和路面情况选择悬架的运行模式，从而决定减振器的阻尼力大小。

驾驶员通过操纵模式选择开关，使悬架工作在四种运行模式：自动、标准（AUTO、NORMAL）；自动、运动（AUTO、SPORT）；手动、标准（MANU、NORMAL）；手动、运动（MANU、SPORT）。当选择自动挡时，悬架可以根据汽车行驶状态自动调节减振器的阻尼力，以保证汽车乘坐舒适性和操纵稳定性。其控制功能如表 1-5-3 所示。当选择手动挡时，悬架的阻尼力只有标准（中等）和运动（硬）两种状态的转换。

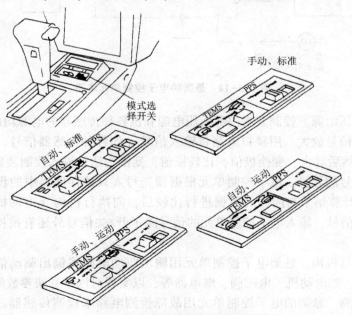

图 1-5-13 模式选择开关的位置和操作方法

表 1-5-3 系统控制功能

汽车行驶状态	减振器阻尼力（悬架状态）	
	自动、标准模式	自动、运动模式
一般情况下	软	中等
汽车急加速、急转弯或紧急制动时	硬	硬
高速行驶时	中等	中等

3. 电控悬架的电子控制单元（ECU）

悬架的电子控制单元是一台小型专用计算机，一般由输入电路、微处理器、输出电路和电源电路等组成，如图 1-5-14 所示。它是悬架控制系统的中枢，具有多种功能。

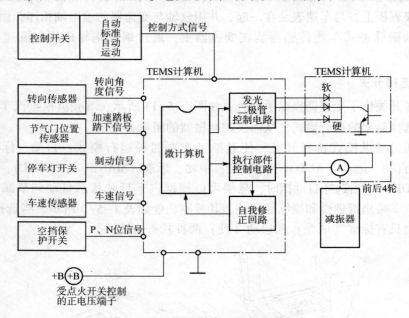

图 1-5-14 悬架的电子控制单元电路

（1）提供稳压电源。控制装置内部所用电源和供各种传感器的电源均由稳压电源提供。

（2）传感器信号放大。用接口电路将输入信号（如各种传感器信号、开关信号）中的干扰信号除去，然后放大、变换极值，比较极值，变换为适合输入控制装置的信号。

（3）输入信号的计算。电子控制单元根据预先写入只读存储器中的程序对各输入信号进行计算，并将计算结果与内存的数据进行比较后，向执行机构（电动机、电磁阀、继电器等）发出控制信号。输入电子控制单元的信号除了开/关信号外还有模拟信号时，还应进行 A/D 转换。

（4）驱动执行机构。悬架电子控制单元用输出驱动电路将输出驱动信号放大，然后输送到各执行机构，如电动机、电磁阀、继电器等，以实现对汽车悬架参数的控制。

（5）故障检测。悬架的电子控制单元用故障检测电路来检测传感器、执行器、线路等的故障，当发生故障时，将信号送入悬架的电子控制单元，目的在于即使发生故障，也应使悬架安全工作，而且在修理时容易确定故障位置。

4. 执行机构

（1）阻尼力控制执行机构。

①可调阻尼力减振器。

可调阻尼力减振器主要由缸筒、活塞杆、回转阀等构成，如图 1-5-15 所示。活塞杆是一空心杆，在其中心装有控制杆，控制杆的上端与执行器相连，控制杆的下端装有回转阀，回转阀上有三个油孔，活塞杆上有两个通孔。缸筒中的油液一部分经活塞上的阻尼孔在缸筒的上下两腔流动，一部分经回转阀与活塞杆上连通的孔在缸筒的上下两腔间流动。

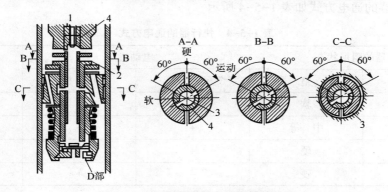

图 1-5-15　可调阻尼力减振器的结构

1—回转阀控制杆；2—阻尼孔；3—活塞杆；4—回转阀

当电子控制单元促使执行器工作时，通过控制杆带动回转阀相对活塞杆转动，回转阀与活塞杆上的油孔连通或切断，从而增加或减少油液的流通面积，使油液的流动阻力改变，达到调节减振器阻尼力的目的。当回转阀上的 A、C 油孔相连时，流通面积较大，减振器的阻尼力为软；当回转阀 B 油孔与活塞杆油孔相连时，减振器的阻尼力为中等；当回转阀上三个油孔均被堵住时，仅有活塞杆上的阻尼孔起衰减作用，此时减振器的阻尼力为硬。

②直流电动机式执行器。

图 1-5-16 所示是丰田汽车采用的直流电动机式执行器的结构和工作原理。该执行器主要由直流电动机、小齿轮、扇形齿轮、电磁线圈、挡块、控制杆等组成。每个执行器安装于

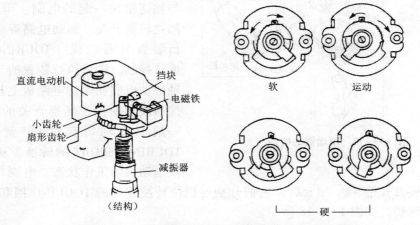

图 1-5-16　直流电动机式执行器的结构和工作原理

悬架中减振器的顶部，并通过其上的控制杆与回转阀相连接，直流电动机和电磁线圈直接接收电子控制单元的控制。

该执行器的基本工作原理是：电子控制单元输出控制信号使电磁线圈通电控制挡块的动作（如将挡块与扇形齿轮的凹槽分离）；另外，直流电动机根据输入的电流方向作相应方向的旋转，从而驱动扇形齿轮作对应方向的偏转，带动控制杆改变减振器的回转阀与活塞杆油孔的连通情况，使减振器的阻尼力按需要的阻尼力大小和方向改变。当阻尼力调整合适后，电动机和电磁线圈都断电，挡块重新进入扇形齿轮的凹槽，使被调整好的阻尼力大小能稳定地保持。执行器的通电方式如表1-5-4所示。

表1-5-4 执行器的通电方式

减振器的阻尼状态		电动机		电磁线圈
调整前	调整后	正极	负极	
	软	−	+	断开
	中等	+	−	断开
软	硬	+	−	接通
中等	硬	−	+	接通

当电子控制单元发出软阻尼力信号时，电动机转动使扇形齿轮逆时针方向转动，直到扇形齿轮上凹槽的一边靠在挡块上为止；如发出中等硬度信号，电动机反向通电，使扇形齿轮顺时针方向偏转，直到扇形齿轮上凹槽的另一边靠在挡块上为止；当电子控制单元发出硬阻尼力信号时，电子控制单元同时向电动机和电磁线圈发出控制信号，电动机带动扇形齿轮离开软阻尼力位置或中等阻尼力位置，同时电磁线圈将挡块拉紧，使挡块进入扇形齿轮中间的一个凹槽内。

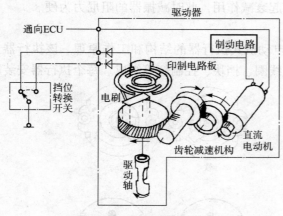

图1-5-17 驱动器的构造

图1-5-17所示是直流电动机与三级齿轮减速机构组成的可调节阻尼力减振器的执行装置——驱动器。它主要由直流电动机、齿轮减速机构、驱动轴及与轴连接在一起的电刷、印制电路板、挡位转换开关、制动电路等组成。该执行装置只有二段（TOURING/SPORT）模式控制。随着执行装置的工作，驱动轴带动电刷在印制电路板上扫过，可以接通或切断挡位转换开关的电流通路。一般驱动轴每转过90°就进行一次TOURING/SPORT的转换，从而控制直流电动机的工作状态。电刷与印制电路板形成两个接点开关SW_1和SW_2，它们分别与挡位转换开关的TOURING挡和SPORT挡作电路上的连接，如图1-5-18所示。

挡位转换与接点开关SW_1、SW_2状态的关系如表1-5-5所示。

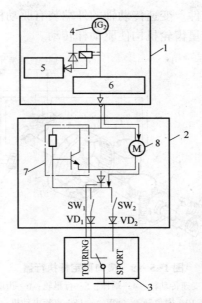

图 1-5-18 挡位转换开关与接点开关的连接

1—电子控制单元；2—减振器驱动器；3—挡位转换开关；4—电源电路；
5—时间电路；6—电压控制电路；7—制动电路；8—直流电动机

表 1-5-5 挡位转换与接点开关 SW_1、SW_2 状态的关系

接点开关	TOURING 模式	SPORT 模式
SW_1	OFF	ON
SW_2	ON	OFF

当挡位转换开关转换到 TOURING 挡时，电子控制单元与驱动电路被接点开关 SW_1 接通，电动机有电流通过而工作，带动输出轴转动，从而使减振器回转阀也转动，这时减振器的阻尼力变为软（SOFT）状态。同时，当输出轴的转角超过 90°时，输出轴上的电刷使接点开关 SW_1 断开，而接点开关 SW_2 接通，电动机电路被切断进入能耗制动状态而停止运转，维持减振器的阻尼力为 TOURING 状态。

当电动机外电路被切断时，电动机因惯性作用会继续运转，产生较大的感应电动势。为防止电动机被烧坏，电路中设有制动保护回路。电动机外电路被切断时所产生的感应电动势经制动回路而消耗，电动机停止处于待命状态。

（2）侧倾刚度控制的执行机构。

汽车的侧倾刚度与汽车的转向特性密切相关。为改变汽车的侧倾刚度，可以通过改变横向稳定杆的扭转刚度来实现。侧倾刚度控制系统根据电子控制单元的信号，通过一执行器来控制横向稳定杆液压缸内的油压，达到调节横向稳定杆扭转刚度的目的。

①横向稳定杆执行器。

图 1-5-19 所示是横向稳定杆执行器的结构，它由直流电动机、蜗轮、蜗杆、行星齿轮机构和限位开关等组成。行星齿轮机构由与蜗轮一体的太阳轮、两个行星齿轮和齿圈构成。两个行星齿轮装在与变速传动轴为一体的行星架上，齿圈为固定元件，太阳轮为主动元件，

行星架及变速传动轴为从动元件。变速传动轴的外端装有驱动杆，因此，直流电动机可通过执行器内部的蜗杆、蜗轮和行星齿轮机构使驱动杆转动。

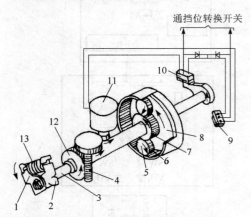

图 1-5-19 横向稳定杆执行器

1—驱动杆；2—从动杆；3—变速传动杆；4—蜗杆；5—行星轮；6—齿圈；7—太阳轮；8—行星架；9—限位开关（SW_2）；10—限位开关（SW_1）；11—直流电动机；12—蜗轮；13—弹簧

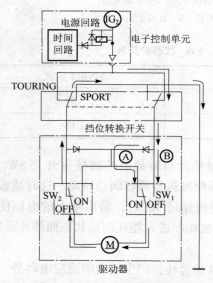

图 1-5-20 SPORT 挡位时的电路状态

当把挡位转换开关转到 SPORT 位置时（如图 1-5-20 所示），起初限位开关 SW_1 处于 ON 位置，而开关 SW_2 尚处于 OFF 位。此时电流由电子控制单元→挡位转换开关→右边的二极管→SW_1 的 ON 接点→直流电动机→SW_2 的 OFF 接点→挡位转换开关→接地。即电流由Ⓐ方向流动，电动机开始转动，并通过蜗杆、蜗轮、行星齿轮机构驱动变速传动轴转动，带动稳定器驱动杆偏转实现阻尼力变化。当驱动器的输出轴转动，则限位开关 SW_1 由 ON 位转换到 OFF 位，此时电动机的电流由 SW_1 的 OFF 接点提供。当驱动杆转过全程时，限位开关变 SW_2 为 ON 状态，电动机电流被切断。但此时电动机在惯性作用下继续旋转，线圈中有感应电动势产生，该电动势通过 SW_1（OFF 接点）右边的二极管→SW_2（ON 接点）→电动机，电动机因短路而被强制制动，避免电动机被损坏。

当缆绳因卡滞而不能动作时，为防止烧毁电动机，可在从动杆不动的情况下，使驱动杆边拉伸弹簧边回转，直到限位开关动作而使直流电动机停转。

②液压缸。

液压缸安装在横向稳定杆与悬架下控制臂之间，通过改变液压缸内的油压来改变横向稳定杆的扭转刚度，图 1-5-21 为其工作示意图。

当挡位转换开关处于 TOURING 位置时，液压缸内的油压较低，液压缸具有能伸缩的弹性作用，此时横向稳定杆具有较小的扭转刚度；当挡位转换开关处于 SPORT 位置时，液压缸内的油压较高，此时横向稳定杆具有较大的扭转刚度。

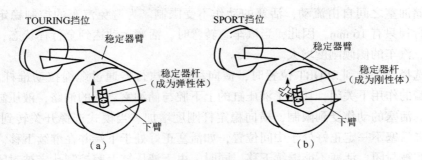

图 1-5-21 液压缸工作示意
(a) TOURING 挡位；(b) SPORT 挡位

液压缸的结构如图 1-5-22 所示。它主要由缸体、活塞、单向阀、推杆、储油室等组成。

推杆与液压缸缸体通过缆绳连接，受缆绳控制。单向阀与推杆用来打开或关闭液压缸的上下腔与储油室之间的油路。

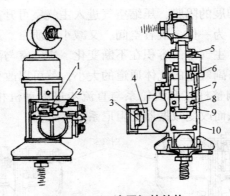

图 1-5-22 液压缸的结构
1—单向阀；2—推杆；3—膜片；4—储油室；5、7—挡块；6、9—卡簧；8—活塞；10—缸体

当挡位转换开关转到 TOURING 位置时，因缆绳呈放松状态，推杆受弹簧力作用而推开单向阀，使液压缸的上下腔均与储油室相通，如图 1-5-23 所示。此时，液压缸内的油液可

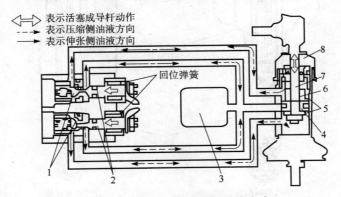

图 1-5-23 TOURING 挡位时的油路
1—单向阀；2—推杆；3—储油室；4—活塞；5—卡簧；6、8—挡块；7—活塞杆

在液压缸与储油室之间自由流动，活塞的动作不受限制。为避免汽车的控制稳定性过分降低，活塞的行程只有 16 mm，因此，当汽车急转弯时，活塞运动达到全行程状态，稳定杆扭转刚度增大，汽车的侧倾刚度增大。

当模式选择开关转到 SPORT 位置时，横向稳定杆执行器通过缆绳拉动推杆向外位移，单向阀在弹簧的作用下关闭，切断了液压缸的上下腔与储油室之间的油路，液压缸上下腔均呈封闭状态，活塞的动作受到限制，横向稳定杆刚度增加。当模式选择开关转到 SPORT 位置时，液压缸活塞不一定正好处于中间位置，如活塞正好处于下端并在继续下移。此时，由于液压缸下腔被封闭，活塞不能继续下移，同时，由于液压缸上腔控制孔未被封闭，活塞可以向上移动，液压缸上腔的油液经控制孔流回储油室。由于活塞的上移，液压缸下腔产生真空，在压差作用下，下端单向阀打开，储油室中的油液流入液压缸下腔。当活塞移动到中间位置时，控制孔关闭，活塞被固定在中间位置。

（3）弹簧刚度控制的执行机构。

图 1-5-24 所示为空气悬架气动缸的基本结构剖面。气动缸由封入低压惰性气体和阻尼力可调的减振器、旋转式膜片、主气室、副气室和悬架执行元件组成。主气室是可变容积的，在它的下部有一个可伸展的隔膜，压缩空气进入主气室可升高悬架的高度，反之使悬架高度下降。主、副气室设计为一体，既省空间，又减小了质量。悬架的上方与车身相连，随着车身与车轮的相对运动，主气室的容积在不断变化。主气室与副气室之间有一个通道，气体可以相互流通。改变主、副气室的气体通道的大小，就可以改变空气悬架的刚度。减振器的活塞通过中心杆（阻尼调整杆）和齿轮系与直流步进电动机相连接。步进电动机转动可改变活塞阻尼孔的大小，从而改变减振器的阻尼系数。

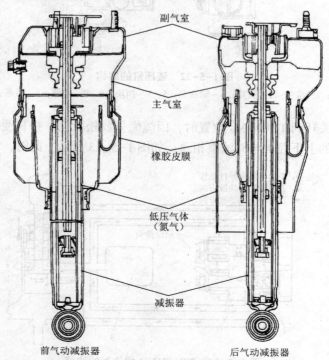

图 1-5-24 空气悬架气动缸的基本结构剖面

悬架刚度的自动调节原理如图 1-5-25 所示。主、副气室间的气阀体上有大小两个通道。步进电动机带动空气阀控制杆转动，使空气阀阀芯转过一个角度，改变气体通道的大小，就可以改变主、副气室气体流量，使悬架的刚度发生变化。

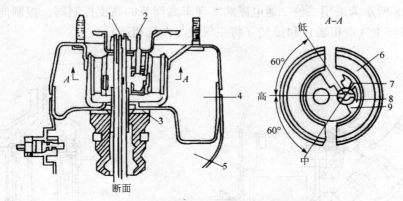

图 1-5-25　悬架刚度的自动调节原理
1—阻尼调节杆；2—空气阀控制杆；3—主、副气室通道；4—副气室；5—主气室；
6—气阀体；7—小气体通道；8—阀芯；9—大气体通道

悬架刚度可以在低、中、高三种状态间变化。

当阀芯的开口转到对准图 1-5-25 所示的低位置时，气体通道的大口被打开。主气室的气体经过阀芯的中间孔、阀体侧面通道与副气室的气体相通，两气室之间的空气流量越大，相当于参与工作的气体容积增大，悬架刚度处于低状态。

当阀芯开口转到对准图 1-5-25 所示的中间位置时，气体通道的大口被关闭、小口被打开。两气室之间的流量小，悬架刚度处于中间状态。

当阀芯开口转到对准图 1-5-25 所示的高位置时，两气室之间的气体通道全部被封闭，两气室之间的气体相互不能流动。压缩空气只能进入主气室，悬架在振动过程中，只有主气室的气体单独承担缓冲工作，悬架刚度处于高状态。

（4）车高控制的执行机构。

图 1-5-26 所示为车高控制悬架的结构，通过向空气弹簧的主气室内充放气来实现车身高度的调节。车高控制执行机构主要由空气阀、空气压缩机和设置在悬架之上的主气室组

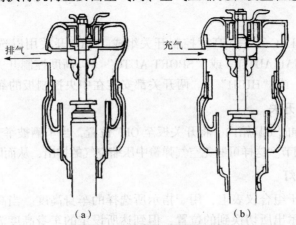

图 1-5-26　车高控制悬架的结构
(a) 车身降低；(b) 车身升高

成。空气压缩机的结构如图 1-5-27 所示，它由一个小直流电动机驱动，根据悬架电子控制单元的信号向干燥器输送提高车高所必需的压缩空气。干燥器有一个装有硅胶的小箱子，可以将空气中的水分过滤掉。排气阀从系统中放出压缩空气，同时排掉干燥器滤出的空气水分。

图 1-5-28 所示为采用二位二通电磁阀实现车高调节的高度控制阀，控制向主气室内进气（将进气路与主气室相通）和排气（将主气室与大气相通）。

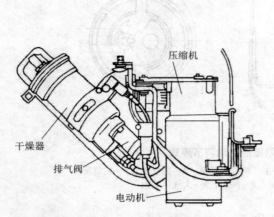
图 1-5-27 空气压缩机的结构

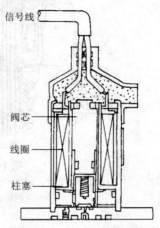
图 1-5-28 高度控制阀

悬架电子控制单元根据汽车车高传感器信号来判断汽车的高度状况。当判定"车身低了"时，则控制空气压缩机电动机工作，高度控制阀向空气弹簧主气室内充气，使车高增加；反之，若打开高度控制阀向外排气时，则使汽车高度降低。

二、半主动悬架

丰田凌志 LS400 轿车的电子控制悬架是一种典型的半主动悬架。它可以对车身高度、弹簧刚度及减振器阻尼力进行综合控制，因此，具有良好的乘坐舒适性和操纵稳定性。它由空气压缩机、悬架电子控制单元、悬架控制开关、车高传感器、转角传感器、悬架控制执行器、空气弹簧、阻尼力可调减振器和节气门位置传感器等组成，如图 1-5-29 所示。

空气悬架-执行元件诊断系统排气或充气

1. 悬架控制开关

悬架控制开关由 LRC 开关和高度控制开关组成。LRC 开关用以选择减振器和空气弹簧的工作模式（"NORMAL AUTO"或"SPORT AUTO"）；高度控制开关用以选择所希望的车身高度（"NORMAL"或"HIGH"）。两开关都安装在中央控制板的靠近换挡杆指示灯处。

2. 高度调节控制开关

此开关装在行李厢的工具箱内。将开关扳至 OFF 位置，当车辆被举升或停在不平的路面时不能对车身高度进行调节。这样可避免空气弹簧中压缩空气的排出，从而防止车身高度的下降。

3. 车身高度指示灯

两绿色指示灯位于组合仪表上，用于指示所选择的车身高度。当高度控制开关的位置改变时，指示灯马上指示出所切换到的位置，但到达所设定的车身高度需要一定的时间。

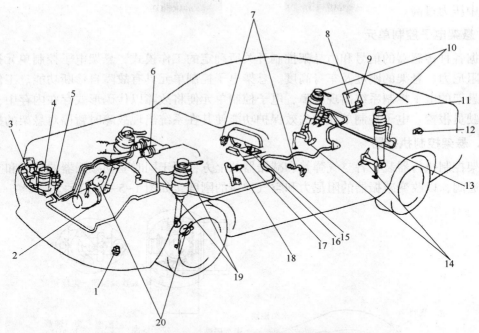

图 1-5-29 丰田凌志 LS400 轿车电控悬架主要元件分布

1—1号高度控制继电器；2—发电机调节器；3—干燥器及排气阀；4—悬架高度调节空气压缩机；
5—1号高度控制阀；6—主节气门位置传感器；7—门控开关；8—悬架电子控制单元；
9—2号高度控制继电器；10—后悬架高度调节执行器；11—高度调节信号接口；
12—车高调节控制开关；13—2号高度控制阀及止回阀；14—后悬架高度传感器；
15—LRC 开关；16—悬架高度调节开关；17—转向角传感器；18—制动灯开关；
19—前悬架高度调节执行器；20—前悬架高度传感器

4. LRC 指示灯

此灯也位于组合仪表上，用于指示当前减振器和空气弹簧的工作模式（"NORMAL AUTO"或"SPORT AUTO"）。选择"SPORT AUTO"模式时灯亮，否则灯熄灭。

5. 高度控制插座

连接该插座上的相应端子，可以不通过电子控制单元而直接控制空气压缩机电动机、高度控制阀及排气阀，方便检修。此插座上还提供了用于清除存储器中故障代码的端子。

6. 转角传感器

该悬架采用光电式转角传感器。

7. 车高传感器

该悬架采用光电式车高传感器。

8. 1号和2号高度控制阀

两个高度控制阀分别装在前、后悬架，其作用是根据电子控制单元的控制信号，控制空气弹簧的充气和排气。1号高度控制阀用于前悬架，此阀中有两个电磁阀，分别控制左右空气弹簧。2号高度控制阀用于后悬架，它也是由两个电磁阀组成，它与1号高度控制阀不同的是，它们不是单独控制，而是同时动作。在2号高度控制阀中还装有一个安全阀，用于防止管路中压力过高。

9. 悬架电子控制单元

根据各种传感器的信号和由悬架控制开关所确定的工作模式，悬架电子控制单元控制减振器的阻尼力、悬架的刚度及车身高度。悬架电子控制单元具有故障自诊断功能。工作中一旦发现悬架的电子控制系统出现故障，电子控制单元便将故障以代码形式存在内存中，并及时向驾驶员报警。电子控制单元的失效保护功能使其在系统出现故障时暂停对悬架的控制。

10. 悬架控制执行器

悬架控制执行器装在各空气弹簧和减振器的上方，用于同时驱动减振器的转阀和空气弹簧的连通阀，以改变减振器的阻尼力和空气弹簧的刚度，如图 1-5-30 所示。

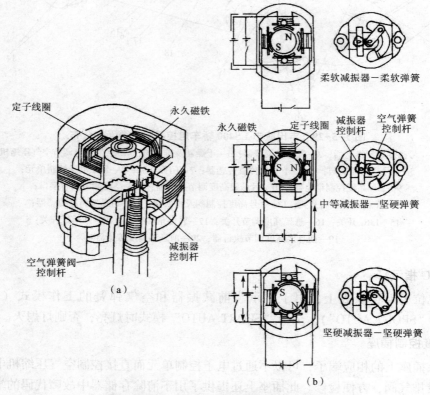

图 1-5-30　凌志 LS400 悬架控制执行器
(a) 结构；(b) 工作原理

直流电动机根据电磁原理工作，能够准确地对频繁变化的行驶工况做出快速响应。执行元件的电磁机构由定子铁芯（具有 4 个磁极）和两对定子绕组组成。电流流过绕组时在定子铁芯中产生电磁力，永久磁铁转子在定子铁芯电磁力的作用下旋转，并通过一对齿轮同时驱动空气弹簧的空气阀控制杆和减振器的旋转阀控制杆。

直流电动机带动小齿轮驱动扇形齿轮转动，与扇形齿轮同轴的旋转阀控制杆带动旋转阀转动，使阻尼孔的通流面积发生变化，从而调节减振器的阻尼力。

在调节减振器阻尼力的同时，齿轮系统带动与气室阀芯相连的连通阀控制杆转动，随着气室阀芯角度的改变，悬架的刚度也得到调节。

电磁线圈不通电时，挡块处于扇形齿轮的滑槽内，扇形齿轮可以转动；当电磁线圈通电时，挡块被拉紧，齿轮系统处于锁止状态，各转阀均不能转动，使悬架的参数保持在相对稳定的状态下。

11. 空气弹簧

空气弹簧安装于可调减振器的上端，与可调减振器一起构成悬架支柱，上端与车架连接，下端装在悬架摆臂上。空气弹簧由一个主气室和一个副气室组成。主、副气室之间有大小两个通道。执行器带动连通阀控制杆转动，使阀芯转过一个角度，改变主、副气室之间通道的大小，即改变主、副气室之间的空气流量，使空气弹簧有效工作容积改变，悬架刚度发生变化。悬架的刚度可以在低、中、高三种状态之间变化。

空气悬架结构与原理

车身高度的调节通过1号和2号高度控制阀以及用以充入或释放主气室内压缩空气的排气阀实现。

12. 可调减振器

减振器阻尼系数的变化是靠改变活塞阻尼孔的开度来实现的，阻尼孔的开度则由控制杆驱动的旋转阀控制。

弹簧刚度和阻尼力的控制及功能如表1-5-6所示，系统各部件功能如表1-5-7所示。

表1-5-6 弹簧刚度和阻尼力的控制及功能

行驶情况	控制状态	功能
倾斜路面	弹簧变硬	抑制侧倾、改善操纵性
凹凸不平路面	弹簧变硬或阻尼力中等	改善汽车行驶时的乘坐舒适性
制动时	弹簧变硬	抑制汽车制动点头
加速时	弹簧变硬	抑制汽车加速后蹲
高速时	弹簧变硬和阻尼力中等	改善汽车高速行驶稳定性

表1-5-7 悬架各部件功能

序号	部件	功能
1	悬架控制执行器	改变悬架弹簧刚度和阻尼力
2	1号高度控制继电器	向空气压缩机供电
3	发电机调节器	调节交流发电机的电压
4	空气压缩机	提供压缩空气
5	干燥器	吸收压缩空气中的水分
6	排气阀	控制空气弹簧中空气的排出
7	高度控制传感器	检测汽车高度变化并输入电子控制单元
8	1、2号高度控制阀	向四个空气弹簧充入或放出压缩空气
9	制动灯开关	检测制动踏板是否踩下及踩下快慢
10	车身高度指示灯	显示汽车高度，当悬架出现故障时进行报警

续表

序号	部件	功能
11	汽车平顺性指示灯	通过平顺性开关,指示悬架刚度和阻尼力处于自动控制的模式上
12	1号速度传感器	检测汽车行驶速度
13	悬架控制开关	由平顺性控制开关、悬架刚度和阻尼力选择开关及高度控制开关组成
14	转向传感器	检测转向轮的转向角度
15	门控开关	检测车门状态(开或关)
16	高度调节控制 ON/OFF 开关	允许或禁止汽车高度自动调节
17	2号高度控制继电器	向高度传感器供电
18	高度控制连接盒	不通过电子控制单元(直接通过连接器)调节汽车高度
19	发动机和变速器电子控制单元	将节气门位置传感器信号传给悬架电子控制单元
20	悬架电子控制单元	根据工作方式控制悬架刚度、阻尼力和汽车高度

三、主动悬架

图 1-5-31 所示是三菱 GALANT 轿车上装备的电子控制主动悬架,它能够根据本身的负载情况、行驶状态和路面情况等,主动地调节包括悬架的阻尼力、汽车车身高度和行驶姿态、弹性元件的刚度在内的多项参数,使汽车的相关性能处于最佳状态。

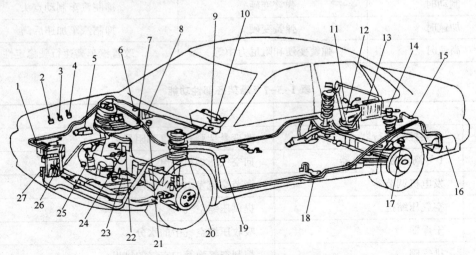

图 1-5-31 三菱电子控制主动悬架

1—前储气筒;2—回油泵继电器;3—空气压缩机继电器;4—电磁阀;5—ECS电源继电器;6—加速度计开关;7—节气门位置传感器;8—制动灯开关;9—车速传感器;10—转角传感器;11—右后车门开关;12—后电磁阀总成;13—电子控制单元;14—阻尼力转换执行器;15—左后车门开关;16—后储气筒;17—后高度传感器;18—左前车门开关;19—ECS开关;20—阻尼力转换执行器(步进电机型);21—加速度计位置;22—空气压缩机总成;23—G传感器;24—前高度传感器;25—系统禁止开关;26—空气干燥器;27—流量控制电磁阀总成

该系统主要由空气弹簧、普通螺旋弹簧、电子控制单元、车速传感器、G传感器、转角传感器、节气门位置传感器、车高传感器、阻尼力转换执行器、电磁阀、空气压缩机、储气筒、空气管路和继电器等组成。

1. 系统用5个传感器来检测汽车行驶状态

（1）转角传感器：用于检测汽车转向操作。

（2）节气门位置传感器：用于检测汽车加速度。

（3）高度传感器：用于检测汽车车身高度。

（4）G传感器：用于检测汽车转弯时的横向加速度。

（5）压力传感器：用于检测空气弹簧中的空气压力。

空气悬架-车身高度调节操作方法

根据以上传感器的输入信号，电子控制单元控制9个电磁阀的开闭，以控制空气弹簧的压力，使汽车在行驶过程中，甚至转向或制动时仍能保持水平并保持合适的高度。

2. 车高调节系统的结构及工作原理

图1-5-32所示为ECS系统空气压力回路。该空气压力回路为封闭回路，由空气压缩机、空气干燥器、储气筒、流量控制电磁阀、前后悬架控制电磁阀、空气弹簧和它们之间的连接管路等组成。空气弹簧排出的空气不排入大气，而是排入稍加压的低压腔。

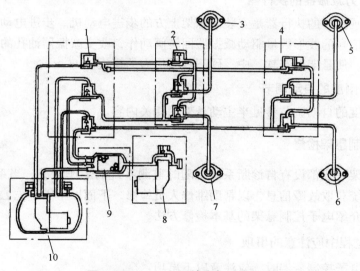

图1-5-32 ECS系统空气压力回路

1—流量控制电磁阀；2—前悬架控制电磁阀；3—右前带减振器的空气弹簧；4—后悬架控制电磁阀；5—右后带减振器的空气弹簧；6—左后带减振器的空气弹簧；7—左前带减振器的空气弹簧；8—空气压缩机；9—空气干燥器；10—储气筒

工作过程如下：

（1）气压的建立。发动机起动后，当处于充电状态时（如果发电机没有发电，此时空气压缩机将不工作，以防止蓄电池放电），直流电动机将带动空气压缩机工作。空气经过滤后，从进气阀进入气缸，被压缩后的空气由排气阀流向干燥器，经干燥后进入储气筒。储气筒上有空气压力调节装置，气压达到规定值时，空气压缩机将进气阀打开，使空气压缩机空转，减少对发动机功率的消耗。储气筒的气压一般保持在750~1 000 kPa。

（2）车身高度的升高。当电子控制单元发出提高车身高度的指令时，流量控制电磁阀和前后悬架控制电磁阀的进气阀打开，储气筒的空气进入空气弹簧使其气压提高，车身高度上升至规定高度时，各电磁阀关闭。

（3）车身高度的降低。当电子控制单元发出降低车身高度的指令时，流量控制电磁阀和前后悬架控制电磁阀的排气阀打开，空气弹簧中的空气经这些阀门流向储气筒的低压腔。当车身降低至预定调节高度时，各电磁阀关闭。

（4）空气的内部循环。由于该系统是一个封闭系统，从空气弹簧排出的空气并不排向大气，而是排入储气筒的低压腔。因此，当储气筒中需要补充气压时，低压腔中压力较高的空气又经空气压缩机进气阀进入气缸，被压缩和干燥后，进入储气筒的高压腔。这样，有助于提高充气效率，减少能量消耗，防止过多的水分进入系统污染元器件。

该系统的各空气弹簧为并联独立式布置，各空气弹簧可以单独进行充排气操作，互不干扰空气的流动。各控制电磁阀均由悬架电子控制单元进行控制。空气弹簧有三种工作状态，即低、正常和高。一般的行驶状态下，车身高度保持正常；车速超过 120 km/h 时，车身高度为低；在 100 km/h 以下时，车身高度为正常；在坏路上行驶时，车身高度为高。其他的车身高度由汽车的行驶状态来决定。

3. 可调阻尼力减振器的执行器

可调阻尼力减振器的执行器是安装于悬架上方的步进电动机。步进电动机根据电子控制单元发出的脉冲信号的波形数量驱动减振器回转阀动作，改变减振器油孔的通流截面来改变减振器的阻尼力，使悬架具有软、中、硬三种阻尼力的模式。

4. 空气弹簧刚度的自动调节

空气弹簧刚度的自动调节参见半主动悬架的相关内容。

四、电子控制悬架检修

电子控制悬架一般都设有自诊断系统，随时监测系统的工作情况。当系统出现故障时，可通过自诊断系统获取故障信息，以帮助维修人员检修。下面以丰田凌志 LS400 轿车的电子控制悬架为主，介绍电子控制悬架的基本检修方法。

（一）检修过程中应注意的事项

在检修汽车电子控制悬架时，应注意以下事项：

（1）当用千斤顶将汽车顶起时，应将高度控制 ON/OFF 开关拨到 OFF 位置。如果在高度控制 ON/OFF 开关拨到 ON 位置的情况下顶起汽车，则电子控制单元中会记录一个故障代码。如果记录了故障代码，须将其从存储器中清除掉。

备注：当将高度控制 ON/OFF 开关拨到 OFF 位置时，会显示故障代码 71。当将开关重新拨到 ON 位置时，该代码即被消除。

（2）在放下千斤顶前，应将汽车下面所有的物体搬走。因为在维修过程中，可能进行了放气、空气管路拆检等操作，此时空气弹簧中的主气室可能无气或存有少量剩余气体，汽车落地后，因自身的质量使车身高度很低，就会将下面的物体压住。

（3）在开动汽车之前，应起动发动机将汽车的高度调整到正常状态。因为在维修时空气弹簧中的空气被放掉，车身高度变得很低，如果此时汽车起步，势必造成车身与悬架或轮胎的相互碰撞。因此，维修后首先起动发动机，用空气压缩机给空气弹簧输送压缩空气，使汽车高度恢复正常，这样汽车便可正常行驶。

（4）前安全气囊碰撞传感器安装在空气压缩机和1号车身高度控制阀上面。因此，除非必要时，不要触及这个传感器。若要触及，必须按照安全气囊维修中的说明，在维修前拆下前安全气囊碰撞传感器，避免影响安全气囊系统的正常工作。

（二）功能检查与调整

1. 汽车高度调整功能的检查

（1）检查轮胎充气是否正确，前后分别为 2.3 kg/cm^2 和 2.5 kg/cm^2。

（2）检查汽车高度，即下横臂安装螺栓中心到地面的距离。

（3）起动发动机，将高度控制开关从 NORM 位置切换到 HIGH 位置，如图1-5-33所示。检查完成高度调整所需的时间和汽车高度变化量。调整时间：从操作高度控制开关到压缩机起动需2 s，从压缩机起动到完成高度调整需20~40 s。汽车高度的变化量为10~30 mm。

（4）在汽车处于 HIGH 高度调整状态下，起动发动机并将高度控制开关从 HIGH 位置切换到 NORM 位置。检查完成高度调整所需的时间和汽车高度变化量。调整时间：从操作高度控制开关到开始排气约2 s；从开始排气到完成高度调整需20~40 s。汽车高度的变化量为10~30 mm。

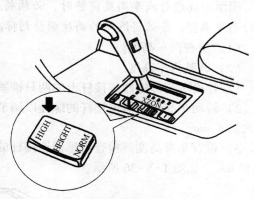

图1-5-33 高度控制开关

2. 溢流阀的检查

（1）将点火开关置于 ON，将高度控制连接器的端子1与7连接，如图1-5-34所示，使压缩机工作。

（2）待压缩机工作一段时间后，检查溢流阀是否放气，如图1-5-35所示。如果不放气，说明溢流阀堵塞、压缩机故障或有漏气的部位。

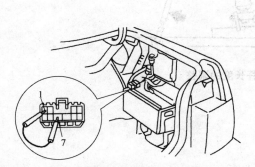

图1-5-34 短接高度控制连接器的端子1和7

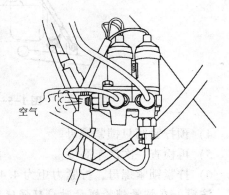

图1-5-35 检查溢流阀

(3) 检查结束后,将点火开关置于 OFF 位置。
(4) 清除故障代码。

提示:当迫使压缩机工作时,电子控制单元中会记录一个故障代码。在完成检查后,务必将这个故障代码清除掉。

3. 漏气检查

(1) 将高度控制开关拨到 HIGH 位置使汽车高度上升。
(2) 使发动机熄火。
(3) 在空气软管和软管接头处涂抹肥皂水,检查是否漏气。

4. 汽车高度调整

提示:在进行汽车高度调整时,必须将高度控制开关处于 NORM 位置。应在水平面上进行高度调整,务必将汽车的高度调整到标准范围以内。

(1) 检查汽车高度。
(2) 调整汽车高度。
1) 拧松车高传感器连接杆上的两只锁紧螺母。
2) 转动车高传感器连接杆的螺栓以调节长度。车高传感器连接杆转一圈,汽车高度改变大约 4 mm。
3) 检查车身高度。检查传感器连接杆的尺寸是否小于极限值。前、后悬架的极限值均为 13 mm,如图 1-5-36 所示。

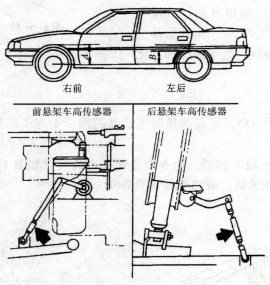

图 1-5-36 连接杆长度的调整

4) 预拧紧两只锁紧螺母。
5) 再检查一次汽车高度。
6) 拧紧锁紧螺母,拧紧力矩为 4.4 N·m。

注意:在拧紧锁紧螺母时应确保球节与托架平行。

(3) 检查车轮定位。

(三) 自诊断系统

1. 悬架指示灯检查

电子控制悬架中的指示灯有高度控制指示灯"NORM",刚度阻尼指示灯"LRC",高度控制指示灯"HEIGHT"。

将点火开关转到 ON,高度控制指示灯和刚度阻尼指示灯应亮 2 s 左右。如果在检查过程中出现表 1-5-8 所示的故障,应按表检查相应的电路并进行故障的排除。

2. 故障代码显示

(1) 将点火开关转到 ON。

(2) 用专用导线将 TDCL 或检查连接器端子 Tc 与 E_1 连接,如图 1-5-37 所示。

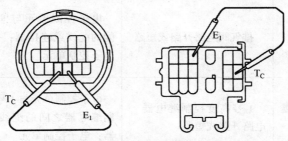

图 1-5-37 跨接 TDCL 或检查连接器端子 Tc 与 E_1

(3) 在仪表盘上读取高度控制"NORM"指示灯显示的故障代码。注意:当高度控制 ON/OFF 开关在 OFF 位置时,会输出故障代码 71,这并非是不正常;当没有故障代码输出时,应检查 Tc 端子电路。

(4) 利用表 1-5-8 所示的故障代码检查故障情况。

(5) 检查完毕后,将端子 Tc 与 E_1 脱开,并关闭显示器。

表 1-5-8 故障代码

代码	系统	故障诊断	故障部位	指示灯①	存储器②
11	右前车高传感器电路	车高传感器电路开路或短路	电子控制单元与车高传感器之间的配线或连接器;车高控制传感器;电子控制单元	○	○
12	左前车高传感器电路			○	○
13	右后车高传感器电路			○	○
14	左后车高传感器电路			○	○
21	前悬架控制执行器电路	悬架控制执行器电路开路或短路	电子控制单元与悬架控制执行器之间的配线或连接器;悬架控制执行器;电子控制单元	○	○
22	后悬架控制执行器电路			○	○

续表

代码	系统	故障诊断	故障部位	指示灯①	存储器②
31	1号高度控制阀电路	高度控制阀电路开路或短路	电子控制单元与高度控制阀之间的配线或连接器；高度控制阀；电子控制单元	○	○
33	2号高度控制阀电路（用于右悬架）			○	○
34	2号高度控制阀电路（用于左悬架）			○	○
35	排气阀电路	排气阀电路开路或短路	电子控制单元与排气阀之间的配线或连接器；排气阀；电子控制单元	○	○
41	1号高度控制继电器	1号高度控制继电器电路开路或短路	电子控制单元与1号高度控制继电器之间的配线或连接器；电子控制单元	○	○
42	压缩机电动机电路	压缩机电动机电路短路；压缩机电动机被卡住	电子控制单元与压缩机电动机之间的配线或连接器；压缩机电动机；电子控制单元	○	○
51③	至1号高度控制继电器的持续电流	向1号高度控制继电器的供电时间约8.5 min以上	压缩机电动机；压缩机；空气管；1号、2号控制阀；排气阀；车高传感器连接杆；车高传感器；溢流阀；电子控制单元	—	○
52④	排气阀的持续电流	向排气阀的供电时间约6 min以上	高度控制阀；排气阀；空气管；车高传感器连接杆；车高传感器；电子控制单元	—	○
61	悬架控制信号	电子控制单元故障		—	○
71⑤	高度控制ON/OFF开关电路	高度控制ON/OFF开关位于OFF位置或高度控制ON/OFF开关电路短路	电子控制单元与高度控制开关之间的配线或连接器；高度控制ON/OFF开关；电子控制单元	○	—

续表

代码	系统	故障诊断	故障部位	指示灯①	存储器②
72	悬架控制执行器供电电路	悬架控制执行器供电电路开路或悬架熔丝烧断	AIR SUS 熔丝；电子控制单元与发动机主继电器之间的配线或连接器；电子控制单元	—	—

注：①本列中的"○"表示高度控制"NORM"指示灯以 1s 的间隔闪烁，"—"表示指示灯不闪烁。

②本列中的"○"表示存储器中存有故障代码（不论点火开关是打开还是关闭）。

③因为压缩空气的溢流压力是 980 kPa，如果试图在坡道上或汽车超负荷情况下进行高度控制，就会输出代码"51"，同时汽车高度控制、阻尼力控制和弹簧刚度控制终止，这并非异常。在这种情况下，只要关闭点火开关约 70 min 后再打开，系统即恢复正常。

④如果在拆下车轮或支起汽车的情况下进行汽车高度控制，就会输出代码"52"，同时汽车高度控制、阻尼力控制和弹簧刚度控制终止，这并非异常。此时，只要关闭点火开关后再打开，系统即恢复正常。

⑤当高度控制 ON/OFF 开关在"OFF"位置时，会输出故障代码"71"。

3. 清除故障代码

系统故障排除后要将存储器内的故障代码清除，清除方法有两种。

（1）关闭点火开关，拆下 1 号接线盒中的 ECU-B 熔丝 10 s 以上，如图 1-5-38 所示。

（2）关闭点火开关，将高度控制连接器端子 9（端子 CLE）与端子 8（端子 E）短接，同时使诊断连接器端子 T_S 与端子 E_1 短接，如图 1-5-39 所示，保持这一状态 10 s 以上，然后打开点火开关并脱开以上各端子。

4. 检查电子控制单元输入信号

此项功能用于检查来自转角传感器和制动开关的信号是否正常地输入电子控制单元。其执行过程如下：

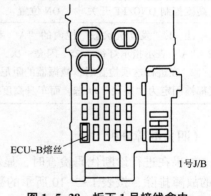

图 1-5-38 拆下 1 号接线盒中的 ECU-B 熔丝

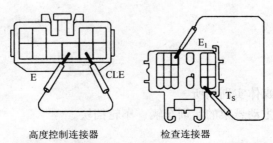

图 1-5-39 跨接高度控制连接器端子 9（端子 CLE）与端子 8（端子 E）

(1) 将点火开关置于 ON 位置。

(2) 将表 1-5-9 中的每个检查项目调到操作 1 栏所示状态。

(3) 短接发动机室内的诊断连接器 Ts 端子和 E_1 端子。注意：这时，在发动机停机状态下，高度控制"NORM"指示灯会以 0.25 s 的间隔闪烁，并一直持续到发动机运转时为止（这表明系统已经进入输入信号检查状态）。

(4) 再将每个单独的检查项目调到操作 2 栏所示状态，检查高度控制"NORM"指示灯是否亮着。

表 1-5-9　检查电子控制单元输入信号

检查项目	操作 1	发动机状态		操作 2	发动机状态	
		停机	运转		停机	运转
转角传感器	车向前摆正直行	A	B	转向角 45°以上	B	A
制动灯开关	OFF（不踩制动踏板）	A	B	ON（踩下制动踏板）	B	A
门控开关	OFF（所有车门关闭）	A	B	ON（所有车门打开）	B	A
节气门位置传感器	不踩加速踏板	A	B	加速踏板踩到底	B	A
1 号车速传感器	车速低于 20 km/h	A	B	车速 20 km/h 以上	B	A
高度控制开关	NORM 位置	A	B	HIGH 位置	B	A
开关	NORM 位置	A	B	SPORT 位置	B	A
高度控制 ONO/FF 开关	ON 位置	A	B	OFF 位置	B	A

注：1."发动机状态"栏内的"A"和"B"表示检查结果正常时高度控制"NORM"指示灯的状态。"A"表示指示灯每 0.25 s 闪亮一次，"B"表示常亮。

2. 在进行这项检查时，减振器的阻尼力控制和弹簧刚度控制被暂时停止，减振器的阻尼力和弹簧刚度都被固定为"坚硬"状态，而车身高度控制则正常进行。

（四）故障分析

如果在进行诊断代码检查时，显示一个正常代码并且故障仍然出现，应进行每个故障征兆的故障排除，按表 1-5-10 所示的数据次序检查每个系统故障征兆的电路。

（五）电子控制悬架的电路检查

图 1-5-40 为丰田凌志 LS400 轿车电子控制悬架的基本电路。检修时，根据故障代码所提示的故障部位与原因，参照电路图即可进行控制系统电路的检查。

【任务实施】

一、任务实施准备

(1) 理实一体化多媒体实训场所。

(2) 主动悬架或半主动悬架的实训车辆、车轮挡块。

(3) 拆装工作台。

(4) 故障诊断仪。

表1-5-10 系统故障征兆一览表

怀疑部位 / 征兆	车高传感器	悬架控制执行器电路	高度控制阀·排气阀电路	1号高度控制继电器电路	压缩机电动机电路	高度控制ON/OFF	悬架控制执行器电源电路	高度控制电源电路	调节器电路·发电机电路	LRC开关电路	高度控制开关电路	停车灯开关电路	转向传感器电路	节气门位置信号电路	车速传感器电路	门控灯开关电路	T_c端子电路	T_s端子电路	车高传感器连接杆	空气泄漏	气压缸/减振器	悬架电子控制单元
不管怎样操作LRC开关,LRC指示灯状态不变										1												2
阻尼力和弹簧刚度控制几乎不起作用		1					6			4							2	3			5	7
只有防侧倾控制不起作用													1									2
只有防下坐控制不起作用														1								2
只有防栽头控制不起作用												1			2							3
只有高车速控制不起作用															1							2

减振力和弹簧刚度控制失灵

续表

怀疑部位 \ 征兆	高度控制指示灯的亮灯位置不随高度控制开关的动作变化	汽车高度控制功能不起作用	只有高车速控制不起作用	汽车高度出现不规则变动	汽车高度控制起作用，但汽车高度不均匀	汽车高度控制起作用，但汽车高度的高或低与标准值不符
悬架电子控制单元	5	6	2	3		
气压缸/减振器						
空气泄漏					1	
车高传感器连接杆					2	1
T_s端子电路						
T_c端子电路						
门控灯开关电路						
车速传感器电路			1			
节气门位置信号电路						
转向传感器电路						
停车灯开关电路						
高度控制开关电路	1	3				
LRC开关电路						
调节器电路、发电机电路	2	1				
高度控制电源电路	3	2				
悬架控制执行器电源电路						
高度控制ON/OFF		4				
压缩机电动机电路						
1号高度控制继电器电路						
高度控制阀、排气阀电路					1	
悬架控制执行器电路						
车高传感器	4	5	2			

续表

征兆	怀疑部位	车高传感器	悬架控制执行器电路	高度控制阀、排气阀电路	1号高度控制继电器电路	压缩机电动机电路	高度控制ON/OFF	悬架控制执行器电源电路	高度控制电源电路	调节器电路、发电机电路	LRC开关电路	高度控制开关电路	停车灯开关电路	转向传感器电路	节气门位置信号电路	车速传感器电路	门控灯开关电路	T_c端子电路	T_s端子电路	车高传感器连接杆	空气泄漏	气压缸/减振器	悬架电子控制单元
高度控制失灵	当调整汽车高度时,汽车处于非常高或非常低的位置	1																					2
	即使高度控制开关在OFF位置时,汽车高度控制仍起作用						1																3
	点火开关OFF不起作用								2								1						2
	即使在车门打开时,点火开关OFF控制仍有作用																1						
	汽车驻车时汽车高度非常低				2																1	2	
	压缩机电动机仍旧运转					3															1		4

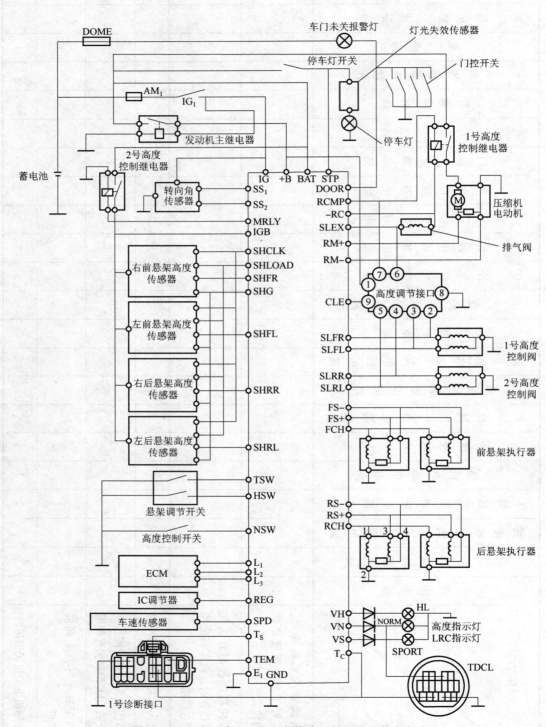

图 1-5-40　丰田凌志 LS400 轿车电子控制悬架基本电路

(5) 举升机。

(6) 压缩空气源。

(7) 工量具：通用 54 件组合扳手、钢板尺、游标卡尺、一字螺丝刀、胎压表、千斤顶、跨接线、容器、肥皂水等。

(8) 备品：工作服、工作鞋、手套、座椅套、转向盘套、变速杆套、脚垫、翼子板布、前盖板布、抹布等；螺栓、螺母、垫片、密封圈等各种易损件；润滑油、润滑脂等。

(9) 废物收纳箱等。

(10) 车辆维修手册。

(11) 实训工单。

二、任务实施步骤

(1) 组织学生对基本知识进行学习。

(2) 学生分组。

(3) 以小组为单位，讨论制订电控悬架检修工作计划。

(4) 各小组汇报工作计划，教师组织点评，进行可行性分析。

(5) 组织学生按工作计划进行电控悬架检修实操训练，教师巡视、予以指导，同时依据考核工单对学生操作规范性进行考核。

(6) 组织学生查询该车的检测标准，参照检测标准对检查结果进行分析，按要求填写实训工单。

(7) 学生交回完成的实训工单。

(8) 实训总结，包括学生自我反思与教师答疑、点评、总结等。

实训工单

学生姓名：_____ 班级_____ 实训日期_____

序号	检查项目	检查结果
1	车辆品牌	
2	VIN 码	
3	悬架类型	
4	轮胎气压	
5	轮胎磨损情况	
6	汽车高度调整功能检查	
7	溢流阀状态	
8	漏气检查	
9	汽车高度调整	
10	故障代码	
11	故障清除	
	实训结论	实训收获与反思
实训总结		

考核工单

学生姓名：　　　　　　考核项目：　　　　　　考核成绩：

序号	项目	分值	扣分标准	得分
1	实训准备工作	5	每缺少1项扣1分	
2	工量具正确使用	5	每错误1次扣1分	
3	设备正确使用	5	每错误1次扣1分	
4	维修手册的正确使用	5	每错误1次扣1分	
5	操作规范性	60	每错误1次扣1分	
6	测量准确性	5	每错误1次扣1分	
7	实训工单填写	5	未填写扣5分	
8	车辆保护	5	每缺少1项扣1分	
9	5S	5	每缺少1项扣2分	
10	是否出现危险行为		出现人身危险总成绩0分；出现车辆危险扣20分；出现工具设备危险扣10分	
	合计	100		
	教师评语			

考核教师：

　　　　年　　月　　日

任务六 新型汽车轮胎介绍

知识目标

了解新型汽车轮胎的类型及其特点。

技能目标

1. 能够收集和整理相关资料。
2. 能够向客户介绍新型汽车轮胎的相关知识。

【基本知识】

随着汽车技术和性能的不断提高,对轮胎性能的要求也越来越高。近年来,世界主要轮胎公司推出了各式各样的新型轮胎。

1. 智能轮胎

智能轮胎内装有计算机芯片,能够自动监测轮胎行驶温度与气压,并及时予以调整,从而使轮胎始终保持良好的使用性能,既提高了安全系数,又节约了开支。美国固特异公司推出"会说话"载重轮胎。它在轮胎胎壁里埋设一小块单片集成电路,自动测量轮胎的温度、气压、转速、行驶里程和其他一些数据,并用特定代码发送出去,由手提式解码器译成数字显示在液晶显示屏上。这种"会说话"轮胎,使驾驶员能及时了解轮胎状况,做好维护保养,延长了轮胎的使用寿命。

2. 绿色轮胎

绿色轮胎一般是指滚动阻力低(节油性好)、使用寿命长、翻新性好(减少废胎生成量)、质量小(降低石油资源消耗)以及噪声小和防滑等性能好的轮胎。就滚动阻力来说,绿色轮胎与普通轮胎相比降低22%~35%,因而节油3%~8%,这也是绿色轮胎很快得到广泛推广的重要原因。

3. 超高行驶里程轮胎

保证行驶里程在130 000 km以上的轮胎称为超高行驶里程轮胎。现在世界上一些著名的轮胎制造公司,如米其林公司提出了终身保用轮胎,即与轿车等寿轮胎。这种轮胎的寿命可达10年,相当于行驶160 000 km。

4. 跑气保用轮胎

漏气后仍能继续安全行驶较长路程的轮胎称跑气保用轮胎或零压轮胎。从结构上,跑气保用轮胎可分为自封式和刚性支撑式两大类。自封式是在胎腔或密封层内预先充入足量密封剂。当轮胎遭外物刺穿后,密封剂自动流入穿孔处,堵塞洞孔,从而维护正常行驶状态。刚性支撑式跑气保用轮胎又分为自体支撑型、加物支撑型两种。自体支撑型是在普通轮胎上增加原有的某个部件，使轮胎失压后保持行驶轮廓，如胎侧加强型、三角断面型等；加物支撑型是通过增加普通轮胎所没有的部件，达到轮胎失压后保持行驶轮廓的目的，如内支撑物型、多腔型等。虽然各厂家研究开发的这种轮胎不尽相同，但一般都具有如下一些共同特点：漏气后仍可继续安全行驶一段较长路程。跑气保用轮胎的主要技术指标为失压后的行驶速度和行驶距离，就目前技术水平而言，前者一般为时速 80~88 km，后者一般为 80 km，最高达到 320 km。

5. 仿生轮胎

采用仿生学原理研制而成的轮胎，其制动距离明显减小，适用于高档车型。仿生轮胎模仿对象是猫的脚掌：猫跳起再落地时，脚掌会变宽。车轮跃起时再落地，制动距离会减小。仿生轮胎就是按照这个原理研制而成的。在制动时利用后桥载荷向前桥的转移，将轮胎与地面的接触面积扩大了 10%。再加上它不对称的花纹结构，可以使车辆在直行和弯道上的制动性能大大改善。另外，通过对生产中的橡胶模具的优化处理，使轮胎在制动载荷很大的情况下与地面之间的压力尽量均匀。其结果是这种轮胎在干燥和潮湿路面上的制动距离比传统轮胎要减少 1/10。

6. 低断面轮胎

低断面轮胎能够使汽车的外观更漂亮，不仅可减小滚动阻力，降低燃油消耗，还可提高行驶舒适性，改善操纵性能，提高安全性。

7. 防滑轮胎

近年来，为了提高轮胎在湿滑路面上的行驶安全性，许多轮胎公司先后研究开发出防滑轮胎。美国固特异轮胎橡胶公司的轮胎最大特点是：胎面中心有一条 V 形宽而深的纵向花纹沟，在主花纹沟两侧各有两条纵向窄花纹沟，看上去很像是并装双胎。这种构造有利于将主花纹沟积蓄的雨水排出去，从而改善轮胎湿地操纵性，延长胎面寿命。此外，它的胎面花纹为有向花纹，胎侧防滑线为一圈黑色或灰白色的齿形环。2000 年固特异推出的第三代产品轮胎的湿地牵引力可增大 18%，干地牵引力可增大 6%，制动距离缩短 8%，湿地操纵性提高 5%，保证里程为 130 000 km。

项目小结

1. 汽车行驶系统的基本类型主要有轮式、半履带式、全履带式、车轮—履带式和水陆两用式等几种类型。应用较多的是轮式。

2. 轮式汽车行驶系统一般由车架（或承载式车身）、车桥（前后车桥）、车轮和悬架等部分组成。

3. 车轮是介于轮胎和车桥之间承受负荷的旋转组件，其功用是安装轮胎并传递和承受轮胎、车桥之间的各种力和力矩。

4. 车轮主要由轮辋、轮辐和轮毂组成。按照轮辐的构造，车轮分为辐板式和辐条式两种主要形式。

5. 轮胎由橡胶制成，可分为充气轮胎和实心轮胎两种，现代汽车绝大多数采用充气轮胎。

6. 按胎内的空气压力大小，充气轮胎可分为高压胎、低压胎和超低压胎三种。汽车上几乎全部使用低压胎。

7. 外胎由胎面、帘布层、缓冲层和胎圈组成。帘布层是外胎的骨架，用以保持外胎的形状和尺寸，并使其具有足够的强度。

8. 按照胎体帘布层的排列方式不同，轮胎有斜交轮胎和子午线轮胎。子午线轮胎附着性能好、滚动阻力小、使用寿命长，因而被广泛应用。

9. 车轮动平衡测试有离心式和就车式两种。

10. 车桥根据悬架结构型式的不同分为整体式和断开式两种。按照用途的不同，车桥又可分为转向桥、驱动桥、转向驱动桥和支持桥四种类型。

11. 转向轮的定位参数是由转向轮、主销和前轴之间的安装位置来保证的。车轮的定位参数有：主销后倾角、主销内倾角、前轮外倾角和前轮前束。

12. 前轮定位的检查和调整顺序是：先检查和调整主销后倾角和左右轮的差值，然后检查和调整前轮外倾角和左右轮的差值，最后检查和调整前束。

13. 驾驶员通过操纵模式选择开关，可使电子控制悬架工作在四种运行模式：自动、标准（AUTO、NORMAL）；自动、运动（AUTO、SPORT）；手动、标准（MANU、NORMAL）；手动、运动（MANU、SPORT）。

自测练习

一、填空题

1. 轮式汽车行驶系统中，车桥与车架之间是通过_____相连接。
2. 如果行驶系中处于牵引力传递路线上的任意一个环节_____，汽车将无法行驶。
3. 车轮是介于轮胎和车桥之间承受负荷的_____组件。
4. 轮辋的常见型式主要有_____轮辋和_____轮辋。
5. 悬架的弹性元件通常有钢板弹簧、螺旋弹簧、_____和_____。

二、判断题

1. 轮胎由橡胶制成，安装在轮毂上。（　　）
2. 按胎内的空气压力大小，充气轮胎可分为高压胎，低压胎和超低压胎三种。由于高压胎滚动阻力小而被广泛应用。（　　）
3. 按照胎体帘布层的排列方式不同，轮胎有斜交轮胎和子午线轮胎之分，子午线轮胎由于制造成本低而被广泛应用。（　　）
4. 大货车通常采用边梁式车架。（　　）
5. 独立悬架被广泛采用在轿车转向轮和越野汽车上。（　　）

三、选择题

1. 能保证中后桥车轮垂直载荷相等的悬架称为（　　）。
   A. 独立悬架

B. 非独立悬架

C. 自由悬架

D. 平衡悬架

2. 按照用途的不同，车桥可分为转向桥、驱动桥、（　　）和支持桥四种类型。

A. 转向驱动桥

B. 转向支持桥

C. 驱动转向桥

D. 驱动支持桥

3. 车轮的定位参数有：主销后倾角、主销内倾角，（　　）和前轮前束。

A. 前轮内倾角

B. 前轮外倾角

C. 主销外倾角

D. 前轮后倾角

4. 钢板弹簧通常与（　　）配合使用。

A. 非独立悬架

B. 麦弗逊式悬架

C. 双横臂式悬架

D. 多连杆式悬架

5. 电控悬架传感器一般有车高传感器、（　　）、加速度传感器、转角传感器、节气门位置传感器等。

A. 车速传感器

B. 曲轴位置传感器

C. 凸轮轴位置传感器

D. 空气流量计

四、论述题

1. 下图是轮式汽车行驶系统组成及受力情况，请标注图中各序号代表的零部件名称，并分析行驶系统的运动情况。

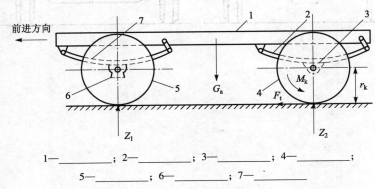

1—_____；2—_____；3—_____；4—_____；
5—_____；6—_____；7—_____

2. 下图为汽车转向驱动桥示意图，请标注图中各序号代表的零部件名称，并说明其工作原理。

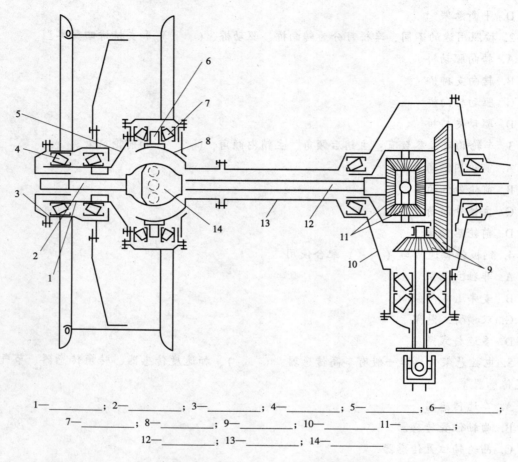

1—_____；2—_____；3—_____；4—_____；5—_____；6—_____；
7—_____；8—_____；9—_____；10—_____；11—_____；
12—_____；13—_____；14—_____

3. 下图哪个是独立悬架，哪个是非独立悬架？请分析它们的结构与工作特点。

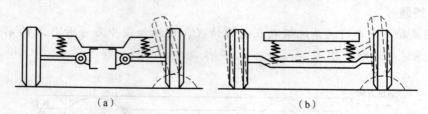

（a）　　　　　　　　　　（b）

项目二
汽车转向系统检修

项目简介

汽车转向系统是汽车底盘的重要组成部分,一般由转向操纵机构、转向器和转向传动机构组成,其功用是保证汽车按照驾驶员的需要改变行驶方向,并克服路面侧向干扰力使车轮自行产生回正,恢复汽车的行驶方向。当转向系统部件磨损或出现异常时,会造成转向不灵,甚至失效、转向沉重、转向异响、转向发抖等,影响汽车转向性能。本项目通过汽车转向系统基本检查、液压动力转向系统检修、电控动力转向系统检修、四轮转向系统介绍四个任务的基本知识学习和任务实施,使学生能够更好地掌握汽车转向系统检修知识和技能,完成汽车转向系统检修,同时拓展了解转向系统的先进技术。

任务一 汽车转向系统基本检查

知识目标

1. 了解汽车转向系统的功用与种类。
2. 了解转向系统的基本组成及工作原理。
3. 清楚转向中心与转弯半径的含义。
4. 掌握汽车转向器的结构与工作原理。
5. 掌握转向系统基本检查与维护内容。
6. 掌握转向器的拆检与调整方法。

技能目标

1. 能够收集和整理相关资料。
2. 能够向客户介绍汽车转向系统的特点及相关知识。
3. 能够对不同汽车的转向系统进行分析与比较。
4. 能够对汽车转向系统进行基本检查和维护。
5. 能够规范地对转向器进行拆装与调整。
6. 能够引导客户树立安全意识。

案例引入

一辆轻型车的转向系统间隙过大,经过目测检查会发现车轮悬架以及转向横拉杆没有间隙,那么转向系统的间隙来自何处呢?转向系统的间隙又应该如何进行检查呢?转向系统是如何工作的呢?通过下面的学习,你将找到答案。

【基本知识】

汽车在行驶中,经常需要改变行驶方向。并且当汽车直线行驶时,往往转向轮也会受到路面侧向干扰力的作用,自动偏转而改变行驶方向;此时,驾驶员需利用一套机构使转向轮向相反方向偏转,从而使汽车恢复原来的行驶方向。这一套用来改变或恢复汽车行驶方向的专设机构即称为汽车转向系统。

一、转向系统功用及分类

转向系统的功用:保证汽车按照驾驶员的需要改变行驶方向,而且还可以克服路面侧向干扰力使车轮自行产生的转向,恢复汽车原来的行驶方向。

转向系统可按转向能源的不同分为机械转向系统和动力转向系统两大类。

机械转向系统以驾驶员的体力(手力)作为转向能源,又称为人力转向系统,其中所有传力件都是机械的,结构如图2-2-1所示。

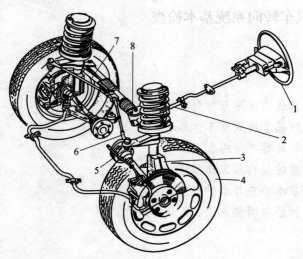

图 2-1-1 机械转向系统
1—转向盘;2—安全转向柱;3—转向节;4—车轮;5—转向节臂;

动力转向系统是兼用驾驶员体力和发动机动力为转向能源的转向系统。在正常情况下,汽车转向所需能量,只有一小部分由驾驶员提供,而大部分是由发动机通过转向加力装置提供的。但在转向加力装置失效时,一般还应当能由驾驶员独力承担汽车转向任务。因此,动力转向系统是在机械转向系统的基础上加设一套转向加力装置而形成的,如图2-1-2所示。

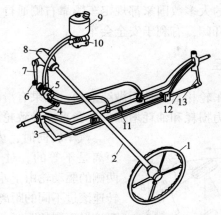

图 2-1-2 动力转向系统

1—转向盘；2—转向轴；3、13—梯形臂；4—转向节臂；5—转向控制阀；6—转向直拉杆；
7—转向器摇臂；8—机械转向器；9—储液罐；10—转向油泵；11—转向动力缸；12—转向横拉杆

二、转向系统的基本组成及工作原理

汽车转向系统包括转向操纵机构、转向器和转向传动机构三个基本组成部分。转向操纵机构是驾驶员操纵转向器的工作机构，主要由转向盘、转向轴、转向柱等组成。转向器是将转向盘的转动变为转向摇臂的摆动或齿条轴的直线往复运动，并对转向操纵力进行放大的机构。转向器一般固定在汽车车架或车身上，转向操纵力通过转向器后一般还会改变传动方向。转向传动机构是将转向器输出的力和运动传给车轮（转向节），并使左右车轮按照一定关系进行偏转的机构。图 2-1-3 所示为机械转向系统工作示意。

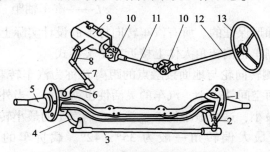

图 2-1-3 机械转向系统工作示意

1—右转向节；2—右梯形臂；3—转向横拉杆；4—左梯形臂；5—左转向节；6—转向节臂；
7—转向直拉杆；8—转向摇臂；9—转向器；10—万向节；11—转向传动轴；12—转向轴；13—转向盘

汽车转向时，驾驶员转动转向盘，通过转向轴、万向节和转向传动轴，将转向力矩输入转向器，转向器中有1、2级传动副，经过转向器减速后的运动和增大后的力矩传递给转向摇臂，再通过转向直拉杆传给固定于左转向节上的转向节臂，使左转向节及装于其上的左转向轮绕主销偏转。同时，左梯形臂经过转向横拉杆和右梯形臂使右转向节及右转向轮绕主销同向偏转相应的角度。这其中，从转向盘到转向传动轴这一系列部件和零件属于转向操纵机构。转向摇臂、转向直拉杆、转向节臂、梯形臂和转向横拉杆共同组成转向传动机构。梯形臂以及转向横拉杆和前轴构成转向梯形，其作用是在汽车转向时，使内、外转向轮按一定的规律进行偏转，实现汽车的转向。

世界上，包括我国在内的大多数国家都规定车辆靠右侧通行，相应地将转向盘置于驾驶室左侧，使驾驶员左方视野开阔，有利于安全会车。

三、转向中心与转弯半径

汽车在转弯时，要求各车轮相对于地面做纯滚动；如果有滑动的成分，车轮边滚边滑会导致转向行驶阻力增大，动力损耗和油耗增加，还会直接导致轮胎磨损加剧。

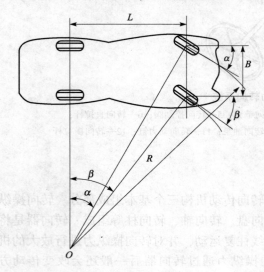

图 2-1-4 双轴汽车转向

汽车转向时，内侧车轮和外侧车轮滚过的距离是不等的。对于一般汽车而言，后桥左右两侧的驱动轮由于差速器的作用，能够以不同的转速滚过不同的距离。但前桥左右两侧的转向轮要滚过不同的距离，保证车轮做纯滚动就要求所有车轮的轴线都相交于一点。如图 2-1-4 所示，交点 O 称为汽车的转向中心，这个转向中心随前轮转角的变化而变化，因此也称为瞬时转向中心。由图 2-1-4 可看出，汽车转向时内侧转向轮偏转角 β 大于外侧转向轮偏转角 α。α 与 β 的关系是：

$$\cot\alpha = \cot\beta + \frac{B}{L}$$

式中 B——两侧主销中心距（可近似认为是转向轮轮距）；

L——汽车轴距。

这一关系是由转向梯形保证的。所有汽车转向梯形的设计实际上都只能保证在一定的车轮偏转角范围内，使两侧车轮偏转角大体上接近这个关系式。

从转向中心 O 到外侧转向轮与地面接触点的距离 R 称为汽车转弯半径。转弯半径越小，则汽车转向所需要的平面空间就越小，汽车的灵活性也就越好。当外侧转向轮偏转角达到最大值 α_{max} 时，转弯半径最小，这个最小值 R_{min} 就是一辆汽车的最小转弯半径。

汽车内侧转向轮的最大偏转角一般为 35°~42°。载货车的最小转弯半径一般为 7~13 m。

三轴或四轴汽车转向时，与上述情况类似。

对于只用前桥转向的三轴汽车，由于中桥和后桥车轮的轴线总是平行的，故不存在理想的转向中心。它是用一根与中、后轮轴线等距的假想平行线 CD 与前轮轴线交于 O 点，如图 2-1-5（a）所示，转向时所有车轮均绕 O 点滚动。在这种情况下，只有前轮纯滚动，而中、后桥车轮在滚动的同时还伴有轻微的滑动。

对于用第一、第三桥转向的三轴汽车，如图 2-1-5（b）所示，以中桥车轮轴线为基线，可分别求出第一、第三桥的转向梯形理论特性关系式（与双轴汽车相同）。若 $L_1 = L_2 = L/2$，则汽车的转弯半径仅为同轴距的双轴汽车的转弯半径的一半。

图 2-1-6 所示为双前桥转向的四轴汽车转向示意。以第三、四两桥轴线之间的中间平行线为基线，可求出第一桥和第二桥的转向梯形理论特性关系式分别为：

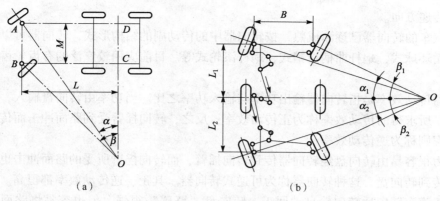

图 2-1-5 三轴汽车转向

$$\cot \alpha_1 = \cot \beta_1 + B_1/L_1$$
$$\cot \alpha_2 = \cot \beta_2 + B_2/L_2$$

显然，以上两个关系式也适用于图 2-1-5（b）所示汽车。

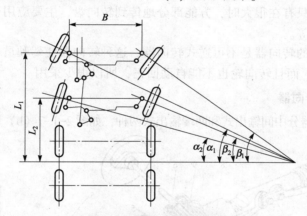

图 2-1-6 双前桥转向的四轴汽车转向

四、转向盘自由行程

汽车转向系统各连接零件之间和传动副之间，都存在装配间隙。当汽车直线行驶时，转动转向盘首先需要消除这些间隙并克服机件的弹性变形才能使车轮开始偏转，这时转向盘转过的角度称为转向盘自由行程。转向盘自由行程对于缓和路面冲击及避免驾驶员过度紧张是有利的。一般规定转向轮处于直线行驶，转向盘向左、向右的自由行程不超过 15°。当零件磨损、转向盘自由行程大于规定值时，必须进行调整或换件。转向盘自由行程的大小主要是通过调整转向器传动副的啮合间隙和轴承间隙来实现的。因此，转向器一般都设有传动副啮合间隙和轴承间隙调整装置。

五、转向器

1. 转向器的功用、分类及传动效率

转向器是转向系统中减速增扭的传动装置，其功用是增大由转向盘传到转向节的力，并改变力的传递方向。

现代汽车的转向器已逐渐成熟，按转向器中的传动副的结构形式，转向器可以分为齿轮齿条式、循环球式、蜗杆曲柄指销式、蜗杆滚轮式等。目前应用较广泛的有齿轮齿条式、循环球式。

转向器传动效率是指转向器输出功率与输入功率之比。当功率由转向盘输入，从转向摇臂输出时，所求得的传动效率称为正传动效率；反之，转向摇臂受到路面冲击而传到转向盘的传动效率则称为逆传动效率。

作用力很容易由转向盘经转向器传到转向摇臂，而转向摇臂所受的路面冲击也比较容易经转向器传到转向盘，这种转向器称为可逆式转向器。其正、逆传动效率都很高。可逆式转向器有利于汽车转向后转向轮自动回正，转向盘"路感"很强，但也容易将路面对车轮的冲击力传到转向盘，出现"打手"现象，所以主要应用于经常在良好路面行驶的车辆。

当作用力可以由转向盘很容易地经转向器传到转向摇臂，而转向摇臂受到的路面冲击只有在很大时，才能经转向器传到转向盘，即正传动效率远大于逆传动效率的转向器称为极限可逆式转向器。采用这种转向器时，驾驶员能有一定的"路感"，转向轮自动回正也可实现，而且路面冲击力只有在很大时，方能部分地传到转向盘，主要应用于中型以上的越野汽车、工矿用自卸汽车等。

逆传动效率很低的转向器是不可逆式转向器，这种转向器使驾驶员不能得到路面的反馈信息，没有"路感"，而且转向轮也不能自动回正，所以很少采用。

2. 齿轮齿条式转向器

齿轮齿条式转向器分中间输出式和两端输出式两种，如图2-1-7（b）所示。

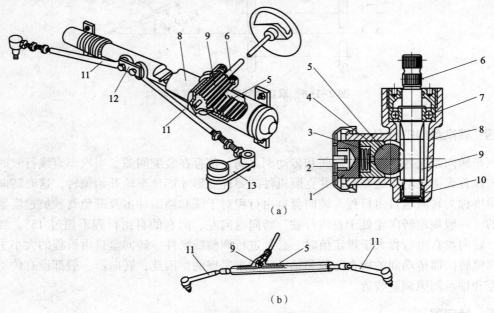

图2-1-7 齿轮齿条式转向器
（a）中间输出式；（b）两端输出式
1—调整螺塞；2—罩盖；3—压簧；4—压簧垫块；5—转向齿条；6—齿轮轴；7—球轴承；8—转向器壳体；9—转向齿轮；10—滚柱轴承；11—转向横拉杆；12—拉杆支架；13—转向节

齿轮齿条式转向器主要由转向器壳体、转向齿轮、转向齿条等组成。转向器通过转向器壳体的两端用螺栓固定在车身（车架）上。齿轮轴通过球轴承、滚柱轴承垂直安装在壳体中，其上端通过花键与转向轴上的万向节相连，其下部分是与轴制成一体的转向齿轮。转向齿轮是转向器的主动件，它与相啮合的从动件转向齿条水平布置，齿条背面装有压簧垫块。在压簧的作用下，压簧垫块将转向齿条压靠在转向齿轮上，保证二者无间隙啮合。调整螺塞可用来调整压簧的预紧力。压簧不仅起消除啮合间隙的作用，而且还是一个弹性支承，可以吸收部分振动能量，缓和冲击。转向齿条的中部［有的是齿条两端，如图2-1-7（b）所示］通过拉杆支架与左、右转向横拉杆连接。转动转向盘时，转向齿轮转动，与之相啮合的转向齿条沿轴向移动，从而使左、右转向横拉杆带动转向节转动，使转向轮偏转，实现汽车转向。

齿轮齿条式转向器结构简单；可靠性好，质量轻；传动效率高，由于齿轮齿条直接啮合，转向灵敏、操纵轻便；由于不需要转向摇臂和转向直拉杆，还使转向传动机构得以简化；齿轮齿条无间隙啮合且无须调整，也便于独立悬架的布置。所以在各类型汽车上的应用越来越多。

3. 循环球式转向器

循环球式转向器是目前国内外应用最广泛的结构形式之一。与其他形式的转向器相比，循环球式转向器在结构上的主要特点是有两级传动副，第一级是螺杆螺母传动副，第二级是齿条齿扇传动副。

循环球—齿条齿扇式转向器如图2-1-8所示。它的第一级传动副是转向螺杆—转向螺母；转向螺母的下平面加工成齿条，与齿扇轴上的齿扇相啮合，构成齿条—齿扇第二级传动副。显然，转向螺母既是第一级传动副的从动件，也是第二级传动副的主动件。通过转向盘转动转向螺杆时，转向螺母不能随之转动，而只能沿螺杆移动，并驱使齿扇轴（即摇臂轴）转动。

转向螺杆支承在两个推力球轴承上，轴承的预紧度可用调整垫片调整。转向螺母的内径大于转向螺杆的外径，故能松套在螺杆上。为了减少它们之间的摩擦，二者的螺纹并不直接接触，其间装有许多钢球，以实现滚动摩擦。转向螺杆和螺母都加工成断面轮廓近似半圆的螺旋槽，二者的螺旋槽能配合形成近似圆形断面的螺旋管状通道。转向螺母侧面有两对通孔，可将钢球从此孔塞入螺旋形通道内。转向螺母外有两根钢球导管，每根导管的两端分别插入转向螺母侧面的一对通孔中，导管内也装满了钢球。这样，两根导管和转向螺母内的螺旋管状通道组合成两条各自独立的封闭的钢球"流道"。

当转动转向螺杆时，通过钢球将力传给转向螺母，使转向螺母沿转向螺杆轴向移动。同时，在转向螺杆及转向螺母与钢球间的摩擦力偶作用下，所有钢球便在螺旋管状通道内滚动，形成"球流"。钢球在管状通道内绕行两周后，流出转向螺母而进入导管的一端，再由导管另一端流回螺旋管状通道。故在转向器工作时，两列钢球只是在各自的封闭流道内循环，而不致脱出。随着转向螺母沿转向螺杆轴向移动，其齿条便带动齿扇绕着转向摇臂轴作圆弧运动，从而使转向摇臂轴连同摇臂产生摆动，通过转向传动机构使转向轮偏转，实现汽车转向。

转向螺母下平面上加工出的齿条是倾斜的，与之相啮合的是变齿厚齿扇。只要使齿扇轴相对于齿条轴向移动，便可调整二者的啮合间隙。调整螺钉旋装在侧盖上。齿扇轴靠近齿扇

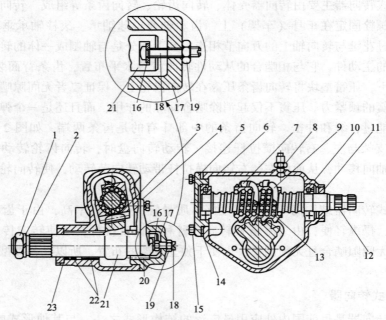

图 2-1-8 循环球—齿条齿扇式转向器

1—螺母；2—弹簧垫圈；3—转向螺母；4—转向器壳体密封垫圈；5—转向器壳体底盖；6—转向器壳体；
7—导管夹；8—加油（通气）螺塞；9—钢球导管；10—球轴承；11、23—油封；12—转向螺杆；
13—钢球；14—调整垫片；15—螺栓；16—调整垫圈；17—侧盖；18—调整螺钉；19—锁紧螺母；
20、22—滚针轴承；21—齿扇轴（摇臂轴）

的端部切有 T 形槽，调整螺钉的圆柱形端头嵌入此切槽中，端头与 T 形槽的间隙用调整垫圈来调整。旋入调整螺钉，则齿条与齿扇的啮合间隙减小；旋出调整螺钉则啮合间隙增大。调整好后用锁紧螺母锁紧。转向器的第一级传动副（转向螺杆—转向螺母）因结构所限，不能进行啮合间隙的调整，零件磨损严重时，只能更换。

上述循环球—齿条齿扇式转向器的传动比是固定不变的，即转向盘在任何位置转动时它的传动比都是相同的。这种转向器的结构特点是它的齿条的齿顶面是一个平面，它的齿扇上的每个齿的节圆是相等的。有的汽车上使用的循环球—齿条齿扇式转向器的传动比是可变的，它的齿条的节圆（齿顶）面是一个鼓形弧面，如图 2-1-9 所示。

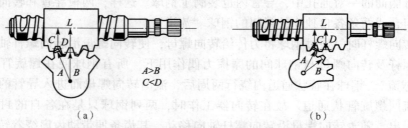

图 2-1-9 变传动比循环球—齿条齿扇式转向器
(a) 中间位置；(b) 极限位置

从图 2-1-9 中可以看出，齿扇上的每一个齿的节圆半径是不等的，中央齿节圆半径小、两端齿节圆半径大。当转向盘或转向摇臂处于中间位置时（相当于汽车直行状态），转向器的传动比小,转向盘稍有转动,转向车轮就有明显反应,因此转向非常灵敏,这一点对经常在良好路面上高速行驶的汽车非常重要。当汽车要急转弯时(例如汽车要入库停车),随着车速的降低和转向盘转角的加大,转向器的传动比也加大,这样可以减轻转动方向盘的操纵力,使转向轻便。显然这种转向器很适合经常在城市和高速公路上行驶的轿车和小客车使用。

循环球式转向器的正传动效率很高(最高可达 90%~95%),故操纵轻便,转向结束后自动回正能力强,使用寿命长。但其逆传动效率也很高,容易将路面的冲击力传给转向盘,产生"打手"现象。不过,随着道路条件的不断改善,对于较轻型的、前轴载重量不大而又经常在良好路面上行驶的汽车而言,这一缺点影响不大。因此,循环球式转向器广泛应用于各类汽车。

六、转向操纵机构

1. 转向操纵机构的功用与组成

转向操纵机构的功用是产生转动转向器所必需的操纵力,并具有一定的调节和安全性能。

转向操纵机构要将驾驶员操纵转向盘的力传给转向器,同时为了驾驶员的舒适驾驶,还要可以进行调节,以满足不同驾驶员的需求;为了防止车辆撞击后对驾驶员的损伤,还要求其具有一定的安全保护装置。

汽车转向操纵机构一般由转向盘、转向柱管、上转向轴、转向传动轴等组成,如图 2-1-10 所示。

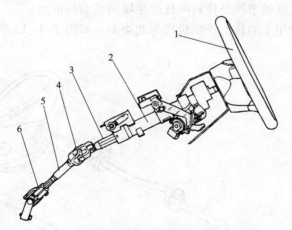

图 2-1-10 转向操纵机构
1—转向盘;2—转向柱管;3—上转向轴;4—十字轴;5—转向传动轴;6—转向万向节滑动叉

2. 安全式转向柱

为了保证驾驶员的安全,同时也为了更加舒适、可靠地操纵转向系统,现代汽车(特别是乘用车)通常在转向操纵机构上增设相应的安全及调节装置。这些装置主要反映在转向轴和转向柱管的结构上。为了叙述方便,将转向轴和转向柱管统称为转向柱。

根据安全式转向柱结构,转向操纵机构可分为可分离式安全转向操纵机构和缓冲吸能式转向操纵机构。

(1) 可分离式安全转向操纵机构。

有很多轿车的转向操纵机构采用了可分离式安全转向操纵机构，图 2-1-11 所示是上海桑塔纳轿车可分离式安全转向操纵机构。

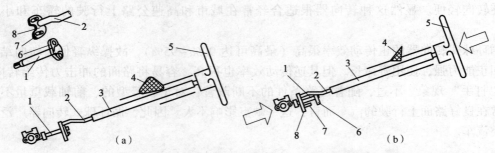

图 2-1-11　上海桑塔纳轿车可分离式安全转向操纵机构
1—下转向轴；2—上转向轴；3—转向柱管；4—可折叠安全元件；5—转向盘；
6—凸缘；7—驱动销；8—半月形凸缘盘

图 2-1-11（a）所示为转向操纵机构的正常工作位置。此类转向操纵机构的转向轴分为上下两段，用安全联轴节连接，上转向轴下部弯曲并在端面上焊接有半月形凸缘盘，盘上装有两个驱动销，与下转向轴上端凸缘压装尼龙衬套和橡胶圈的孔相配合，形成安全联轴节。一旦发生撞车事故，驾驶员因惯性而以胸部扑向转向盘时，迫使转向柱管压缩位于转向柱上方的可折叠安全元件而向下移动，使两个驱动销迅速从下转向轴凸缘的孔中退出，从而形成缓冲以减少对驾驶员的伤害。图 2-1-11（b）所示为转向盘受撞击时，安全元件被折叠、压缩，同时与安全联轴节脱开使转向柱产生轴向移动的情形。

一汽红旗、奥迪乘用车的转向操纵机构与此类似，如图 2-1-12 所示，只是无可折叠的安全元件。

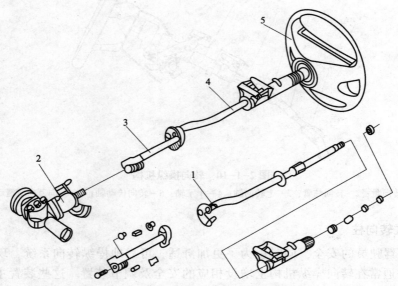

图 2-1-12　一汽红旗、奥迪乘用车的转向操纵机构
1—驱动销；2—转向器；3—下转向轴；4—上转向轴；5—转向盘

（2）缓冲吸能式转向操纵机构。

缓冲吸能式转向操纵机构从结构上能使转向轴和转向柱管在受到冲击后，轴向收缩并吸收冲击能量，从而有效地缓和转向盘对驾驶员的冲击，减轻其所受伤害的程度。汽车撞车时，首先车身被撞坏（第一次碰撞），转向操纵机构被后推，从而挤压驾驶员，使其受到伤害；接着，随着汽车速度的降低，驾驶员在惯性力的作用下前冲，再次与转向操纵机构接触（第二次碰撞）而受到伤害。缓冲吸能式转向操纵机构对这两次冲击都具有吸收能量、减轻驾驶员受伤害程度的作用。

1) 网格状柱管变形式。这种转向操纵机构的转向轴分为上下两段，如图2-1-13（a）所示。上转向轴套装在下转向轴的内孔中，两者通过塑料销结合在一起（也有采用细花键结合的），并传递转向力矩。塑料销的传力能力受到严格限制，它既能可靠地传递转向力矩，又能在受到冲击时被剪断，起到安全销的作用。

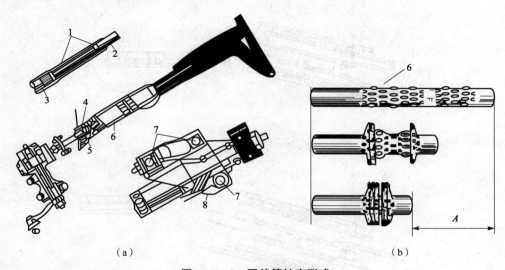

图 2-1-13　网状管柱变形式

1—塑料销；2—上转向轴；3—下转向轴；4—凸缘盘；5—下托架；6—转向柱管；7—塑料安全销；8—上托架

这种转向操纵机构的转向柱管的部分管壁制成了网格状，使其在受到压缩时很容易轴向变形，并消耗一定的变形能量，如图2-1-13（b）所示。另外，车身上固定柱管的上托架也是通过两个塑料安全销与柱管连接的。当这两个安全销被剪断后，整个柱管就能前后自由移动。当发生第一次碰撞时，其一，塑料销被剪断，上转向轴将沿下转向轴的内孔滑动伸缩；其二，转向柱管上的网格部分被压缩而变形。这两个过程都会消耗一部分冲击能量，从而阻止了转向柱管整体向上移动，避免了转向盘对驾驶员的挤压伤害。第二次碰撞时，固定转向柱管的塑料安全销被剪断，使转向柱管和转向轴的上端能自由移动。同时，当转向柱管受到来自上端的冲击力后，会再次被轴向压缩变形并消耗冲击能量。这样，由转向系统引起的对驾驶员的冲击和伤害被大大降低了。

2) 钢球滚压变形式。这是一种用钢球连接的分开式转向柱，如图2-1-14所示。

如图2-1-14（a）所示，转向轴分为上转向轴和套在轴上的下转向轴两部分，二者用塑料销钉连成一体。转向柱管也分为上转向柱管和下转向柱管两部分，上、下转向柱管之间装有钢球，下转向柱管的外径与上转向柱管的内径之间的间隙比钢球直径稍小。上、下转向柱管连同柱管托架通过特制橡胶垫固定在车身上，橡胶垫则利用塑料销钉与托架连接。

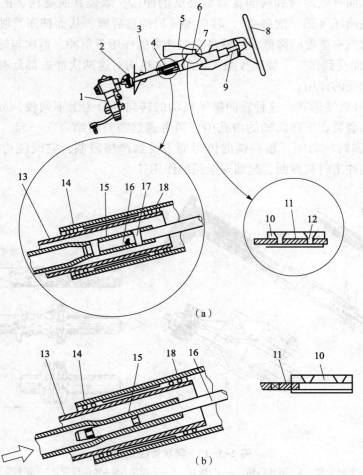

图 2-1-14　钢球滚压变形式

1—转向器总成；2—挠性联轴节；3、13—转向柱管；4、14—上转向柱管；5—车身；6、10—橡胶垫；7、11—转向柱管托架；8—转向盘；9、16—上转向轴；12、17—塑料销钉；15—下转向轴；18—钢球

当发生第一次碰撞时，将连接上、下转向轴的塑料销钉切断，下转向轴便套在上转向轴内向上滑动，如图 2-1-14（b）所示。在这一过程中，上转向轴和上转向柱管的空间位置没有因冲击而上移，故可使驾驶员免受伤害。第二次碰撞时，则连接橡胶垫与柱管托架的塑料销钉被切断，托架脱离橡胶垫，即上转向轴和上转向柱管连同转向盘、托架一起，相对于下转向轴和下转向柱管向下滑动，从而减缓了对驾驶员胸部的冲击。在上述两次冲击过程中，上、下转向柱管之间均产生相对滑动。因为钢球的直径稍大于上、下柱管之间隙，所以滑动中带有对钢球的挤压，冲击能量就在这种边滑动边挤压的过程中被吸收。日本丰田汽车的一些车型采用这种装置。

3) 波纹管变形吸能式。如图 2-1-15（a）所示，波纹管变形吸能式转向操纵机构的转向轴和转向柱管都分成两段，上转向管柱和下转向管柱之间通过细齿花键结合并传递转向力矩，同时它们两者之间可以进行轴向伸缩滑动。在下转向轴的外边装有波纹管，它在受到冲击时能轴向收缩变形并消耗冲击能量。下转向管柱的上端套在上转向柱管里面，但两者不直接连接，而是通过柱管压圈和限位块分别对它们进行定位。

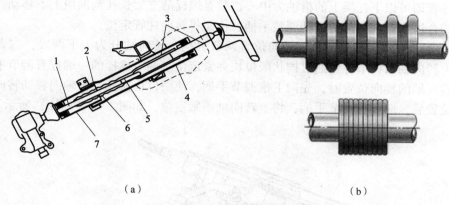

图 2-1-15 波纹管变形吸能式
1—下转向轴；2—限位块；3—上转向轴；4—上转向柱管；5—细齿花键；6—波纹管；7—下转向柱管

当汽车撞车时，下转向柱管向上移动，在第一次碰撞力的作用下限位块首先被剪断并消耗能量，在此同时转向柱管和转向轴都作轴向收缩。在受到第二次碰撞时，上转向轴下移，压缩波纹管使之收缩变形并消耗冲击能量，如图 2-1-15（b）所示。

3. 可调节式转向柱

驾驶员不同的驾驶姿势和身材对转向盘的最佳操纵位置有不同的要求，而且，转向盘的这一位置往往会与驾驶员进、出汽车的方便性发生矛盾。为此，一些汽车装设了可调节式转向柱，使驾驶员可以在一定的范围内调节转向盘位置。

转向柱调节的形式分为倾斜角度调节和轴向位置调节两种。图 2-1-16 所示为倾斜角度

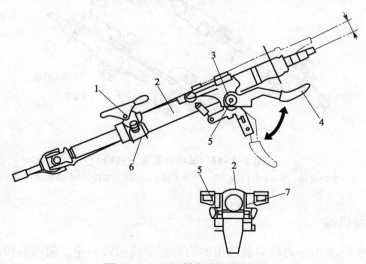

图 2-1-16 倾斜角度调整机构
1—枢轴；2—转向柱管；3—长孔；4—调整手柄；5—锁紧螺栓；6—下托架；7—倾斜调节支架

调整机构。转向柱管的上段和下段分别通过倾斜调节支架和下托架与车身相连,而且转向柱管由倾斜调节支架夹持并固定。倾斜调节用锁紧螺栓穿过调节支架上的长孔和转向柱管,螺栓的左端为左旋螺纹,调整手柄即拧在该螺纹上。当向下扳动手柄时,锁紧螺栓的螺纹放松,转向柱管即可以下托架上的枢轴为中心在装有螺栓的支架长孔范围内上下移动。确定了转向柱管的合适位置后,向上扳动调整手柄,从而将转向柱管定位。

图 2-1-17(a)所示的是一种轴向位置调节机构。转向轴分为上下两段,二者通过花键连接。上转向轴由调节螺栓通过楔状限位块夹紧定位。调节螺栓的一端拧有调节手柄。当需要调整转向轴的轴向位置时,先向下推调节手柄,使限位块松开,再轴向移动转向盘,调到合适的位置后,向上拉调节手柄,将上转向轴锁紧定位,如图 2-1-17(b)所示。

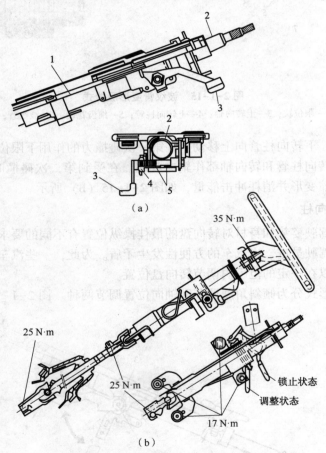

图 2-1-17 轴向位置调节机构
1—下转向轴;2—上转向轴;3—调节手柄;4—调节螺栓;5—楔状限位块

七、转向传动机构

转向传动机构的功用是将转向器输出的力和运动传给转向轮,使两侧转向轮偏转角按一定关系变化,以实现汽车顺利转向。

转向传动机构的组成因转向器的结构形式、安装位置和悬架类型而异。转向传动机构按照悬架的分类可分为与非独立悬架配用的转向传动机构、与独立悬架配用的转向传动机构两大类。

1. 与非独立悬架配用的转向传动机构

与非独立悬架配用的转向传动机构如图 2-1-18 所示，它一般由转向摇臂、转向直拉杆、转向节臂、两个转向梯形臂和转向横拉杆等组成。各杆件之间都采用球形铰链连接，并设有防止松动、缓冲吸振、自动消除磨损后的间隙等的结构。

当前桥仅为转向桥时，由左、右梯形臂和转向横拉杆组成的转向梯形一般布置在前桥之后，如图 2-1-18（a）所示，称为后置式；这种布置简单方便，且后置的转向横拉杆有前面的车桥做保护，可避免直接与路面障碍物相碰撞而损坏。当发动机位置较低或前桥为转向驱动桥时，往往将转向梯形臂布置在前桥之前，如图 2-1-18（b）所示，称为前置式。若转向摇臂不是在汽车纵向平面内前后摆动，而是在与路面平行的平面内左右摆动（如北京 BJ2020N 型汽车），则可将转向直拉杆横向布置，并借球头销直接带动转向横拉杆，从而推动左右梯形臂转动，如图 2-1-18（c）所示。

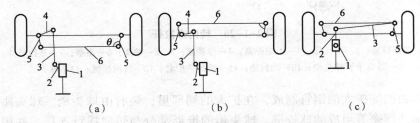

（a）　　　　　　　　（b）　　　　　　　　（c）

图 2-1-18　与非独立悬架配用的转向传动机构
1—转向器；2—转向摇臂；3—转向直拉杆；4—转向节臂；5—转向梯形臂；6—转向横拉杆

（1）转向摇臂。转向摇臂的作用是把转向器输出的力和运动传给转向直拉杆和转向横拉杆，进而推动转向轮偏转。转向摇臂的典型结构如图 2-1-19 所示，它多采用中碳钢经锻造和机械加工制成。其大端具有锥形的三角形细花键孔，用以与转向摇臂轴外端连接，并用螺母固定。其小端用锥形孔与球头销柄部连接，也用螺母固定，球头再与转向直拉杆作空间铰链连接。转向摇臂安装后从中间位置到两边的摆角范围应大致相同，故在向转向摇臂轴上安装时，二者的安装记号应对正。为此，常在摇臂大孔外端面上和摇臂轴的外端面上各刻有短线，或是在二者的花键部分上都少铣一个齿作为装配标记，装配时应将标记对齐。

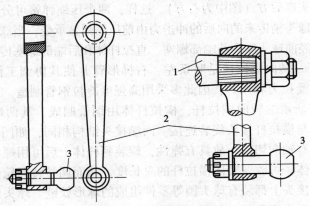

图 2-1-19　转向摇臂
1—转向摇臂轴；2—转向摇臂；3—球头销

（2）转向直拉杆。转向直拉杆的作用是将转向摇臂传来的力和运动传给转向梯形臂或转向节臂。它所受的力既有拉力、又有压力，因此转向直拉杆都是采用优质特种钢制造的，以保证工作可靠。图2-1-20为常见汽车的转向直拉杆。在转向轮偏转或因悬架弹性变形而相对于车架跳动时，转向直拉杆、转向摇臂及转向节臂的相对运动都是空间运动，为了不发生运动干涉，三者之间的连接都采用球头销。

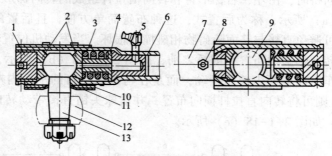

图2-1-20 转向直拉杆
1—端部螺塞；2—球头座；3—压缩弹簧；4—弹簧座；5、8—油嘴；6—座塞；7—直拉杆体；
9—转向节臂球头销；10—油封垫；11—油封垫护套；12—转向摇臂；13—球头销

直拉杆体由两端扩大的钢管制成，在扩大的端部里，装有由球头销、球头座、弹簧座、压缩弹簧和端部螺塞等组成的球铰链。球头销的锥形部分与转向摇臂连接，并用螺母固定；其球头部分的两侧与两个球头座配合，前球头座靠在端部螺塞上，后球头座在弹簧的作用下压靠在球头上，这样，两个球头座就将球头紧紧夹持住。为保证球头与座的润滑，可从油嘴注入润滑脂。拆装时供球头出入的直拉杆体上的孔口用油封垫的护套盖住，以防止润滑脂流出和污物侵入。

压缩弹簧随时补偿球头及球头座的磨损，保证二者间无间隙，并可缓和经车轮和转向节传来的路面冲击。弹簧预紧力可用端部螺塞调节，调好后用开口销固定住螺塞的位置。当球头销作用在内球头座上的冲击力超过压缩弹簧预紧力时，弹簧便进一步变形而吸收冲击能量。弹簧变形增量受到弹簧座自由端的限制，这样可以防止弹簧过载超载，并保证在弹簧折断的情况下球头销不致从管腔中脱出。直拉杆体后方（图中为右端）可以嵌装转向节臂球头销。这一端的压缩弹簧也装在球头座后方（图中为右方）。这样，两个压缩弹簧可分别在沿轴线的不同方向上起缓冲作用。自球头销传来的向后的冲击力由前压缩弹簧承受，当球头销受到向前的冲击力时，冲击力即依次经前球头座、前端部螺塞、直拉杆体和后端部螺塞传给后压缩弹簧。

（3）转向横拉杆。转向横拉杆是联系左、右梯形臂并使其协调工作的连接杆。它在汽车行驶过程中反复承受拉力和压力，因此多采用高强度冷拉钢管制造。

图2-1-21（a）所示的转向横拉杆，横拉杆体用钢管制成，其两端切有螺纹，一端为右旋，一端为左旋，与横拉杆接头旋装连接。两端接头结构相同，如图2-1-21（b）所示。接头的螺纹孔壁上开有轴向切口，故具有弹性，旋装到杆体上后可用螺栓夹紧。旋松夹紧螺栓以后，转动横拉杆体，可改变转向横拉杆的总长度，从而调整转向轮前束。

在横拉杆两端的接头上都装有球头销等零件组成的球形铰链。球头销的球头部分被夹在上、下球头座内，球头座用聚甲醛制成，有较好的耐磨性。球头座的形状如图2-1-21（c）所示。装配时，上、下球头座凹凸部分互相嵌合，弹簧通过弹簧座压向球头座，以保证两球头座与球头的紧密接触，在球头和球头座磨损时能自动消除间隙，同时还起缓冲作用。弹簧的预紧力由螺塞调整。球铰上部有防尘罩,以防止尘土侵入。球头销的尾部锥形柱与转向梯形臂连接,并用螺母固定、开口销锁紧。

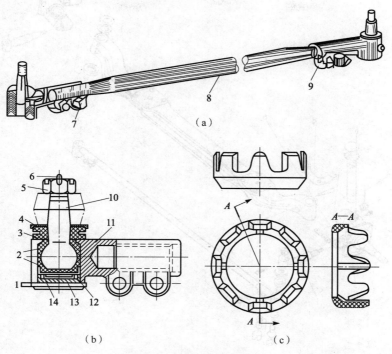

图 2-1-21 转向横拉杆
1—限位销;2—球头座;3—防尘罩;4—防尘垫;5—螺母;6—开口销;7—夹紧螺栓;8—横拉杆体;
9、11—横拉杆接头;10—球头销;12—弹簧座;13—弹簧;14—螺塞

（4）转向节臂和梯形臂。转向节臂和梯形臂如图 2-1-22 所示,转向横拉杆通过转向节臂与转向节相连。转向横拉杆两端经左、右梯形臂与转向节相连。转向节臂和梯形臂带锥形柱的一端与转向节锥形孔相配合,用键防止螺母松动。臂的另一端带有锥形孔,与相应的拉杆球头销锥形柱相配合,同样用螺母紧固后插入开口销锁住。

（5）转向减振器。随着汽车车速的提高,现代汽车的转向轮有时会产生摆振,即转向轮绕主销轴线往复摆动,进而引起整车车身的振动。这不仅影响汽车行驶的稳定性,还影响汽车的舒适性,加剧前轮轮胎的磨损。在转向传动机构中设置转向减振器是克服转向轮摆振的有效措施。

转向减振器的一端与车身或前桥铰接,另一端与转向直拉杆或转向器铰接,如图 2-1-23 所示,其结构和工作原理类似于悬架减振器,这里不再赘述。

2. 与独立悬架配用的转向传动机构

当转向轮采用独立悬架时,由于每个转向轮都需要相对于车架（或车身）做独立运动,所以转向桥也必须是断开式的。相应地,转向传动机构中的转向梯形也必须是断开式的。图 2-1-24 为几种与独立悬架配用的转向传动机构示意图。其中图 2-1-24（a）、图 2-1-24（b）所示机构与循环球式转向器配用,图 2-1-24（c）、图 2-1-24（d）所示机构与齿轮齿条式转向器配用。

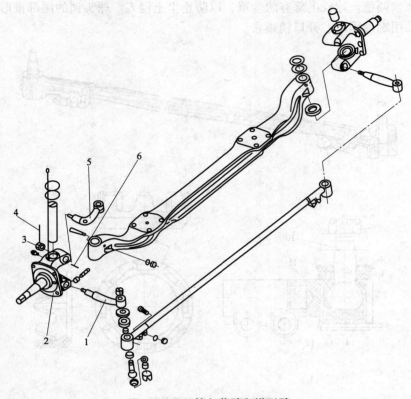

图 2-1-22 转向节臂和梯形臂

1—左转向梯形臂；2—转向节；3—锁紧螺母；4—开口销；5—转向节臂；6—键

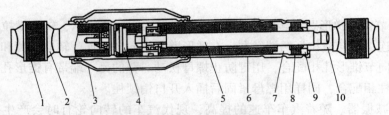

图 2-1-23 转向减振器

1—连接环衬套；2—连接环橡胶套；3—橡胶储油缸；4—压缩阀总成；5—活塞总成；
6—油缸；7—导向座；8—油封；9—挡圈；10—轴头及连接环总成

图 2-1-25 所示的红旗 CA7560 型轿车的转向传动机构即采用了图 2-1-24（a）所示的结构方案。摇杆前端固定于车架横梁中部，后端借球头销与转向直拉杆和左、右转向横拉杆连接。转向直拉杆外端与转向摇臂球头销相连。左、右转向横拉杆外端也用球头销分别与左、右梯形臂铰接，故能随同侧车轮相对于车架和摇杆在横向平面内上下摆动。转向直拉杆仅在外端有球头座，故有必要在两球头座背面各设一个压缩弹簧，分别吸收由左、右横拉杆传来的两个方向上的路面冲击，并自动消除球头与座之间的间隙。

采用齿轮齿条式转向器时，相应的转向传动机构形式如图 2-1-24（c）、图 2-1-24（d）所示。若齿轮齿条式转向器为两端输出式（如捷达和卡罗拉轿车），转向器齿条本身就是转向传动机构的一部分，转向横拉杆的内端通过球头销与转向齿条铰接，外端通过螺纹与连接转

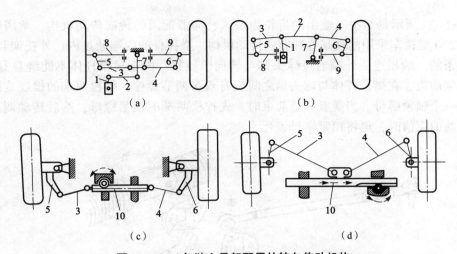

图 2-1-24 与独立悬架配用的转向传动机构

1—转向摇臂；2—转向直拉杆；3—左转向横拉杆；4—右转向横拉杆；5—左梯形臂；
6—右梯形臂；7—摇杆；8—悬架左摆臂；9—悬架右摆臂；10—齿轮齿条式转向器

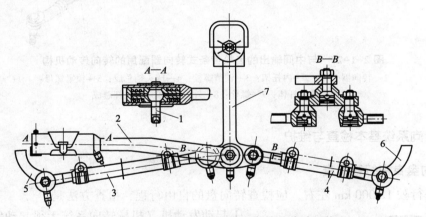

图 2-1-25 红旗 CA7560 型轿车转向传动机构

1—转向摇臂球头销；2—转向直拉杆；3—左转向横拉杆；4—右转向横拉杆；
5—左梯形臂；6—右梯形臂；7—摇杆

向节的球头销总成相连。图 2-1-26 所示为与两端输出的齿轮齿条式转向器配用的转向横拉杆。当需要调整前束时，松开锁紧螺母，转动横拉杆体，达到合理的前束值时，再将锁紧螺母锁死。

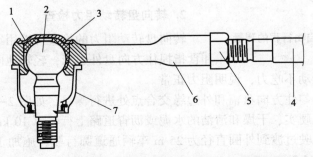

图 2-1-26 与两端输出的齿轮齿条式转向器配用的转向横拉杆

1—堵盖；2—球头销；3—球头销座；4—横拉杆体；5—锁紧螺母；6—横拉杆接头总成；7—防尘套

113

图 2-1-27 所示是与中间输出的齿轮齿条式转向器配用的转向传动机构。桑塔纳轿车、红旗 CA7220 型轿车采用的就是这种转向传动机构。横拉杆的内端通过内、外托架和螺栓与转向器齿条的一端相连，外端通过球头销与转向节铰接。由于横拉杆体不能绕自身轴线转动，为调整前束，在横拉杆体与球头销之间装有双头调节螺栓，螺栓两端的螺纹旋向相反，并各旋装一个锁紧螺母。当需要调整前束时，先拧松两端的锁紧螺母，然后转动调节螺栓，达到合理的前束值时，再将锁紧螺母锁死。

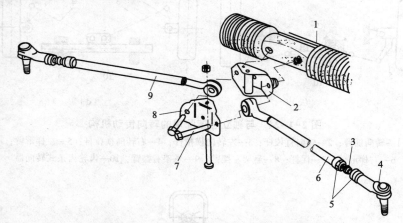

图 2-1-27　与中间输出的齿轮齿条式转向器配用的转向传动机构
1—转向器壳体；2—内托架；3—调节螺栓；4—球头销总成；5—锁紧螺母；
6—横拉杆体；7—螺栓；8—外托架；9—横拉杆总成

八、转向系统基本检查与维护

1. 转向盘自由行程检查

汽车每行驶 12 000 km 左右，应检查转向盘的自由行程，检查方法是：

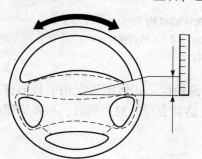

①起动发动机（机械转向系统无须起动发动机）。
②转动转向盘，使前轮处于直线行驶位置。
③轻轻转动转向盘，在转向轮就要开始转动时（或感觉到阻力时），使用直尺测量转向盘外缘的转动量，一般为 15~20 mm，如图 2-1-28 所示。
④如果不符合要求，应该检查转向器间隙、调整转向球头销等。

2. 转向盘转动阻力检查

图 2-1-28　方向盘自由行程的测量

转向盘转动阻力的检查可以用经验法。用右手拇指和食指捏住方向盘外边缘，轻轻地向顺时针和逆时针两个方向转动，如果转动不吃力，说明阻力正常。

也可以用弹簧秤勾住方向盘辐和外边缘交合点处进行测量，如图 2-1-29 所示。

机动车在平坦、硬实、干燥和清洁的水泥或沥青道路上行驶以 10 km/h 的速度在 5 s 之内沿螺旋线从直线行驶过渡到外圆直径为 25 m 车辆通道圆行驶，施加于方向盘外缘的最大切向力应小于等于 245 N。

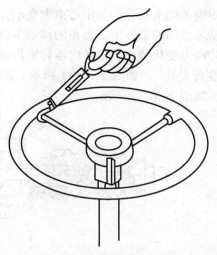

图 2-1-29 用弹簧秤测量方向盘转动阻力

3. 转向传动机构的检查

（1）目视检查。目视检查转向传动机构是否弯曲、损坏，防尘罩是否有裂纹或破损。

（2）松动、摆动检查。用手摇晃转向传动机构，检查是否松动或摆动。

（3）转向横拉杆的检查。检查横拉杆是否弯曲，必要时校正。检查调整螺栓有无乱纹现象。

转向横拉杆球头销的检查如图 2-1-30 所示，检查转向横拉杆内、外球接头（球头销）的转动力矩和摆动力，用弹簧秤检查内、外球头销的摆动力分别应为 5.9~51 N 和 6.9~64.7 N。用扭力扳手检查转向横拉杆外球头销的轴向间隙应力，转动力矩应在 0.3~4.0 N·m。若达不到要求，则应更换球头销。

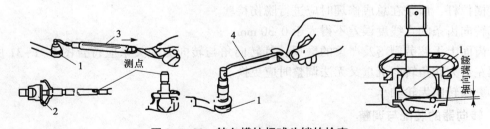

图 2-1-30 转向横拉杆球头销的检查

1—外球头销；2—内球头销；3—弹簧秤；4—扭力扳手

4. 转向器润滑油、润滑脂渗漏的检查

目视检查转向器、转向传动机构球笼，是否漏油，润滑脂是否有渗漏。

九、转向器的拆检与调整

（一）齿轮齿条式转向器的拆检与调整

齿轮齿条式转向器结构简单、可靠性好，转向结构几乎完全封闭，因此维修工作量少，也便于独立悬架的布置；转向齿条和转向齿轮直接啮合，无须中间传动，所以，操纵灵敏性好。同时,转向齿条的节距由齿条端头起至齿条中心由大变小,转向齿轮与转向齿条的啮合深度逐渐变大,在方向盘转动量相同的条件下,齿条的移动距离在靠近齿条端头要比靠近齿条中心部位稍短些,从而使转向力变化微小,使转向器转矩传递性能好,转向非常轻便,转向器的这种传动比称为"可变传动比",如图2-1-31所示。目前,轿车已经广泛采用可变传动比的齿轮齿条式转向器,如图2-1-32所示。

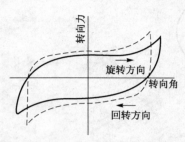
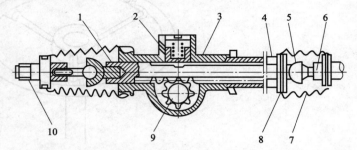

图 2-1-31　转向角与转向力的关系
"虚线"——固定传动比;
"实线"——可变传动比。

图 2-1-32　齿轮齿条式转向器
1—转向齿条;2—齿条导块;3—转向器壳体;4—衬套;5—齿条端头;
6、10—横拉杆;7—齿条防尘罩;8—箍带;9—转向齿轮

1. 转向器的拆卸

拆卸分解时,应先在转向齿条端头与横拉杆连接处打上安装标记;然后,拆卸转向齿条端头,但不能碰伤转向齿条的外表面;拆下转向齿条导块组件后,拉住转向齿条,使齿对准转向齿轮,再拆卸转向齿轮;最后抽出转向齿条。

注意:抽出转向齿条时,不能让转向齿条转动,防止碰伤齿面。

2. 主要零件的检修

①零件出现裂纹应更换。
②横拉杆、齿条在总成修理时应进行隐伤检验。
③转向齿条的直线度误差不得大于 0.30 mm。
④齿面上无疲劳剥落及严重的磨损,其转向角与转向力的关系应符合图2-1-31所示,若出现左右大转角转向沉重又无法调整时应更换。
⑤更换转向齿轮轴承。

3. 转向器的装配与调整

齿轮齿条式机械转向器的装配如图2-1-33所示。
(1) 安装转向齿轮。
①将上轴承和下轴承压在转向齿轮轴颈上,轴承内座圈与齿端之间应装好隔圈。
②把油封压入调整螺塞。
③将转向齿轮与轴承一块压入齿条壳体。
④装上调整螺塞及油封,并调整转向齿轮轴承紧度。手感应无轴向窜动,转动自如,转向齿轮的转动力矩符合原厂规定,一般约为 1.5 N·m。
⑤按原厂规定扭矩紧固锁紧螺母,并装好防尘罩。
(2) 装入转向齿条。
(3) 安装齿条衬套,转向齿条与衬套的配合间隙不得大于 0.15 mm。

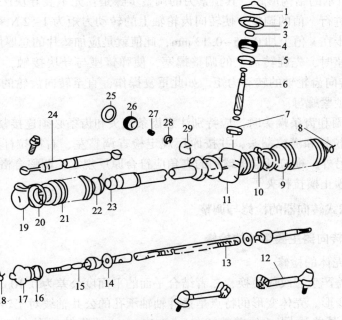

图 2-1-33 齿轮齿条式机械转向器的装配

1—防尘罩；2—锁紧螺母；3—油封；4—调整螺塞；5—上轴承；6—转向齿轮；7—下轴承；8—夹子；9—齿条防尘罩；10—箍带；11—齿条壳体；12—横拉杆；13—转向齿条；14—垫圈；15—齿条端头；16—固定环；17—防尘罩；18—夹子；19—减振器支架；20—防尘套护圈；21—防尘罩；22—箍带；23—齿条衬套；24—转向减振器；25—螺母；26—调整螺塞；27—导块压紧弹簧；28—隔环；29—齿条导块

（4）装入转向齿条导块、隔环、导块压紧弹簧、调整螺塞及锁紧螺母。

（5）调整转向齿条与转向齿轮的啮合间隙，也称为转向齿条的预紧力调整。其调整机构如图 2-1-34 所示。因结构的差异，调整方法也有所不同。但常见的有两类：一是通过改变转向齿条导块与盖之间的垫片厚度来调整转向齿条与转向齿轮轮齿的啮合深度，完成预紧力的调整；二是用盖上的调整螺塞改变转向齿条导块与弹簧座之间的间隙值，完成啮合深度，即预紧力的调整。

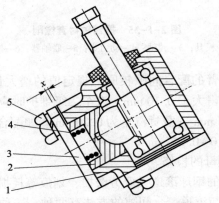

图 2-1-34 预紧力调整机构

1—转向器壳体；2—导块；3—盖；4—导块压紧弹簧；5—固定螺母
x—盖与壳体之间的间隙，调整预紧力时不装弹簧和调整垫片

图 2-1-34 所示的结构形式，其预紧力的调整步骤是：先不装导块压紧弹簧以及壳体与盖之间的垫片，进行 x 值的调整，使转向齿轮轴上的转动力矩为 $1 \sim 2 \mathrm{N \cdot m}$；然后用厚薄规测量 x 值；第三步在 x 值上加 $0.05 \sim 0.13 \mathrm{mm}$，此值就是应加垫片的总厚度。

结构有弹簧座时，先旋转盖上的调整螺塞，使弹簧座与导块接触，再将调整螺塞旋出 $30° \sim 60°$，检查转向齿轮轴的转动力矩。如此重复操作，直至转向齿轮的转动力矩符合原厂规定，最后紧固锁紧螺母。

（6）安装垫圈和齿条端头时，应特别注意齿条端头和齿条必须连接紧固、锁止可靠。

（7）安装横拉杆和横拉端头，并按原厂规定检查调整左、右横拉杆的长度，以保证转向轮前束正确；另外，横拉杆端头球销的夹角应符合原厂规定；调整合格后，必须按原厂规定的扭矩紧固并锁止横拉杆夹子。

（二）循环球式转向器的检修与调整

1. 循环球式转向器主要零件的检修

（1）转向器壳体的检修。

①壳体、侧盖产生裂纹应更换，二者结合平面的平面度公差为 $0.10 \mathrm{mm}$。

②修整壳体变形。壳体变形的特点是摇臂轴承孔的公共轴线对于转向螺杆两轴承孔公共轴线的垂直度误差逾限（公差为 $0.04 \sim 0.06 \mathrm{mm}$），两轴线的轴心距变大（公差为 $0.10 \mathrm{mm}$）。壳体变形不但会引起转向沉重的故障，同时减少了转向器传动副传动间隙可调整的次数，缩短了转向器的使用寿命。修整变形时，先修整结合平面，然后更换摇臂轴衬套，图 2-1-35 所示为在镗模上镗削摇臂轴衬套，利用镗模校正两衬套的同轴度（公差为 $0.01 \mathrm{mm}$）和两轴线的垂直度与轴心距。

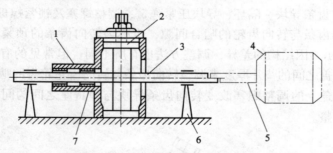

图 2-1-35 摇臂轴衬套镗削

1—转向器壳体；2—定位模具；3—镗轴；4—动力头；5—联轴器；6—镗轴支承；7—摇臂轴衬套

摇臂轴衬套镗削后与摇臂的配合间隙较原厂规定值的增大量不得大于 $0.005 \mathrm{mm}$，与使用的滚针轴承的配合间隙不得大于 $0.10 \mathrm{mm}$。汽车二级维护时应检查摇臂轴与衬套的配合间隙，使用限度：轿车为 $0.15 \mathrm{mm}$，载货汽车为 $0.20 \mathrm{mm}$。如配合间隙逾限，应更换衬套，衬套与承孔的过盈配合为 $0.110 \sim 0.051 \mathrm{mm}$。

（2）转向螺杆与转向螺母的检修。

①转向螺杆与转向螺母的钢球滚道无疲劳磨损、划痕等耗损，钢球与滚道的配合间隙不得大于 $0.10 \mathrm{mm}$。检验钢球与滚道配合间隙的方法有两种：一种方法是把转向螺母夹持固定后，把转向螺杆旋转到一端止点，然后检验转向螺杆另一端的摆动量，其摆动量不得大于 $0.10 \mathrm{mm}$，转向螺杆的轴向窜动量也不得大于 $0.10 \mathrm{mm}$。另一种方法是将转向螺杆和转向螺

母配合副清洗干净后,把转向螺杆垂直提起,如转向螺母在重力作用下,能平稳地旋转下落,说明配合副的传动间隙合格。若无其他损耗,传动副组件一般不进行拆检。

②总成修理时,应检查转向螺杆的隐伤,若产生隐伤、滚道疲劳剥落、三角键有台阶形磨损或扭曲,应更换。

③转向螺杆的支承轴颈若产生疲劳磨损,会引起明显的方向盘沉重、转向迟钝,可按原厂的规定进行锥角磨削修整轴颈,然后刷镀修复。实践证明,其使用耐久性可达 100 000 km 以上。

(3) 摇臂轴的检修。

①总成大修时,必须进行隐伤检验,如有裂纹应更换,不许焊修。

②轴端花键出现台阶形磨损、扭曲变形,应更换。

③支承轴颈磨损逾限,但无其他耗损可进行刷镀修复或喷焊修复。

2. 循环球式转向器的装配与调整

(1) 安装转向螺杆组件。转向螺杆组件在维修时一般不拆散。若拆散重新组装时,先平稳地逐个装入钢球。在装钢球的过程中,转向螺杆和转向螺母不要相对运动。必要时,只能稍许转动转向螺母或用塑料棒将钢球轻轻冲进滚道内,然后给装满钢球的导管口涂压润滑脂防止钢球脱出,并用导管卡将导管固定在转向螺母上。所装钢球的直径和数量必须符合原厂规定。

(2) 装入钢球后,转向螺母的轴向窜动量不得大于 0.10 mm。

(3) 将轴承内圈压在转向螺杆的轴颈上。

(4) 组装摇臂轴。

①检查用于转向螺母与齿扇啮合间隙的调整螺钉的轴向间隙,此间隙若大于 0.12 mm,在调整螺钉与摇臂上的承孔端面间加止推垫片调整。

②摇臂轴承预润滑之后,将摇臂装入壳体内,并按顺序装入止推垫片、调整螺钉、垫圈、弹簧挡圈。

(5) 安装转向器下盖、上盖。图 2-1-36 为循环球式转向器的装配示意。

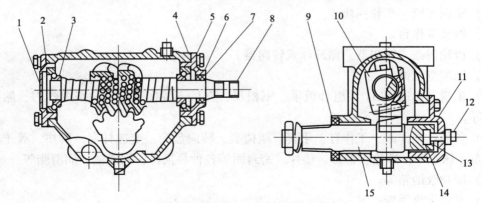

图 2-1-36 循环球式转向器的装配

1—下盖;2—调整垫片;3、5—轴承;4—上盖调整垫片;6—上盖;7—螺杆油封;8—转向螺杆;9—摇臂轴油封;10—转向螺母;11—侧盖;12—调整螺钉;13—孔用弹簧挡圈;14—止推垫片;15—摇臂

①把轴承装入下盖承孔中。

②安装调整垫片和下盖,从壳体孔中放入转向螺杆组件,安装下盖。装下盖之前在结合平面上涂以密封胶。

③把轴承外圈和转向螺杆油封压入上盖,并装入上盖调整垫片和上盖。

④通过增减下盖调整垫片或用下盖上的调整螺塞调整转向螺杆的轴承预紧度。然后检查方向盘的转向力矩,一般为 0.6~0.9 N·m。

(6) 安装转向器侧盖。

①给摇臂轴油封涂密封胶后,将油封唇口向内,均匀地压入壳体上的承孔内。

②将转向螺母移至中间位置(转向器总圈数的 1/2),使扇形齿的中间齿与转向螺母的中间齿相啮合,装入摇臂轴组件。

③侧盖密封垫涂以密封胶,安装、紧固。

(7) 调整转向器转向间隙。

①使转向器的传动副处于中间位置(直行位置)。

②通过调整螺钉,调整转向器传动副的啮合间隙,在直行位置上应无间隙啮合。

③中间位置上,转向器转动力矩应为 1.5~2.0 N·m。转向器转动力矩调整合格后,按规定转矩锁紧调整螺钉。

(8) 安装摇臂时,应注意摇臂与摇臂轴二者的装配记号对正,应特别注意摇臂固定螺栓应确实做到紧固、锁止可靠。

(9) 按原厂规定加注润滑油。

(10) 有条件时,应检查转向器反驱动力矩(转向轴处于空载状态时,使摇臂轴转动的力矩)。转向器的反驱动力矩应符合原厂规定。

【任务实施】

一、任务实施准备

(1) 理实一体化多媒体实训场所。

(2) 实训车辆、车轮挡块。

(3) 拆装工作台。

(4) 齿轮齿条式转向器、循环球式转向器。

(5) 压缩空气源。

(6) 工量具:通用 54 件组合扳手、钢板尺、直尺、游标卡尺、一字螺丝刀、胎压表、弹簧秤等。

(7) 备品:工作服、工作鞋、手套、座椅套、转向盘套、变速杆套、脚垫、翼子板布、前盖板布、抹布等;螺栓、螺母、垫片、密封圈等各种易损件;润滑油、润滑脂等。

(8) 废物收纳箱等。

(9) 车辆维修手册。

(10) 实训工单。

二、任务实施步骤

(1) 组织学生对基本知识进行学习。

（2）学生分组。

（3）以小组为单位，讨论制订转向系统基本检查及转向器拆装检查工作计划。

（4）各小组汇报工作计划，教师组织点评，进行可行性分析。

（5）组织学生按工作计划进行转向系统基本检查及转向器拆装检查实操训练，教师巡视、予以指导，同时依据考核工单对学生操作规范性进行考核。

（6）组织学生查询该车的检测标准，参照检测标准对检查结果进行分析，按要求填写实训工单。

（7）学生交回完成的实训工单。

（8）实训总结，包括学生自我反思与教师答疑、点评、总结等。

实训工单

学生姓名：_____ 班级_____ 实训日期_____

序号	检查项目	检查结果
1	车辆品牌	
2	VIN 码	
3	转向系统类型	
4	转向器类型	
5	轮胎气压	
6	轮胎磨损情况	
7	转向盘自由行程	
8	转向盘转动阻力	
9	转向器渗漏检查	
10	转向器壳体检查	
11	转向齿条检查	
12	转向螺杆与转向螺母检查	
13	转向器轴承检查	
14	摇臂轴检查	
实训总结	实训结论	实训收获与反思

考核工单

学生姓名：　　　　　考核项目：　　　　　考核成绩：

序号	项目	分值	扣分标准	得分
1	实训准备工作	5	每缺少1项扣1分	
2	工量具正确使用	5	每错误1次扣1分	
3	设备正确使用	5	每错误1次扣1分	
4	维修手册的正确使用	5	每错误1次扣1分	
5	操作规范性	60	每错误1次扣1分	
6	测量准确性	5	每错误1次扣1分	
7	实训工单填写	5	未填写扣5分	
8	车辆保护	5	每缺少1项扣1分	
9	5S	5	每缺少1项扣2分	
10	是否出现危险行为		出现人身危险总成绩0分；出现车辆危险扣20分；出现工具设备危险扣10分	
	合计	100		

教师评语	

考核教师：

　　　　年　　月　　日

任务二　液压动力转向系统检修

1. 了解液压动力转向系统的组成和工作原理。
2. 了解液压转向油泵的结构及工作原理。
3. 掌握整体式动力转向器的结构与工作原理。
4. 了解转向控制阀的结构与工作原理。
5. 了解液压动力转向系统基本检修与维护方法。
6. 了解动力转向油泵的检查与调整方法。
7. 掌握整体式动力转向器拆装检修要领。

1. 能够收集和整理相关资料。
2. 能够向客户介绍液压动力转向系统的特点及相关知识。
3. 能够对液压动力转向系统进行基本检查和维护。
4. 能够对动力转向油泵进行检查与调整。
5. 能够规范地对动力转向器进行拆装与调整。
6. 能够引导客户树立安全意识。

小张开着他的一台轻型车，以前在车刚起动的时候，处于怠速状态发动机的动力尚未传导到各个动力机构，此时转向助力器暂时未起作用，所以感觉吃力，等到上路的时候，发动机动力充足了，助力就很轻松；但现在这台车着车行驶后也一直没有助力，不知出现了什么故障。液压动力转向系统的工作原理是什么？如何检修液压动力转向系统？通过下面的学习，你将找到答案。

【基本知识】

一、液压动力转向系统的组成与工作原理

液压式动力转向系统的组成如图2-2-1所示。它由转向油泵、储液罐、转向控制阀、动力缸、活塞等组成。

液压转向系统工作原理

转向油泵安装在发动机上，由曲轴通过皮带驱动运转向外输出油压。储液罐有进、出油管接头，通过油管分别和转向油泵及转向控制阀连接。转向控制阀的作用是改变油路。动力缸被活塞分成两个工作腔，R腔为右转向动力腔，L腔为左转向动力腔，它们分别通过油道和转向控制阀连接。

当汽车直线行驶时，转向控制阀将转向油泵泵出来的工作液与储液罐相通，转向油泵处于卸荷状态，动力转向系统不工作。汽车左转向时，驾驶员逆时针转动方向盘，转向控制

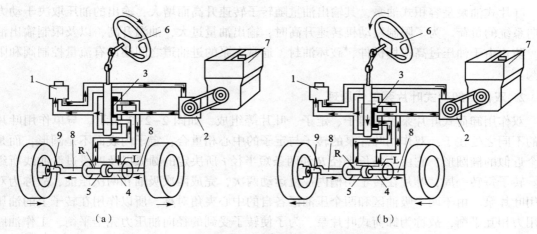

图 2-2-1 液压式动力转向系统
1—储液罐；2—转向油泵；3—转向控制阀；4—动力缸；5—活塞；
6—转向盘；7—发动机；8—齿条和横拉杆；9—转向节臂

阀将转向油泵和动力缸 L 腔接通，同时将动力缸 R 腔和储液罐接通，如图 2-2-1（a）所示。活塞的右侧为高压腔，左侧为低压腔，在高压油的作用下，活塞向左移动，推动齿条和横拉杆一起向左移动，横拉杆推动转向节臂使车轮向左偏摆，从而实现左转向。右转向则相反，如图 2-2-1（b）所示。

（一）转向油泵

转向油泵是动力转向中的主要能源，其作用是将发动机输入的机械能转化为液压能向外输出，动力转向油泵由发动机前端的皮带轮驱动。

叶片式转向油泵按其转子叶片每转一周的供油次数和转子轴的受力情况可以分为单作用非卸荷式和双作用卸荷式两种。

1. 单作用非卸荷式叶片泵工作原理

它主要由定子、转子及叶片等件组成，如图 2-2-2 所示。定子具有圆柱形内表面，转子上均布径向切槽。矩形叶片安装在转子槽内，并可在槽内滑动。矩形叶片两端与配油盘端面滑动配合，形成由转子外表面、定子内表面、叶片和配油盘组成的密封工作容积。转子和定子不同心，有一个偏心距 e，当转子旋转时，叶片靠自身的离心力贴紧定子的内表面，并在转子槽内做往复运动，使上述的工作容积由小变大，由大变小不断变化。容积增大，产生真空吸力，将工作液从储液罐中吸入工作腔；容积变小时，产生油压，将油压出。转子每转一周，叶片在转子槽内做往复伸缩运动各一次，故称为单作用叶片泵。由于右边吸油区的油压低，左边压油区的油压高，左、右两油区的压力差作用在转子上，使转子轴的轴承上承受较大的载荷，故称其为非卸荷式叶片泵。

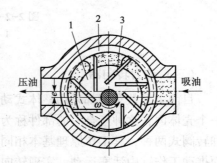

图 2-2-2 单作用叶片泵的工作原理
1—转子；2—定子；3—叶片

叶片式油泵是容积式油泵，其输出油量随转子转速升高而增大，输出的油压取决于动力转向系统的负荷。为了限制发动机转速升高时，输出油量过大，油温升高，以及限制输出油压，防止由于油压过高损坏机件、破坏油封，通常在泵的进油道之间还设有流量控制阀和限压阀。

2. 双作用卸荷式叶片泵工作原理

双作用卸荷式叶片泵也由转子、定子、叶片等组成，如图 2-2-3 所示。与单作用叶片泵的不同之处在于：双作用叶片泵的转子与定子的中心相重合；定子内表面不是圆形，而是一个近似的椭圆形，它由两条长半径 R 和两条短半径 r 所决定的圆弧以及四段过渡曲线所组成。转子每转一周，叶片在转子切槽内往复运动两次，完成两次吸油和两次压油，故称为双作用叶片泵。由于两个吸油区和两个压油区各自的中心夹角对称，所以作用在转子上的油压作用力相互平衡，故称为卸荷式叶片泵。为了使转子受到的径向油压力完全平衡，工作油腔数（即叶片数）应当为偶数。

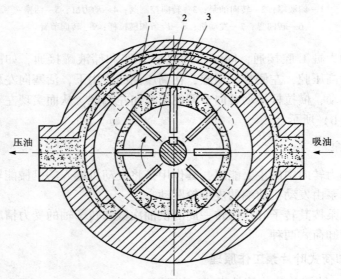

图 2-2-3　双作用叶片泵的工作原理
1—定子；2—转子；3—叶片

（二）动力转向器

目前大多数车型都采用整体式动力转向系统。动力缸、控制阀和机械转向器三者组装在一个壳体内，这种三合一的部件称为整体式动力转向器。常用的整体式动力转向器有滑阀式和转阀式两种，其工作原理基本相同，都是通过控制阀的动作，实现油路和油压的控制，从而推动工作缸中活塞运动，实现转向器的助力作用。目前整体式动力转向器广泛采用转阀式转向控制阀。转阀式动力转向器分为齿轮齿条式和循环球式两种。

1. 齿轮齿条整体式动力转向器

图 2-2-4 所示为轿车常用的齿轮齿条整体式动力转向器，工作原理如图 2-2-5 所示。活塞安装在转向齿条上，转向齿条的壳体相当于动力缸，动力缸活塞是齿条的一部分，齿条与活塞两边的套管被密封形成两个油液腔，连接左、右转向回路。控制阀安装在转

向齿轮壳体内。转动转向盘时，旋转式控制阀改变油液流量，在转向齿条两端形成压力差，使得齿条向压力低的方向移动。齿条相当于动力缸的推杆，从而减轻驾驶员加在转向盘上的力。

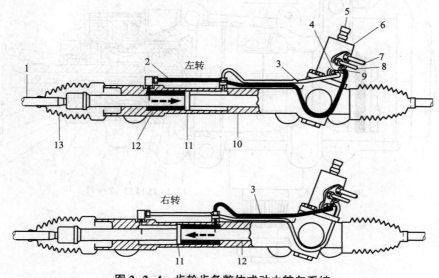

图 2-2-4　齿轮齿条整体式动力转向系统

1—横拉杆；2—左转进油管；3—右转进油管；4—右转进油口；5—转向输入轴；6—旋转式控制阀；7—出油口；8—进油口；9—左转进油口；10—套管；11—活塞；12—转向齿条；13—波纹管

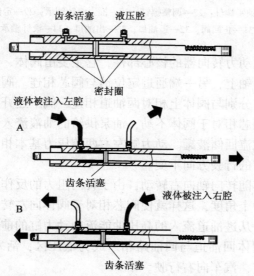

图 2-2-5　齿轮齿条整体式动力转向系统的工作原理

2. 循环球整体式动力转向器

图 2-2-6 所示为循环球整体式动力转向器。这种转向器的机械部分有两级传动副。第一级是螺杆齿条活塞传动副，第二级是齿条齿扇传动副。齿条是在活塞圆柱面上加工出来的斜齿，变齿厚齿扇与转向摇臂轴制成一体。

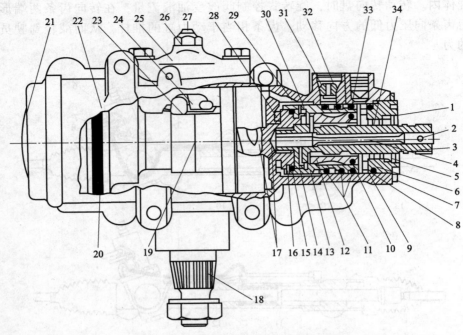

图 2-2-6 循环球整体式动力转向器

1—卡环；2—锁销；3—短轴；4—扭杆；5—骨架油封；6—调整螺塞；7—锁母；8、10、11、15、20—O形密封圈；
9—推力滚针轴承；12—阀芯；13—阀体；14—下端盖；16—锁销；17—转向螺杆；18—转向摇臂轴；
19—转向螺母（齿条-活塞）；21—转向器端盖；22—壳体；23—循环球导管；24—导管压紧板；
25—侧盖；26—锁紧螺母；27—调整螺钉；28—推力滚针轴承；29—定位销；30—锁销；
31—止回阀；32—进油口；33—出油口；34—滚针轴承

转阀是循环球整体式动力转向器的核心部件，它主要由阀体、阀芯和扭杆等组成。扭杆的一端同阀体连接在转向轴上，另一端通过定位销与阀芯相连。阀体和阀芯上开有相对应的油道，动力缸左腔和右腔分别与阀体上相对两油道相连，阀上还开有回油道。

汽车直线行驶时，阀芯相对于阀体不动，油泵供给的油液流入控制阀进油道，从阀芯和阀体的预开缝隙经回油道流回储液罐。动力缸左右两腔压力基本相同，活塞保持其位置基本不变，因此车辆保持原有的行驶方向不变。

方向盘右转时，阀体随转向轴向右转动，由于转向阻力的反作用，扭杆与阀芯相连一端不能转动，扭杆被扭转一个角度，这样就使阀芯相对于阀体向左转动，从而改变了阀芯与阀体所构成的通道。此时，从进油道流入的高压油能流向动力缸的前腔，从而使前腔室成为高压区，动力缸后腔室经阀体回油道与回油路相通成为低压区，活塞在压力差作用下向后移动，推动转向轮向右偏转，汽车向右行驶。

汽车向左转向时，情况与向右转弯时相近，控制阀改变油道使动力缸前腔成为低压区，后腔变成了高压区，汽车向左行驶。

3. 转阀式转向控制阀

（1）转向控制阀的结构。

转阀式转向控制阀位于动力转向器的上部，主要由阀体、输入轴组件、阀芯及密封件组成。

控制阀阀体的结构如图 2-2-7 所示。阀体的外圆柱面上加工有六道环槽，其中，三道较小的环槽用来安装 O 形橡胶密封圈，另外三道较大的环槽是环形油道。每两个环形油道均由安装在小环槽中的 O 形橡胶密封圈隔开，环形油道底部的油孔与内壁相通，中间环形油道的四个油孔直径较大，是进油通道，与转向油泵相通；两侧环形油道各有四个直径较小的油孔，分别与动力缸的左右腔相通。阀体的内圆柱面加工有八条不贯通的纵槽，每两道纵槽中间的部分称为槽肩。在阀体下部内表面固定有锁销，此锁销的外端埋在外圆表面以下，内端伸出少许，与扭杆组件下端端盖外圆缺口相配合，使二者不能相对转动。转向螺杆上端的凸缘部分的外圆滑配在阀体的下端止口中，阀体的下边缘开有矩形缺口，此缺口与转向螺杆用锁销相配合，形成阀体和驱动螺杆的传力连接。

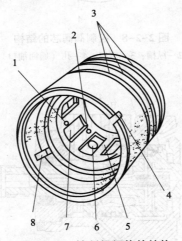

图 2-2-7　控制阀阀体的结构

1—小孔（通动力缸左腔）；2—小孔（通动力缸右腔）；3—环槽；4—缺口；
5—槽肩；6—孔（通进油口）；7—纵槽；8—锁销

控制阀阀芯结构如图 2-2-8 所示。阀芯的外圆柱面与阀体内圆柱面滑动配合，二者可以相对转动。阀芯与阀体为配合间隙小、配合精度高的精密偶合件，不可单独更换。阀芯外表面上也有与阀体内表面上的纵槽和槽肩相同尺寸的不贯通的八条纵槽和八条槽肩，分别与阀体的槽肩和纵槽配合形成液体流动间隙。在阀芯的不同槽肩上开有四个等间隔的径向通孔，用以流通液压油。阀芯的上端外表面加工有环形槽，用来安装 O 形密封圈。阀芯下端的内圆柱面开有一个缺口，短轴下端安装的锁销即插入此缺口中，以保证短轴和阀芯的同步转动，而不发生相对转动。阀芯和短轴间的径向间隙较大，以便于流通回流的油液。

转向控制阀
工作原理

输入轴组件由短轴、扭杆、轴盖和锁销组成。短轴为空心管形轴件，扭杆是在扭矩作用下可产生弹性扭转变形的杆件。如图 2-2-9 所示，短轴与扭杆套装在一起，右端用锁销与扭杆固定在一起，左端通过锁销与阀芯连接在一起。扭杆左端通过花键与轴盖连接，轴盖通过锁销与阀体连接，阀体通过锁销与转向螺杆连接。扭杆的右端与短轴和阀芯可以同步旋转，扭杆的左端随阀体和转向螺杆可以同步旋转。因此转向过程中当扭杆产生扭转时，短轴可相对轴盖产生旋转运动，也就意味着阀芯可与阀体产生相对转动。

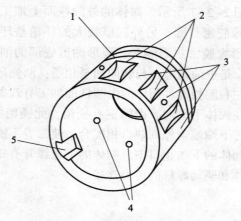

图 2-2-8 控制阀阀芯的结构

1—环槽；2—纵槽；3—槽肩；4—孔（通回油口）；5—缺口

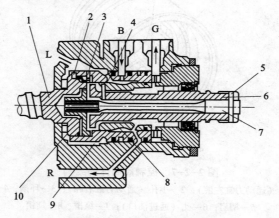

图 2-2-9 转向控制阀结构

1—转向螺杆；2、3、4、5—锁销；6—短轴；7—扭杆；8—阀芯；9—阀体；10—轴盖
R—接右转向动力缸；L—接左转向动力缸；B—接转向油泵；G—接储液罐

如图 2-2-6 所示，在动力转向器上部设有进油口和出油口，通过油管分别与转向油泵和储液罐相连接。在进油口处设有进油阀座和止回阀，进油口与阀体的中间环槽相通。出油口与短轴和阀芯中间的回油腔相通。如图 2-2-9 所示，在控制阀壳体上开有 L、R 两条油道，L 油道的一端与阀体的左侧环形油道相通，另一端与动力缸左腔相通；R 油道的一端与阀体的右侧环形油道相通，另一端与动力缸的右腔相通。

（2）转向控制阀的工作原理。

1）汽车直线行驶时。

当汽车直线行驶时，阀芯处于中间位置，如图 2-2-10 所示。来自转向油泵的工作液从转向器壳体的进油口（图 2-2-9 中的 B）流到阀体的中间环形油道中，经过其槽底的通孔进入阀体和阀芯之间，此时因阀芯处于中间位置，所以进入的油液分别通过阀体和阀芯纵槽和槽肩形成的两边相等的间隙，再通过阀芯的纵槽以及阀体的径向孔流向阀体外表面左、右环形油道，然后通过壳体中的两条油道分别流到动力缸的左、右腔中去。流入阀体内腔的油液在通过阀芯纵槽流向阀体左、右环形油道的同时，通过阀芯槽肩上的径向油孔流到转向螺杆和输入轴之间的空隙中，经阀体组件和调整螺塞之间的空隙流到回油口，经油管回到储液罐中去，形成了常流式油液循环。此时，左、右腔油压相等且很小，齿条—活塞既没有受到转向螺杆的轴向推力，也没有受到左、右腔因压力差造成的轴向推力。所以齿条—活塞处于中间位置，动力转向器不工作。

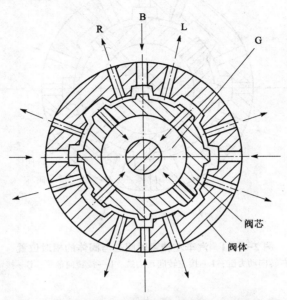

图 2-2-10　汽车直线行驶时阀芯与阀体的相对位置
R—接右转向动力缸；L—接左转向动力缸；B—接转向油泵；G—接储液罐

2) 汽车左转弯时。

当汽车需要转向时，如左转弯，如图 2-2-9 所示，转动转向盘，使短轴逆时针转动（从右向左看），通过其左端锁销带动阀芯同步转动，这个扭矩也通过具有弹性的扭杆传给轴盖，轴盖通过锁销带动阀体转动，阀体通过锁销，把转向力矩传给螺杆。由于转向阻力的存在，要有足够的转向力矩才能使转向螺杆转动。这个转矩促使扭杆发生弹性扭转，造成阀体的转动角度小于阀芯的转动角度，两者产生相对角位移，如图 2-2-11 所示。通右动力腔的进油缝隙减小或封闭，回油缝隙增大，油压降低；通左动力腔的进油缝隙增大而回油缝隙减小或关闭，油压升高，左、右动力腔产生油压差，齿条—活塞便在左、右动力腔油压差的作用下移动，产生助力作用。此时，来自转向油泵的压力流向动力缸左腔，动力缸右腔的油则流向阀芯和短轴之间的径向间隙中，最终流回储液罐。

3) 汽车右转弯时。

汽车右转弯时其工作过程与左转弯时基本相似，如图 2-2-12 所示。不同的是由于转向方向相反，造成阀体和阀芯的角位移相反，齿条—活塞右腔油压升高而左腔油压降低，产生右转向助力。

4) 转向盘处于某一转向角度时。

当转向盘停在某一位置不再继续转动时，液压力会推动齿条—活塞继续移动，促使转向螺杆继续转动，阀体随转向螺杆沿转向盘转动方向旋转一个角度，使其与阀芯的相对角位移量减小，左、右动力腔油压差减小，但仍有一定的助力作用。此时的助力转矩与车轮的回正力矩相平衡，使车轮维持在某一转向位置上。

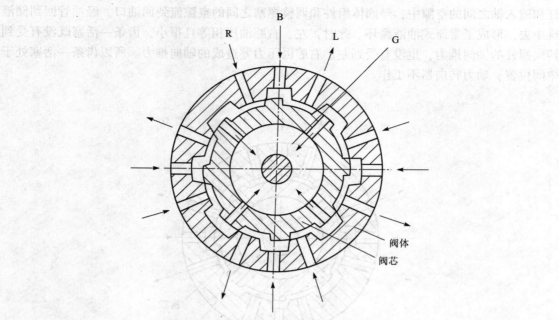

图 2-2-11 汽车左转弯时阀芯与阀体的相对位置
R—接右转向动力缸；L—接左转向动力缸；B—接转向油泵；G—接储液罐

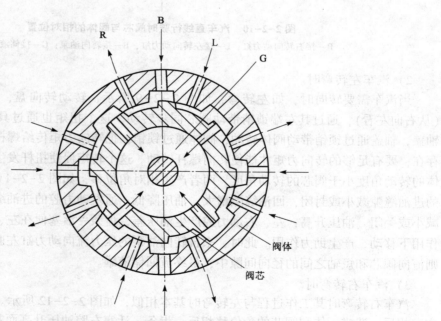

图 2-2-12 汽车右转弯时阀芯与阀体的相对位置
R—接右转向动力缸；L—接左转向动力缸；B—接转向油泵；G—接储液罐

5）助力装置的随动作用。

随动作用是指转向盘大转大助，小转小助，不转不助，停车维持。在转向过程中，若转向盘转动加快，弹性扭杆的扭转速度也加快。阀体和阀芯相对错开，角位移量也迅速增大，左、右动力腔的油压差也相应增大，前轮偏转速度加快。可见，转向盘转动，前轮随之转动，转向盘转动快，前轮偏转快，转向盘停转，前轮就停止偏转，即处于平衡状态。

6）转向后的回正。

转向后需回正时，如果驾驶员放松转向盘，阀芯回到中间位置，失去了助力作用，此时转向轮在回正力矩的作用下自动回位；若驾驶员同时回转转向盘时，转向助力器助力，帮助车轮回正。

当汽车直线行驶遇到外界干扰力使转向轮发生偏转时，阻力矩通过转向传动机构、转向螺杆、转向螺杆与阀体的锁销作用在阀体上，使之与阀芯之间产生相对角位移，这样使动力缸左、右腔产生油压差，助力作用恰好与转向轮偏转方向相反，从而使转向轮迅速回正，保证了汽车直线行驶时的稳定性。

当转向助力装置失效时，该动力转向器即变成机械转向器。此时转动转向盘，带动短轴一起转动，短轴左端凸缘盘边缘有弧形缺口（如图2-2-9所示），转过一定角度后，通过螺杆右端凸缘盘的凸块带动螺杆旋转，以保证汽车转向。助力装置失效时，转向盘的自由行程明显加大，转向会比较沉重，应及时修理。

二、液压动力转向系统的基本检查及维护

（一）转向盘的检查

1. 转向盘松动和摆动的检查

用两手握住转向盘，轴向地、垂直地或者向两侧晃动转向盘，检查其是否松动或者摆动，如图2-2-13所示。

2. 转向盘锁止功能的检查

转动点火开关到"ACC"位置，转向盘应能自由转动。如果将点火开关转动到"LOCK"位置，此时转向盘应该锁止不能转动。

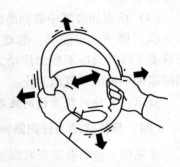

图2-2-13 转向盘松动和摆动检查

转向盘自由行程与转向阻力的检查方法在本项目任务一中已讲述，不再重复。

（二）储液罐液面高度的检查

储液罐是用来储存、过滤、冷却动力转向液的，其表面有标识用来表示对液面高度的要求。如果液面高度太低，容易使动力转向系统渗入空气，造成汽车转向操作不稳定，忽轻忽重，有时还伴有噪声。检查方法和步骤如下：

（1）将车辆停放在平坦的路面上，使前轮处于直行位置。

（2）起动发动机，使发动机怠速运转大约2 min，左、右转动转向盘数次，以便使油温上升到40 ℃～80 ℃，然后将转向盘回到中间位置，关闭发动机。

（3）观察储液罐的液面高度，此时液面应处于"Max"（上限）与"Min"（下限）之间，液面低于下限时，应加至上限，即"Max"位置，如图2-2-14所示。

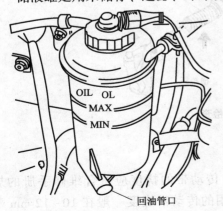

图2-2-14 储液罐液面高度的检查

(4) 检查发动机运行和停止时的液位偏差是否在 5 mm 以内。同时检查液体是否起泡或者乳化。

(三) 动力转向液的更换

1. 动力转向液的排放

(1) 用举升机将汽车举起。

(2) 拧下储液罐的盖子，拆下转向油泵回液管，然后将动力转向液排放到相应的容器中。

(3) 在放出动力转向液的过程中，发动机保持怠速运转，同时，左右转动转向盘。

动力转向液的更换

2. 加注动力转向液与排放空气

(1) 向储液罐内加注符合规定的动力转向液。

(2) 关闭发动机，用举升架举起汽车，连续从左到右转动转向盘若干次，将转向系统中多余空气排出。

(3) 检查储液罐中液面高度，视需要加至"Max"标记处。

(4) 降下汽车前部，起动发动机怠速运转，连续转动转向盘，注意液面高度的变化，当液面下降时就应不断加注动力转向液，直到液面停留在"Max"处，并在转动转向盘后，储液罐中不再出现气泡为止。

提示：更换的动力转向液应集中处理，不可随便丢弃，以免污染环境。

(四) 整体式动力转向器密封性检查

首先检查转向器是否有润滑脂或者润滑油渗漏发生。然后转动轮胎使转向盘向左和向右转，检查齿条护套是否有裂纹或者破损，如图 2-2-15 所示。

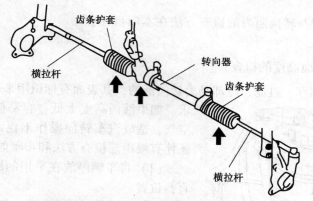

图 2-2-15 转向器的检查

(五) 转向油泵传动带张紧力的检查调整

用 98N 左右的压力在传动带中部按下传动带，传动带的挠度应符合维修手册的规定。一般新更换传动带的挠度为 7~9 mm，正在使用的传动带挠度一般在 10~12 mm 范围内。

（六）动力转向系统油压检查

动力转向系统的油压，可以表征转向油泵和流量控制阀的技术状况。为了检查系统油压，在检查储液罐液位之前，应在系统内装入油压测试仪，如图2-2-16所示，油压测试仪由油压表和截止阀并联而成。

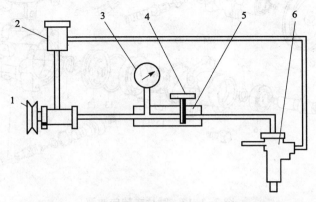

图2-2-16 应用油压测试仪检查动力转向系统的压力
1—转向油泵；2—储液罐；3—油压表；4—截止阀；5—油压测试仪；6—动力转向器

（1）将油压测试仪串联在动力转向器的进油管道上。
（2）转动转向盘，使转向车轮向右转至极限位置。
（3）起动发动机，使其转速稳定在1 500~1 600 r/min。
（4）关闭截止阀，油压表指示压力应符合原厂规定（一般不低于7 MPa）。

注意：截止阀关闭时间不宜超过10 s，以免对转向油泵造成不良影响。

三、转向油泵的检查与调整

1. 叶片式转向油泵的拆卸

汽车的动力转向系统所用的转向油泵多为叶片式油泵，这种油泵具有结构紧凑、质量轻、性能稳定、转速范围大、效率高、可靠耐用、维修方便等特点。叶片式转向油泵俗称刮片泵，主要部件包括壳体、转子、叶片、凸轮环、流量控制阀和储液罐等，如图2-2-17所示。

（1）将泵内动力转向液排放干净后，从发动机上拆下转向油泵。
（2）拆散转向油泵时应使用锉子在前、后壳体结合面处打上装配记号后，再拆开壳体。
（3）拆缸过程中，务必使叶片不要脱开转子。
（4）拆下卡环和油封时应使用专用工具。
（5）拆下转子时，必须打上包括转子旋转方向的安装记号，皮带盘也应打上安装记号，然后，才能拆下皮带盘及转子轴。

2. 叶片式转向油泵的检修

（1）更换油封和橡胶类密封圈。
（2）叶片与转子上的滑槽表面应无划痕、烧灼以及疲劳磨损；其配合间隙一般不大于0.035 mm；叶片磨损后的高度与厚度不得小于原厂规定的使用限度，否则更换叶片或总成。

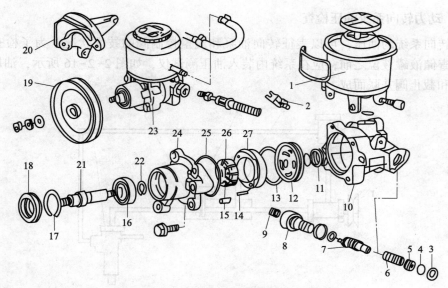

图 2-2-17 叶片式转向油泵

1—储液罐；2—通风阀；3—卡环；4、13、25—密封圈；5—弹簧座；6—弹簧；7—流量控制阀；8—阀座；9—接头座；10—后壳体；11—弹簧；12—后板；14—直销；15—叶片；16—轴承；17—锁环；18—油封；19—带盘；20—支架；21—转子轴；22—卡环；23—泵；24—前壳；26—转子；27—凸轮环

（3）转子轴径向配合间隙为 0.03~0.05 mm，如果间隙过大，应视情况更换轴承。

（4）转子与凸轮环的配合间隙约 0.06 mm。工作面上应光滑，无疲劳磨损和划痕等缺陷。转子与凸轮环一般为非互换性配合，若间隙过大，通常更换总成。

（5）皮带轮有缺陷或其他原因而丧失平衡性能之后，应更换。

（6）流量控制阀弹簧的弹力或自由长度应符合原厂规定；并应检修流量控制阀球阀的密封性。检验时，先堵塞进液孔，然后从旁通孔通入 0.39~0.49 MPa 的压缩空气，其出孔处不得漏气。否则，更换流量控制阀。

3. 叶片式转向油泵的装配

转向油泵所附的流量控制阀在装配时，必须保持严格清洁；不得因装配工作而损伤叶片、转子、凸轮环等精密零件的工作面；零件的装配标记和平衡标记相对应且位置正确；要求密封严格的结合面及其他密封部位，必须在衬垫上涂抹密封胶。

转向油泵装配后应进行部件性能试验，即功率—流量试验，试验规范应符合原厂规定。无部件性能试验条件时，必须进行动力转向系统性能的试验。

四、整体式动力转向器的拆装检修

（一）齿轮齿条整体式动力转向器的检修

以捷达轿车为例介绍齿轮齿条整体式动力转向器的拆装检修。

1. 转向横拉杆与转向节的拆卸（如图 2-2-18 所示）

（1）举升汽车。

（2）拆下两个前轮。

(3) 测量并记录左右转向横拉杆球头销之间的距离。

(4) 从转向节上旋下转向横拉杆球头销螺母，用专用工具从转向节上顶出转向横拉杆球头销，然后从转向节上取下转向横拉杆。

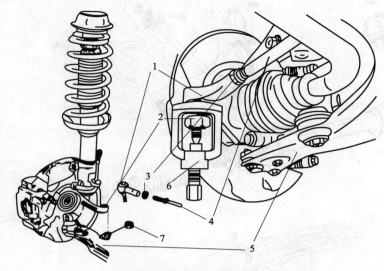

图 2-2-18　转向横拉杆与转向节的拆卸

1—转向横拉杆球头销；2—转向节；3—锁紧螺母；4—转向横拉杆；5—控制臂；6—专用工具；7—螺母

2. 动力转向器的拆卸

动力转向器的拆卸如图 2-2-19 所示。

（1）拆下万向节防尘罩。

（2）拧下转向万向节上的紧固螺栓和螺母。

（3）从转向器上拆下转向万向节。

（4）拆下防尘套夹箍后，拆下转向器两侧的转向横拉杆防尘套。

（5）旋下防松螺母，从转向器上取下转向横拉杆。

（6）旋下螺母。

（7）拧下副车架上的螺栓。

（8）取下转向器固定卡箍。

（9）从后端取出转向器。

（10）从转向器上取下转向器橡胶座。

3. 动力转向器的分解

动力转向器的分解如图 2-2-20 所示。分解步骤如下：

（1）拆下卡箍、夹箍，退出防尘套。

（2）旋下转向横拉杆内螺母，拆下转向横拉杆。

（3）拆下油管，旋下锁紧螺母，旋下调整螺钉，取出弹簧、垫圈、弹簧座及顶块。

（4）在齿条上做上中间位置标记后，旋下端盖，取下齿条油封、齿条组件、齿条油封和中央轴套。其中，齿条油封和中央轴套的拆卸需使用加长杆工具。齿条油封为一次性使用件，需更换新件。

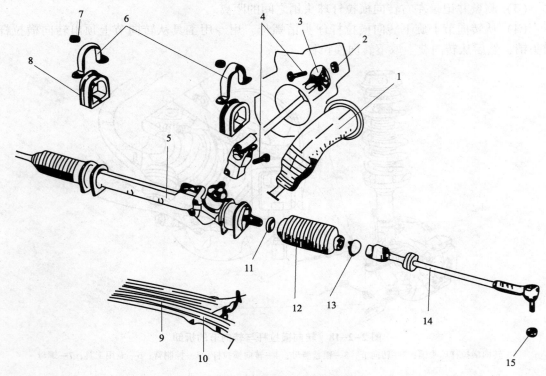

图 2-2-19　动力转向器的拆卸

1—万向节防尘罩；2—螺母；3—转向万向节；4—螺栓；5—转向器；6—转向器固定卡箍；7—螺母；
8—转向器橡胶座；9—副车架；10—螺栓；11—防松螺母；12—转向横拉杆防尘套；
13—防尘套夹箍；14—转向横拉杆；15—螺母

（5）旋下螺栓，在小齿轮上用冲头做出中间位置标记后，取下上盖组件、转阀与小齿轮组件、O形圈、垫圈及油封，其中O形圈和油封为一次性使用件，需更换新件。

（6）用专用工具拆下齿条密封环。齿条密封环的拆卸如图2-2-21所示，用热风机将齿条密封环加热至40℃后拆下，不要损坏齿条表面。

4. 动力转向器的检修

（1）检查转向器壳体是否出现裂纹，如果发现裂纹，则更换新件。

（2）检查阀体和阀芯上是否出现裂纹，有无明显的磨损，如有则更换新件。

（3）检查阀芯相对于阀体是否能转动自如，有无卡滞现象，如有则更换新件。

（4）检查齿条表面是否有划痕等损伤，如有则更换新件。

（5）检查齿条上的工作齿是否有损伤，如有损伤，应更换新件。

（6）检查转向横拉杆内球头销是否松旷，如松旷，应更换新件。

5. 动力转向器的组装

（1）安装齿条密封环。用热风机将齿条密封环加热至40℃后装到齿条上，使用专用工具，从齿条端压入到位。

（2）安装齿条油封和中央轴套。如图2-2-22所示，为保护齿条油封，在油封内放入塑料薄套，将装有内侧齿条油封及中央轴套的齿条装入动力转向器壳，然后再取出塑料薄套。

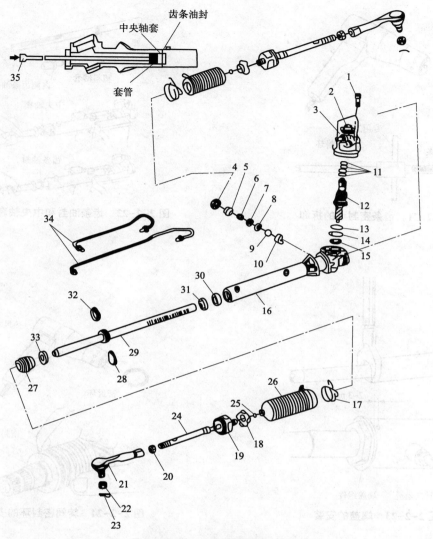

图 2-2-20 动力转向器的分解

1—螺栓；2—上盖；3—上盖组件；4—锁母；5—调整螺钉；6—弹簧；7、8—垫圈；9—弹簧座；10—顶块；11—密封环；12—转阀与小齿轮组件；13、28—O形圈；14—垫圈；15—油封；16—转向器壳；17—卡箍；18—锁片；19—转向横拉杆内螺母；20—锁紧螺母；21—转向横拉杆球头销；22—螺母；23—开口销；24—转向横拉杆；25—夹箍；26—防尘套；27—端盖；29—齿条组件；30—中央轴套；31—齿条油封；32—齿条密封环；33—齿条油封；34—油管；35—加长杆工具

(3) 安装端盖。如图 2-2-23 所示，在端盖上安装完外侧齿条油封后，旋到转向器壳上（力矩 59~74 N·m）。然后将齿条置于中间位置上。

(4) 安装转阀密封环。如图 2-2-24 所示，用热风机将密封环升温至 40℃，正确地装到转阀的环形槽内。

(5) 安装转阀及小齿轮组件。如图 2-2-25 所示，将转阀及小齿轮组件装入转向器壳的滚针轴承及球轴承上，再涂上多用途润滑脂后，装上油封和上盖，旋上固定螺栓（力矩 16~21 N·m）。最后让小齿轮组件处于中间位置上。

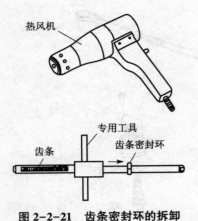

图 2-2-21 齿条密封环的拆卸

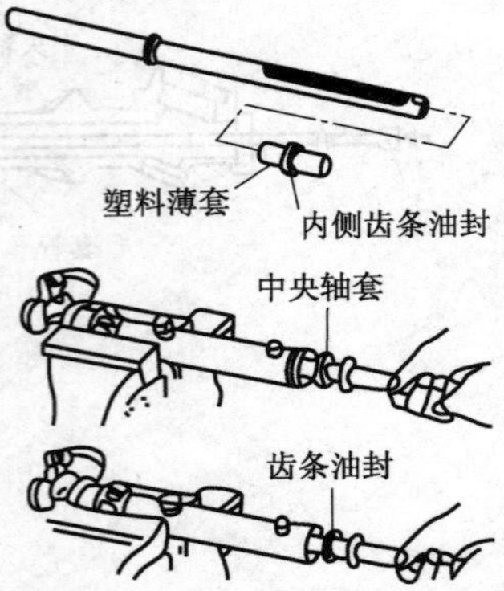

图 2-2-22 齿条油封和中央轴套的安装

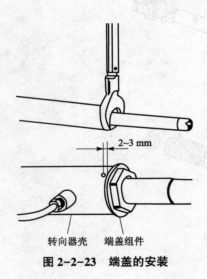

图 2-2-23 端盖的安装

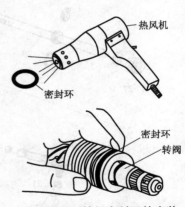

图 2-2-24 转阀密封环的安装

图 2-2-25 转阀及小齿轮组件的安装

1—转向器壳；2—齿条；3—滚针轴承；4—转阀及小齿轮组件；5—球轴承；6—上盖；7—油封；8—螺栓

（6）安装转向横拉杆与防尘套。如图 2-2-26 所示，在齿条的端部装上锁片，再在转向横拉杆螺纹上涂上密封胶，再旋上转向横拉杆内球头销（力矩 78~98 N·m），在齿条的槽口弯曲锁片。再将防尘套套在转向器壳与转向横拉杆上。

注意：应先在防尘套与横拉杆的接触面上涂上润滑脂。

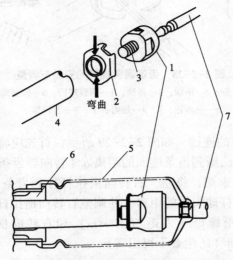

图 2-2-26　转向横拉杆与防尘套的安装

1—转向横拉杆内球头销；2—锁片；3—转向横拉杆螺纹；4—齿条；5—防尘套；6—转向器壳；7—转向横拉杆

（7）安装防尘套夹箍。如图 2-2-27 所示，将夹箍在防尘套的槽里绕两圈，用螺丝刀以 98 N 的力拉紧夹箍两端的环，并拧紧 4~4.5 圈，再弯曲夹箍的头部，使其朝向汽车的后部。

（8）齿条调整螺钉的安装与调整。如图 2-2-28 所示，在齿条置于中间位置后，在它的后侧装上顶块、弹簧，在调整螺钉表面涂上密封胶后旋入，一面旋紧调整螺钉，一面来回移动齿条，一面从小齿轮处用扭力扳手测量转动力矩。在小齿轮从中间位置到两边 180°范围内，在测得最大的转动力矩处停下齿条，用扭力扳手在该处将调整螺钉 4 旋至力矩 4.9~5.9 N·m，同时用开口扳手旋紧锁紧螺母，再次检查小齿轮的转动力矩（在 180°内），应在 0.8~1.3 N·m，否则应重新调整。

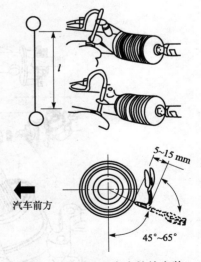

图 2-2-27　防尘套夹箍的安装

6. 动力转向器的安装（参照图 2-2-19）

（1）在转向器上装上转向器橡胶座，然后装到副车架上，再装上转向器固定卡箍，旋上螺栓和螺母（力矩 30 N·m）。

（2）在转向器的转向齿轮上装上转向万向节，旋上螺栓和螺母（力矩 30 N·m）。

（3）装上万向节防尘罩，注意万向节防尘罩上的安装标记的中央必须与横隔板的缺口中央对齐。

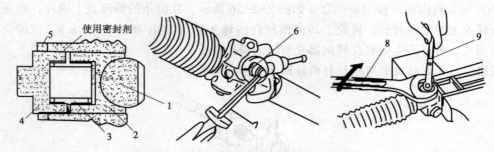

图 2-2-28　齿条调整螺钉的安装与调整

1—齿条；2—顶块；3—弹簧；4—调整螺钉；5—锁紧螺母；
6—小齿轮；7、9—扭力扳手；8—开口扳手

（4）转向横拉杆与齿条的连接。如图 2-2-29 所示，首先应将转向器转向齿轮调到中间位置，此时测量转向器壳体凸缘到齿条端面的距离 a（转向器齿条的左右伸出长度应相等），然后将防松螺母拧到齿条的末端，将左、右转向横拉杆拧到齿条上，使 $b=70.5$ mm，测量转向器壳体凸缘到转向横拉杆球头销的距离，并调整右转向横拉杆，使两球头销的距离达到拆卸前的状况后，旋紧防松螺母（力矩 50 N·m）和右转向横拉杆的锁紧螺母（力矩 50 N·m），最后装上防尘套（防尘套不得扭转）。

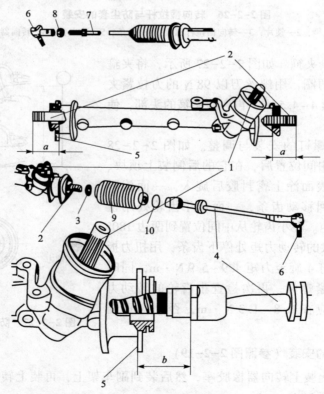

图 2-2-29　转向横拉杆与齿条的连接

1—转向齿轮；2—齿条；3—防松螺母；4—左转向横拉杆；5—转向器壳体凸缘；6—转向横拉杆球头销；
7—右转向横拉杆；8—锁紧螺母；9—转向横拉杆防尘套；10—防尘套夹箍

(5) 转向横拉杆与转向节的连接。参照图2-2-18，在转向节上装上转向横拉杆球头销，旋上螺母（力矩35 N·m），调整好前束后锁紧防尘套夹箍。

(二) 循环球整体式动力转向器的拆装检修

以北京切诺基汽车为例，介绍循环球整体式动力转向器的拆装检修。

1. 动力转向器的拆卸

（1）举升汽车。

（2）拆下两个前轮。

（3）放掉动力转向液。

（4）将动力转向器从车上拆下。

2. 动力转向器的分解

（1）拆卸摇臂轴。将摇臂轴上的扇形齿位于中间位置，先拆下摇臂轴油封；接着拆下侧盖固定螺栓，将摇臂轴压出约20 mm；然后给摇臂轴支承轴颈端套上约0.1 mm厚的塑料筒，用手抓住侧盖抽出摇臂轴，同时用另一只手从另一端压入塑料筒，防止轴承滚棒散落到壳体内，引起拆卸不便。若是滑动轴承（衬套），就不需加塑料筒了。

（2）拆前端盖。用冲头冲击前端盖的弹簧挡圈，然后逆时针转动控制阀阀芯的枢轴，取下前端盖。

（3）拆卸转向齿条活塞。把有外花键的专用芯轴从前端插入转向齿条活塞的中心孔直至顶住转向螺杆的端部。然后逆时针转动控制阀阀芯枢轴，将专用芯轴、齿条活塞、钢球作为一个组件整体取出。

（4）拆卸调整螺塞。应先在螺塞和壳体上标示对位标记，以便装配时易于保证滑阀的轴向间隙。然后用专用扳手插入螺塞端面上的拆卸孔内，拆下调整螺塞，拆下时应防止损坏调整螺塞。

（5）拆卸阀体。阀芯与阀体都是精密零件，并且经过严格的平衡，在拆卸中不得擦碰，以防止损伤零件配合表面，拆下应合理地摆放在清洁处。

（6）拆下所有的橡胶类密封元件。

3. 动力转向器的检修

（1）阀体和阀芯的定位孔出现裂纹、明显的磨损，滑阀在阀体内发卡，应更换阀体组件。

（2）输入轴配合表面不得有明显的磨痕、划伤和毛刺，否则，应更换。

（3）修理时，必须更换所有的橡胶类密封元件。

（4）壳体上的球堵、堵盖之类的密封件不得有渗漏现象。

4. 动力转向器的组装（如图2-2-30所示）

（1）装配前，应将各零件清洗干净，并用压缩空气吹干，不得用其他织物擦拭。

（2）组装转向螺杆、齿条活塞组件。

①将转向螺杆装入齿条活塞中，然后将黑色间隔钢球和白色承载钢球相间从齿条活塞背上的两个钢球导孔装入滚道。

②把钢球装满钢球导管，再将导管插入导孔，按规定转矩用导管固定夹固定好导管。

③将专用芯轴从齿条活塞前端装入齿条活塞，直至顶住转向螺杆。

(3) 安装阀体与螺杆，阀体上的凹槽与螺杆的定位销必须对准。

(4) 安装阀芯、输入轴总成，并装好推力轴承及所有的橡胶密封圈和聚四氟乙烯密封圈。

(5) 把阀体推入转向器壳体中，把专用芯轴与齿条活塞一并装入壳体，待与螺杆啮合后，顺时针转动输入轴总成，将齿条活塞拉入壳体后，再取出专用芯轴。

(6) 安装调整螺塞，并调整好调整螺塞的预紧度。

(7) 安装摇臂轴组件，注意对正安装记号和按规定力矩紧固侧盖，并注意用适当厚度的垫片调整"T"形销与销槽之间的间隙，达到控制摇臂轴轴向窜动量的目的。

(8) 调整摇臂轴扇形齿与齿条活塞的啮合间隙，输入轴的转动力矩应符合原厂规定。

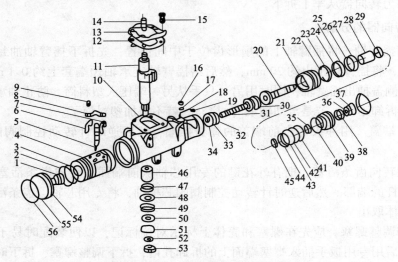

图 2-2-30 循环球式动力转向器

1—活塞端堵头；2—聚四氟乙烯密封环；3—O形密封环；4—齿条活塞；5—钢球；6—钢球导管（半边）；7—钢球导管（另半边）；8—导管固定夹；9—导管固定夹螺栓；10—转向器壳体；11—摇臂轴；12—侧盖衬垫；13—侧盖；14—锁紧螺母；15—螺栓；16、19—软管接头座；17—单向阀；18—弹簧；20—输入轴总成；21—阀体；22、24、26—密封圈；23、25、27—聚四氟乙烯密封圈；28—阀芯；29、30、40、54—O形密封圈；31—转向螺杆；32—锥形推力轴承座圈；33、42—推力轴承；34—轴承座圈；35—滚针轴承；36—防尘密封圈；37、51、56—卡环；38—油封；39—调整螺塞；41—大止推挡圈；43—小推力轴承；44—隔圈；45—卡圈；46—滚针轴承；47、49—单唇油封；48、50—支承挡圈；52—垫片；53—螺母；55—壳体前端盖

【任务实施】

一、任务实施准备

(1) 理实一体化多媒体实训场所。

(2) 实训车辆、车轮挡块。

(3) 举升机。

(4) 拆装工作台。

(5) 整体式动力转向器，包括齿轮齿条式转向器、循环球式转向器。

(6) 压缩空气源。

(7) 工量具：通用 54 件组合扳手、钢板尺、直尺、游标卡尺、一字螺丝刀、胎压表、弹簧秤、米尺、秒表等。

(8) 备品：工作服、工作鞋、手套、座椅套、转向盘套、变速杆套、脚垫、翼子板布、前盖板布、抹布等；螺栓、螺母、垫片、密封圈等各种易损件；润滑油、润滑脂、动力转向液，透明软管、容器等。

(9) 废物收纳箱等。

(10) 车辆维修手册。

(11) 实训工单。

二、任务实施步骤

(1) 组织学生对基本知识进行学习。

(2) 学生分组。

(3) 以小组为单位，讨论制订液压动力转向系统检修工作计划。

(4) 各小组汇报工作计划，教师组织点评，进行可行性分析。

(5) 组织学生按工作计划进行液压动力转向系统检修实操训练，教师巡视、予以指导，同时依据考核工单对学生操作规范性进行考核。

(6) 组织学生查询该车的检测标准，参照检测标准对检查结果进行分析，按要求填写实训工单。

(7) 教师接收学生完成的实训工单。

(8) 实训总结，包括学生自我反思与教师答疑、点评、总结等。

实训工单

学生姓名：_____ 班级_____ 实训日期_____

序号	检查项目	检查结果
1	车辆品牌	
2	VIN 码	
3	转向系统类型	
4	转向器类型	
5	轮胎气压	
6	轮胎磨损情况	
7	转向盘是否松动或摆动	
8	转向盘锁止功能	
9	储液罐液面高度检查	
10	动力转向器密封性检查	
11	转向油泵皮带张紧度检查	
12	转向系统油压检查	
13	转向油泵检查	
14	齿轮齿条式动力转向器检查	
15	循环球式动力转向器检查	
实训总结	实训结论	实训收获与反思

考核工单

学生姓名：　　　　　考核项目：　　　　　考核成绩：

序号	项目	分值	扣分标准	得分
1	实训准备工作	5	每缺少1项扣1分	
2	工量具正确使用	5	每错误1次扣1分	
3	设备正确使用	5	每错误1次扣1分	
4	维修手册的正确使用	5	每错误1次扣1分	
5	操作规范性	60	每错误1次扣1分	
6	测量准确性	5	每错误1次扣1分	
7	实训工单填写	5	未填写扣5分	
8	车辆保护	5	每缺少1项1分	
9	5S	5	每缺少1项扣2分	
10	是否出现危险行为		出现人身危险总成绩0分； 出现车辆危险扣20分； 出现工具设备危险扣10分	
	合计	100		
	教师评语			

考核教师：

　　　　年　　月　　日

任务三　电控动力转向系统检修

1. 了解电控动力转向系统特点及类型。
2. 掌握液压式电控动力转向系统的结构及工作原理。
3. 掌握电动式电控动力转向系统的结构及工作原理。
4. 掌握电动式电控动力转向系统检修注意事项及检修方法。

1. 能够收集和整理相关资料。
2. 能够向客户介绍电控动力转向系统的特点及相关知识。
3. 能够对电控动力转向系统进行基本检查。
4. 能够引导客户树立安全意识。

和我们传统的液压动力转向不同，听说电控动力转向系统的转向在怠速时非常轻便，夸张点儿说，用一个小手指就能进行转向，而在高速时手感又特别好，转向随着车速升高而变重。这么神奇的转向系统，是如何实现按需控制动力的呢？我们一起来学习一下吧。

【基本知识】

电子控制动力转向系统（Electronic Control Power Steering，EPS），简称电控动力转向系统，根据动力源不同可分为液压式电控动力转向系统（液压式 EPS）和电动式电控动力转向系统（电动式 EPS）。液压式 EPS 是在传统的液压动力转向系统的基础上增设了控制液体流量的电磁阀、车速传感器和电子控制单元等，电子控制单元根据检测到的车速信号控制电磁阀，使转向动力放大倍率实现连续可调，从而满足高、低速时的转向助力要求。电动式 EPS 是利用直流电动机作为动力源，电子控制单元根据转向参数和车速等信号，控制电动机扭矩的大小和方向。电动机的扭矩由电磁离合器通过减速机构减速增扭后，加在汽车的转向机构上，使之得到一个与工况相适应的转向作用力。通过电控动力转向系统，可使驾驶员在汽车低速行驶时操纵转向轻便、灵活，而在中、高速行驶时又可以增加转向操纵力，使驾驶员的手感增强，从而可获得良好的转向路感和提高转向操纵的稳定。

一、液压式电控动力转向系统

液压式电控动力转向系统是在传统的液压动力转向系统的基础上增设电子控制装置而构成的。根据控制方式的不同，液压式电控动力转向系统又可分为流量控制式、反力控制式和阀灵敏度控制式。

(一) 流量控制式 EPS

这是一种根据车速传感器信号调解动力转向装置供应的压力油液,改变油液的输入输出流量,以控制转向力的方法。优点是,在原来动力转向功能上再增加压力油液流量控制功能即可,可以降低价格,简化结构。缺点是,当流向动力转向机构的压力油液降低到极限值时,将改变转向控制部分的刚度,使其下降到接近普通转向刚性,这样,在低供给油量区域内,对于快速转向会产生压力油量不足,降低了适应性。

图 2-3-1 所示为流量控制式电控动力转向系统的结构及原理。它的特点是在一般液压动力转向系统上再增加旁通流量控制阀、车速传感器、转向角速度传感器、电子控制单元和控制开关等。在转向液压泵与转向机体之间设有旁通管路,在旁通管路中又设有旁通流量控制阀。根据车速传感器、转向角速度传感器和控制开关等信号,电子控制单元向旁通流量控制阀按照汽车的行驶状态发出控制信号,控制旁通流量,从而调整向转向器供油的流量。

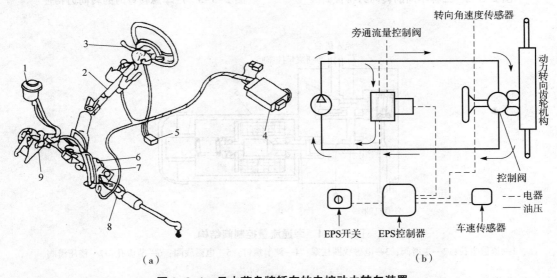

图 2-3-1　日本蓝鸟牌轿车的电控动力转向装置
(a) 结构; (b) 系统原理
1—储液罐; 2—转向柱; 3—转向角速度传感器; 4—EPS 控制器; 5—转向角速度传感器连接器;
6—旁通流量控制阀; 7—EPS 控制线圈; 8—转向传动机构; 9—机油泵

当转向器供油流量减少时,动力转向控制阀灵敏度下降,转向助力作用降低,转向力增加。在这一系统中,利用仪表板上的转换开关,驾驶员可以选择三种适应不同行驶条件的转向力特性曲线,如图 2-3-2 所示。另外,电子控制单元还可根据转向角速度传感器输出信号的大小,在汽车急转弯时,按照图 2-3-3 所示的转向力特性实施最优控制。

图 2-3-4 所示为该系统旁通流量控制阀的结构。在阀体内装有主滑阀和稳压滑阀,在主滑阀的右端与电磁线圈柱塞连接,主滑阀与电磁线圈的推力成正比移动,从而改变主滑阀左端流量主孔的开口面积。调整调节螺钉可以调节旁通流量的大小。稳压滑阀的作用是保持流量主孔前后压差的稳定,以使旁通流量与流量主孔的开口面积成正比。当因转向负荷变化而使流量主孔前后压差偏离设定值时,稳压滑阀阀芯将在其左侧弹簧张力和右侧高压油压力

的作用下发生滑移。如果压差大于设定值，则阀芯左移，使节流孔开口面积减小，流入到阀内的液压油量减少，前后压差减小；如果压差小于设定值，则阀芯右移，使节流孔开口面积增大，流入到阀内的液压油量增多，前后压差增大。流量主孔前后压差的稳定，保证了旁通流量的大小只与主滑阀控制的流量主孔的开口面积有关。

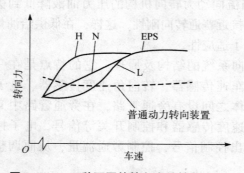
图 2-3-2 三种不同的转向力特性曲线

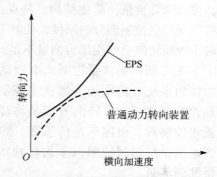
图 2-3-3 汽车急转弯时的转向力特性

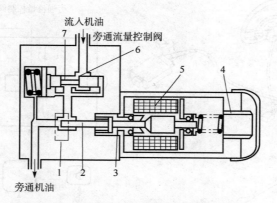
图 2-3-4 旁通流量控制阀结构
1—流量主孔；2—主滑阀；3—电磁线圈柱塞；4—调节螺钉；5—电磁线圈；6—节流孔；7—稳压滑阀

当控制单元、传感器、开关等电气系统发生故障时，安全保险装置能够确保与一般动力转向装置的功能相同。

（二）反力控制式 EPS

反力控制式电控动力转向系统是一种根据车速大小，控制反力室油压，从而改变输入、输出增益幅度以控制转向力。其优点表现在，具有较大的选择转向力的自由度，转向刚度大，驾驶员能感受到路面情况，可以获得稳定的操作手感等。其缺点是结构复杂，且价格较高。

反力控制式动力转向系统的组成与工作原理如图 2-3-5 所示。该系统主要由转向控制阀、分流阀、电磁阀、转向动力缸、转向液压泵、储液罐、车速传感器及电子控制单元等组成。转向控制阀是在传统的整体转阀式动力转向控制阀的基础上增设了油压反力室而构成。扭力杆的上端通过销子与转阀阀杆相连，下端与小齿轮轴用销子连接。小齿轮轴的上端通过销子与控制阀阀体相连。转向时，转向盘上的转向力通过扭力杆传递给小齿轮轴。当转向力增大，扭力杆发生扭转变形时，控制阀体和转阀阀杆之间将发生相对转动，于是就改变了阀体和阀杆之间油道的通、断和工作油液的流动方向，从而实现转向助力作用。

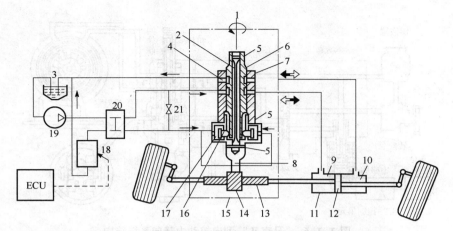

图 2-3-5 反力控制式动力转向系统的组成与工作原理

1—转向盘；2—扭杆；3—储液罐；4—接口；5—销钉；6—控制阀轴；7—回转阀；8—小齿轮轴；9—左室；
10—右室；11—动力缸；12—活塞；13—齿条；14—小齿轮；15—转向齿轮箱；16—柱塞；
17—油压反力室；18—电磁阀；19—油泵；20—分流阀；21—小节流孔

分流阀的作用是把来自转向液压泵的液压油向控制阀一侧和电磁阀一侧进行分流。按照车速和转向要求，改变控制阀一侧与电磁阀一侧的油压，确保电磁阀一侧具有稳定的液压油流量。固定小孔的作用是把供给转向控制阀的一部分流量分配到油压反力室一侧。

电磁阀的作用是根据需要，将油压反力室一侧的液压油流回储液罐。

电子控制单元（ECU）根据车速的高低线性控制电磁阀的开口面积。当车辆停驶或速度较低时，ECU使电磁线圈的通电电流增大，电磁阀开口面积增大，经分流阀分流的液压油，通过电磁阀重新回流到储液罐中，所以作用于柱塞的背压（油压反力室压力）降低。于是柱塞推动控制阀转阀阀杆的力（反力）较小，因此只需要较小的转向力就可使扭力杆扭转变形，使阀体与阀杆产生相对转动而实现转向助力作用。

当车辆在中、高速区域转向时，ECU使电磁线圈的通电电流减小，电磁阀开口面积减小，所以油压反力室的油压升高，作用于柱塞的背压增大，于是柱塞推动转阀阀杆的力增大，此时需要较大的转向力才能使阀体与阀杆相对转动（相当于增加了扭力杆的扭转刚度）而实现转向助力作用，所以在中、高速时可使驾驶员获得良好的转向手感和转向特性。

图 2-3-6 所示为丰田汽车公司"马克Ⅱ"型车用反力控制式动力转向系统结构。图 2-3-7 所示为转向控制阀（增设了反力油压控制阀和油压反力室）的结构。

图 2-3-8 所示为电磁阀的结构及其特性。输入到电磁阀中的信号是通、断脉冲信号，改变信号占空比（信号导通时间所占的比例），就可以控制流过电磁阀线圈平均电流值的大小。

（三）阀灵敏度控制式 EPS

阀灵敏度控制式电控转向系统是根据车速控制电磁阀，直接改变动力转向控制阀的油压增益（阀灵敏度）来控制油压的。这种转向系统结构简单、部件少、价格便宜，而且具有较大的选择转向力的自由度，与反力控制式转向相比，转向刚性差，但可以最大限度提高原来的弹性刚度来加以克服，从而获得自然的转向手感和良好的转向特性。图 2-3-9 所示为 89 型地平线牌轿车所采用的阀灵敏度可变控制式动力转向系统。该系统对转向控制阀的转子阀进行了局部改进，并增加了电磁阀、车速传感器和电子控制单元等。

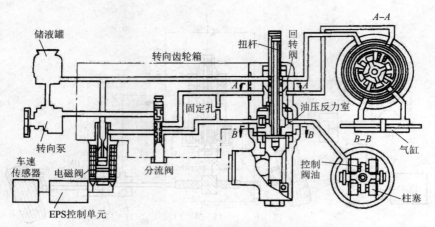

图 2-3-6 "马克Ⅱ"型电控动力转向系统结构

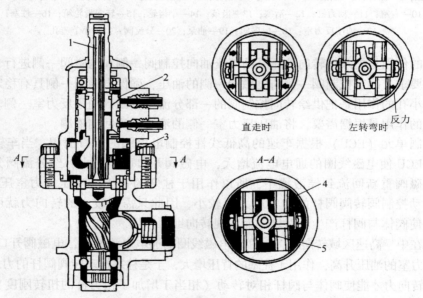

图 2-3-7 反力控制式动力转向控制阀结构
1—扭杆；2—回转阀；3—油压反力室；4—柱塞；5—控制阀轴

1. 转子阀

图 2-3-10 所示为实际的转子阀结构剖面。一般在圆周上形成 6 条或 8 条沟槽，各沟槽利用阀部外体，与泵、动力缸、电磁阀及储液罐连接。

图 2-3-11 (a) 所示为阀部的等效液压回路，转子阀的可变小孔分为低速专用小孔（1R、1L、2R、2L）和高速专用小孔（3R、3L）两种，在高速专用可变孔的下边设有旁通电磁阀回路。其工作过程如下：

当车辆停止时，电磁阀完全关闭，如果此时向右转动转向盘，则高灵敏度低速专用小孔 1R 及 2R 在较小的转向扭矩作用下即可关闭，转向液压泵的高压油液经 1L 流向转向动力缸右腔室，其左腔室的油液经 3L、2L 流回储液罐。所以此时具有轻便的转向特性。而且施加在转向盘上的转向力矩越大，可变小孔 1L、2L 的开口面积越大，节流作用就越小，转向助

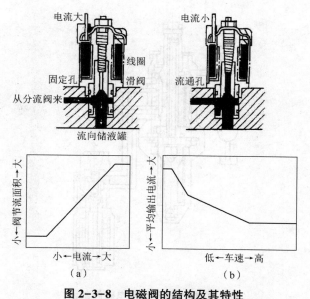

图 2-3-8 电磁阀的结构及其特性
(a) 阀节流面积随电流的变化;(b) 输出电流随车速的变化

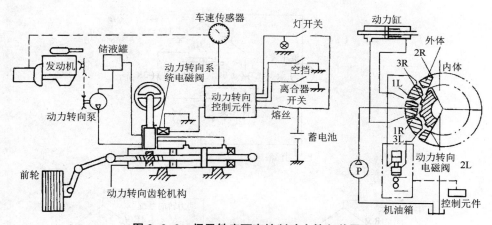

图 2-3-9 阀灵敏度可变控制动力转向装置

力作用越明显,如图 2-3-11(b)所示。

随着车辆行驶速度的提高,在电子控制单元的作用下,电磁阀的开度也线性增加,如果向右转动转向盘,则转向液压泵的高压油液经 1L、3R 旁通电磁阀流回储液罐。此时,转向动力缸右腔室的转向助力油压就取决于旁通电磁阀和灵敏度低的高速专用可变孔 3R 的开度。车速越高,在电子控制单元的控制下,电磁阀的开度越大,旁路流量越大,转向助力作用越小;在车速不变的情况下,施加在转向盘上的转向力越小,高速专用小孔 3R 的开度越大,转向助力作用也越小,当转向力增大时,3R 的开度逐渐减小,转向助力作用也随之增大。由此可见,阀灵敏度控制式动力转向系统可使驾驶员获得非常自然的转向手感和良好的速度转向特性,具有从低速到高速的过渡区间的多工况转向特性,如图 2-3-11(c)所示。由于电磁阀的作用,按照车速控制可变小孔的油量,因而可以按顺序改变特性。

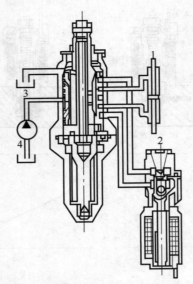

图 2-3-10　转子阀及电磁阀剖面
1—动力缸；2—电磁阀；3—储液罐；4—泵

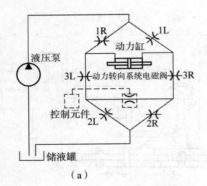

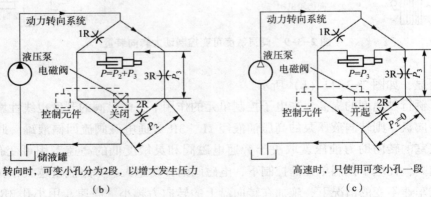

图 2-3-11　阀部的等效液压回路

2. 电磁阀

电磁阀结构如图 2-3-10 中部件 2，该阀设有接控制上下流量的旁通油道，是可变的节流阀。在低速时向电磁线圈通以最大的电流，使可变孔关闭，随着车速升高，依次减小通电电流，可变孔开启；在高速时，开启面积达到最大值。该阀在左右转向时，油液流动的方向可以逆转，所以在上下流动方向中，可变小孔必须具有相同的特性。为了确保高压时流体有效作用于阀，必须提供稳定的油压控制。

3. 电子控制单元

电子控制单元接收来自车速传感器的信号，控制向电磁阀和电磁线圈输出电流。图 2-3-12 所示为控制系统电路。

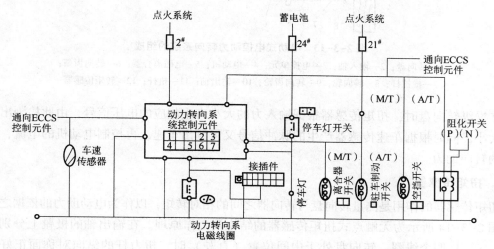

图 2-3-12 控制系统电路

二、电动式电控动力转向系统

电动转向系统组成及原理

电动式电控动力转向系统是一种直接依靠电机提供辅助扭矩的电动助力式转向系统。该系统仅需要控制电机电流的方向和幅值，不需要复杂的控制机构。另外，该系统由于利用微机控制，为转向系统提供了较高的自由度，同时还降低了成本，减小了质量。

电动式动力转向系统主要特点如下：

（1）电动机、减速机、转向柱和转向齿轮箱可以制成一个整体，管道、油泵等不需单独占据空间，易于装车。

（2）基本上只增加电动机和减速机，省去了液压管道等部件，使整个系统趋于小型轻量化。

（3）油泵仅在必要时用来使电动机运转，故可以节能。

（4）因为零件数目少，不需要加油和抽空气，所以在生产线上的装配性好。由此，从发展的角度看，电动式电控动力转向系统将成为标准件装备在汽车上。

（一）电动式电控动力转向系统的结构与工作原理

电动式电控动力转向系统基本上是由扭矩传感器、车速传感器、控制元件、电动机等组成的，如图 2-3-13 所示。

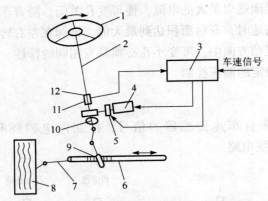

图 2-3-13 电动式电控动力转向系统的组成

1—转向盘；2—输入轴；3—电控单元；4—电动机；5—电磁离合器；6—转向齿条；
7—横拉杆；8—转向轮；9—转向齿轮；10—输出轴；11—扭杆；12—转矩传感器

在操纵转向盘时，扭矩传感器根据输入力的大小产生相应的电压信号，由此检测出操纵力的大小，同时根据车速传感器产生的脉冲信号又可测出车速，再控制电动机的电流，形成适当的转向助力。

1. 扭矩传感器

扭矩传感器的作用是测量转向盘与转向器之间的相对转矩，以作为电动助力的依据之一。

图 2-3-14 所示为无触点式扭矩传感器的结构及工作原理。在输出轴的极靴上分别绕有 A、B、C、D 四个线圈，转向盘处于中间位置（直驶）时，扭力杆的纵向对称面正好处于图示输出轴极靴 AC、BD 的对称面上。当在 U、T 两端加上连续的输入脉冲电压信号 U_i 时，由于通过每个极靴的磁通量相等，所以在 V、W 两端检测到的输出电压信号 $U_0 = 0$。转向时，由于扭力杆和输出轴极靴之间发生相对扭转变形，极靴 A、D 之间的磁阻增加，B、C 之间的磁阻减少，各个极靴的磁通量发生变化，于是在 V、W 之间就出现了电位差。其电位差与扭力杆的扭转角和输入电压 U_i 成正比。

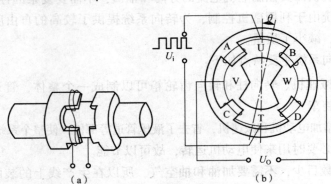

图 2-3-14 无触点式扭矩传感器

(a) 结构；(b) 工作原理

所以，通过测量 V、W 两端的电位差就可以测量出扭力杆的扭转角，于是也就知道转向盘施加的转矩。

图 2-3-15 所示为滑动可变电阻式扭矩传感器的结构。它是将负载力矩引起的扭力杆角位移转换为电位器电阻的变化，并经滑环传递出来作为转矩信号。

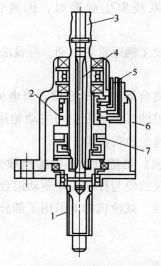

图 2-3-15　滑动可变电阻式扭矩传感器结构
1—小齿轮；2—滑环；3—轴；4—扭杆；5—输出端；6—外壳；7—电位器

2. 电动机、离合器、减速机

EPS 上所采用的电动机是在一般汽车用电动机基础上加以改进后得到的。为了改善操纵感、降低噪声和减少振动，有的电动机转子外圆表面开有斜槽，有的则改变定子磁铁的中心处或底部的厚度。电动机的特性如图 2-3-16 所示。

转向助力用直流电动机需要正反转控制，图 2-3-17 所示为一种比较简单适用的控制电路。a_1、a_2 为触发信号端。当 a_1 端得到输入信号时，晶体管 T_3 导通，T_2 得到基极电流而导通，电流经 T_2、电动机 M、T_3 搭铁而构成回路，于是电动机正转；当 a_2 端得到输入信号时，电流则经 T_1、电动机 M、T_4 搭铁而构成回路，电动机则因电流方向相反而反转。控制触发信号端电流的大小，就可以控制通过电动机电流的大小。

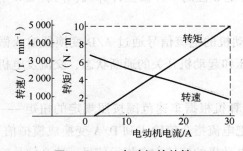

图 2-3-16　电动机的特性

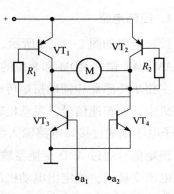

图 2-3-17　电动机正反转控制电路

电动机的工作范围限定在某一速度区域内，如果超过规定速度，则离合器使电动机停转，离合器分离，不再起传递动力的作用。在不加助力的情况下，离合器可以清除电动机惯性的影响。同时，在系统发生故障时，因离合器分离，可以恢复手动控制转向。

为了减少加与不加助力时驾驶车辆感觉的差别，可设法使离合器具有滞后输出特性，同时还使其具有半离合状态区域。

图2-3-18为单片干式电磁离合器的工作原理。当电流通过滑环进入电磁离合器线圈时，主动轮产生电磁吸力，带花键的压板被吸引与主动轮压紧，于是电动机的动力经过轴、主动轮、压板、花键、从动轴传递给执行机构。

减速机构（如图2-3-19所示）是把电动机的输出放大后再传给转向齿轮箱的主要部件，有多种组合方式，如两级行星齿轮与传动齿轮驱动组合式，蜗轮蜗杆与转向轴驱动组合式等。为了抑制噪声和提高耐久性，减速机构上采用了部分树脂材料及特殊齿形。

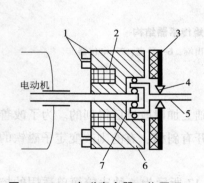
图2-3-18　电磁离合器工作原理
1—滑环；2—线圈；3—压板；4—花键；5—从动轴；
6—主动轮；7—滚动轴承

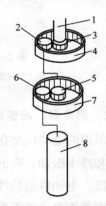
图2-3-19　减速机构
1—电动机传动齿轮；2、6—传动齿轮；3、5—太阳轮；
4、7—齿圈；8—传动齿

（二）电动式电控动力转向系统的控制

1. 控制电路

控制电路如图2-3-20所示。控制电路的中心是8位的单片微型计算机，内装256字节的RAM，4K位的ROM和8位的A/D变换器。

主扭矩传感器和辅助扭矩传感器的扭矩及电动机的电流信号通过A/D变换器输入微型计算机中，而车速信号、发动机转速、蓄电池电压和起动机开关的通断状态、交流发电机的L端子电压则通过接口电路输入微型计算机中。

扭矩信号通过A/D变换器输入计算机后，计算机根据车速范围按照规定的扭矩——电动机电流变换值，确定出电动机的电流指令值，把电流指令值输入到D/A变换成模拟信号，之后输入电流控制电路中；同时，计算机还输出电动机的旋转方向指示信号，这个信号输入电动机的驱动电路后，便决定了电动机的旋转方向。

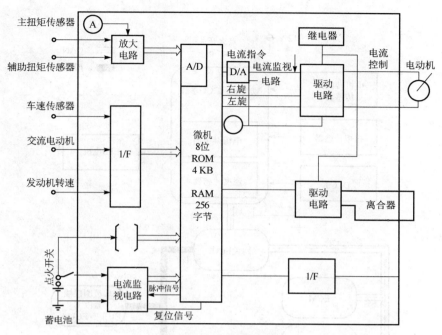

图 2-3-20 控制电路

电流控制电路把上述的已成为模拟信号的电流指令与电动机的实际电流相比较后,产生二者幅度相同的斩波信号,驱动电路收到斩波信号与旋转方向指令信号之后,则输出指令,驱动功率 MOS-FET 电路,控制电动机的电流,使其按规定的方向旋转。

当超过规定的车速时,离合器的驱动信号被切断,电动机与减速机构分离,同时电动机也停止工作。

2. 故障诊断与安全保护

控制元件具有故障自我诊断功能,当发生电气系统故障时,能自动停止助力。同时,计算机可以记忆故障内容,并使故障指示灯点亮。维修时可读取故障码,找出故障原因。

提示:出现电气故障后,控制电路停止向电动机供电,在装有离合器的 EPS 上,离合器脱开,恢复到手动控制转向。

三、电控动力转向系统检修

下面以丰田皇冠轿车为例介绍电动式电控动力转向系统检修方法。

(一)系统组成及部件安装位置

电动式电控动力转向系统组成如图 2-3-21 所示。部件安装位置如图 2-3-22 所示。

为了提供转向助力,电控动力转向系统通过操作安装在动力转向拉杆总成上的电机产生扭矩。

辅助动力的方向和大小由来自扭矩传感器的信号来确定,并根据车速来控制。因此,在低速行驶时,转向力小;高速行驶时,转向力应适度地提高。

1. 组件功能

组件功能如表 2-3-1 所示。

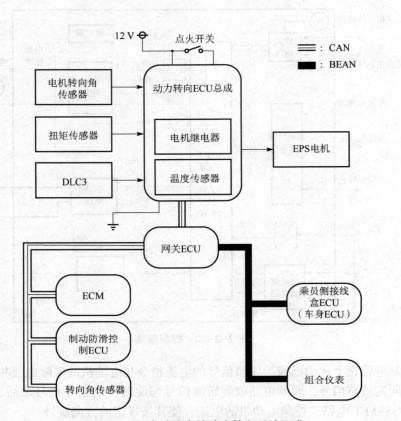

图 2-3-21 电动式电控动力转向系统组成

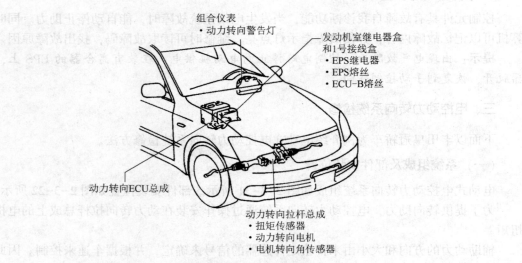

图 2-3-22 部件安装位置

表 2-3-1　组件功能

组件	功能
动力转向 ECU 总成	根据转向扭矩和车速计算辅助电流 根据从电动机转向角传感器获得的信号驱动电动机 接通蓄电池电路来产生电动机驱动电压 如果电动机和 ECU 过热，则限制辅助电力以保护系统
扭矩传感器	转向盘转动时，检查产生的转向力
动力转向电机	用齿条轴定位同轴度，通过转动滚珠螺母和滚珠使转向齿条做直线运动
电机转向角传感器	检查电动机转向角度

2. 操作说明（如图 2-3-23 所示）

（1）扭矩传感器安装在主轴的输入轴上和小齿轮轴的输出轴上。输入和输出轴通过铰链扭杆连接在一起。

（2）如果转动转向盘，则铰链扭杆就会扭曲，每一个扭矩传感器就会检测到转向角的不同。根据转向角的不同，动力转向 ECU 总成计算扭矩。

（3）根据车速和步骤（2）中获得的扭矩，动力转向 ECU 总成计算合适的辅助扭矩，然后 ECU 控制电机驱动电路，以使之产生辅助扭矩。

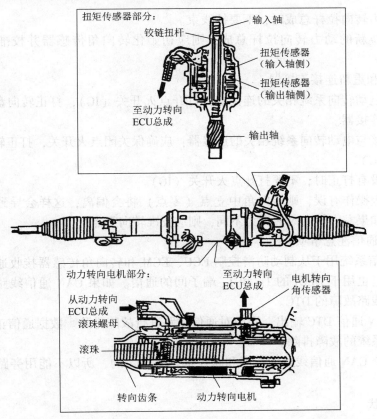

图 2-3-23　操作说明

(4) 滚珠螺母安装在电机轴上。通过滚珠可以把电机的旋转运动转变成转向齿条的直线运动。

(5) 以上过程中助力的产生，将会减小驾驶员操作时的转向力。

(二) 系统检修

1. 检修注意事项

(1) 断开蓄电池负极端子后，在重新连接端子时，要对下列系统进行初始化。
①电动窗控制系统。
②滑动天窗系统。
③驻车辅助监视系统。

(2) 操作电子部件。
①避免撞击电子零件，比如 ECU 和继电器。如果掉落撞击或严重弯曲则更换新件。
②不要把任何电子部件暴露在高温和潮湿环境下。
③为了防止由于静电而引起变形或故障，不要触摸连接器端子。
④如果更换新的动力转向 ECU 总成，则需初始化转向角传感器并校准扭矩传感器的零点。

(3) 操作动力转向拉杆总成。
①避免撞击动力转向拉杆总成，尤其是电机或扭矩传感器。如果掉落撞击或发生严重弯曲则更换新件。
②移动动力转向拉杆总成时，不要拉线束。
③如果更换新的动力转向拉杆总成，则应初始化转向角传感器并校准扭矩传感器的零点。

(4) 断开和重新连接连接器。
①断开与电动转向系统相关的连接器：打开点火开关 (IG)，打正转向盘，关闭点火开关，然后断开连接器。
②重新连接与电动转向系统相关的连接器：应确保关闭点火开关，打正转向盘，然后打开点火开关 (IG)。
③转向盘没有打正时，不要打开点火开关 (IG)。
④如果以上操作有误，则转向角中立点（零点）将会偏离，这样会导致在左右转向时转向力不同。如果左右转向时转向力不同，则应校准转向零点。

(5) CAN 通信注意事项。
①CAN 通信系统用于从制动防滑控制 ECU、ECM 和转向角传感器接收通信并传送警报至组合仪表。它也用于 DLC_3 的 T_C 和 T_S 端子间的通信。如果 CAN 通信线路有问题，就会输出指示通信线路故障的 DTC。
②如果 CAN 通信 DTC 输出，则应对通信线路进行故障排除。数据通信正常时，一定要启动电动转向系统的故障排除。
③由于每个 CAN 通信线路的长度和路径都是有规定的，所以不能用旁路接线等临时安装或修理。

2. 故障症状

如果在 DTC 检查时显示故障代码，则要针对这个代码对所列电路进行检查。DTC 检查期间，显示正常的系统码后，如果仍有故障发生，则按表 2-3-2 的顺序对应每个故障症状检查组件。

电动转向系统故障排除

表 2-3-2 故障症状

症状	故障可能发生的部位
转向沉重	①前轮胎（充气不当、不均匀磨损） ②前轮定位（不正确） ③前悬架（下球头）磨损严重 ④动力转向拉杆总成（扭矩传感器、电动机转向角传感器、动力转向电动机） ⑤转向柱总成 ⑥蓄电池和电源系统 ⑦动力转向 ECU 总成的电源电压 ⑧动力转向 ECU 总成 ⑨车辆停止时，转向盘快速地左右来回转动或该车连续重载
左右转向力不同或不均匀	①转向中心点（零点）没有完全标明 ②前轮胎（充气不当、不均匀磨损） ③前轮定位（不正确） ④前悬架（下球头） ⑤动力转向拉杆总成（扭矩传感器、电动机转向角传感器、动力转向电动机） ⑥转向柱总成 ⑦动力转向 ECU 总成
行驶时，转向力不随车速变化或转向盘不能正常回位	①前悬架 ②速度传感器 ③ABS 和牵引力执行器总成 ④动力转向拉杆总成（扭矩传感器、电动机转向角传感器、动力转向电动机） ⑤动力转向 ECU 总成 ⑥CAN 通信系统
低速行驶时转动转向盘，发出摩擦声	①动力转向拉杆总成（动力转向电动机） ②转向柱总成
车辆停止时，慢慢转动转向盘，发出尖锐声音（啸叫）	动力转向拉杆总成（动力转向电动机）
车辆停止时，转动转向盘，转向盘振动并发出噪声	①动力转向拉杆总成（动力转向电动机） ②转向柱总成
组合仪表中的 P/S 警告灯一直亮	①IG 电源、电路 ②组合仪表系统 ③动力转向 ECU 总成

【任务实施】

一、任务实施准备

(1) 理实一体化多媒体实训场所。
(2) 配备电控动力转向系统的实训车辆、车轮挡块。
(3) 故障诊断仪。
(4) 拆装工作台。
(5) 压缩空气源。
(6) 工量具:通用 54 件组合扳手、钢板尺、直尺、游标卡尺、一字螺丝刀、胎压表等。
(7) 备品:工作服、工作鞋、手套、座椅套、转向盘套、变速杆套、脚垫、翼子板布、前盖板布、抹布等;螺栓、螺母、垫片、密封圈等各种易损件;润滑油、润滑脂、转向器油、等。
(8) 废物收纳箱等。
(9) 车辆维修手册。
(10) 实训工单。

二、任务实施步骤

(1) 组织学生对基本知识进行学习。
(2) 学生分组。
(3) 以小组为单位,讨论制订电控动力转向系统检修工作计划。
(4) 各小组汇报工作计划,教师组织点评,进行可行性分析。
(5) 组织学生按工作计划进行电控动力转向系统检修实操训练,教师巡视、予以指导,同时依据考核工单对学生操作规范性进行考核。
(6) 组织学生查询该车的检测标准,参照检测标准对检查结果进行分析,按要求填写实训工单。
(7) 教师接收学生完成的实训工单。
(8) 实训总结,包括学生自我反思、教师答疑、点评、总结等。

实训工单

学生姓名：_____　　班级_____　　实训日期_____

序号	检查项目	检查结果
1	车辆品牌	
2	VIN 码	
3	转向系统类型	
4	转向器类型	
5	转向力矩检查	
6	轮胎气压	
7	轮胎花纹深度	
8	转向横拉杆球销	
9	左右转向力是否均匀	
10	是否有噪声	
11	组合仪表上的警报灯是否报警	
实训总结	实训结论	实训收获与反思

考核工单

学生姓名：　　　　　　考核项目：　　　　　　考核成绩：

序号	项目	分值	扣分标准	得分
1	实训准备工作	5	每缺少1项扣1分	
2	工量具正确使用	5	每错误1次扣1分	
3	设备正确使用	5	每错误1次扣1分	
4	维修手册的正确使用	5	每错误1次扣1分	
5	操作规范性	60	每错误1次扣1分	
6	测量准确性	5	每错误1次扣1分	
7	实训工单填写	5	未填写扣5分	
8	车辆保护	5	每缺少1项扣1分	
9	5S	5	每缺少1项扣2分	
10	是否出现危险行为		出现人身危险总成绩0分；出现车辆危险扣20分；出现工具设备危险扣10分	
	合计	100		

教师评语

考核教师：

＿＿＿＿＿年＿＿月＿＿日

任务四 四轮转向系统介绍

知识目标

1. 了解四轮转向系统的优点。
2. 了解四轮转向系统的类型。
3. 掌握四轮转向系统的结构及工作原理。

技能目标

1. 能够收集和整理相关资料。
2. 能够向客户介绍四轮转向系统的特点及相关知识。
3. 能够对不同类型的四轮转向系统进行分析比较。

案例引入

朋友买了一台奥迪 A8L，并让其和奥迪 A4 allroad 做了一次现场的测试，发现轴距比 A4 还要长 310 mm 的 A8L 竟比小巧的 A4 allroad 转弯半径还要小，这样其在狭小空间的停车便利性就凸显了出来，这个神奇的效果就是因为这款 A8L 采用了四轮转向技术。四轮转向系统是如何工作的？它还有哪些先进的功能呢？相信通过下面的学习你将找到答案。

【基本知识】

具有四轮转向装置的汽车，在十分狭窄拥挤的地方，能够非常方便地驶出停车位置、转向或掉头。四轮转向系统中后轮转向可以根据车辆速度或者转向盘的转角来控制，在车速较低或转向盘转角很大时，后轮的转向与前轮相反，从而使汽车转弯半径减小，转向机动性能提高；当车辆行驶速度较高或者转向盘转角较小时，后轮的转向与前轮相同，从而使汽车车身的横摆角度和横摆角速度大为减小，使汽车高速行驶时的操纵稳定性显著提高。

从后轮转向装置的控制方法上，四轮转向系统可分为转角随动型四轮转向系统和车速感应型四轮转向系统。转角随动型四轮转向系统都是采用机械式的；而车速感应型四轮转向系统有液压式、电子控制液压式和电子控制电动式。这里主要介绍电子控制液压式和电子控制电动式四轮转向系统。

一、液压式电控四轮转向系统

随着电子技术的发展，电控技术也应用于四轮转向系统，使后轮偏转角度控制更精确。

如图 2-4-1 所示，液压式电控四轮转向系统主要由转向盘、转向油泵、前轮转向器、后轮转向传动轴、车速传感器、后轮转向系统、电子控制单元等组成。

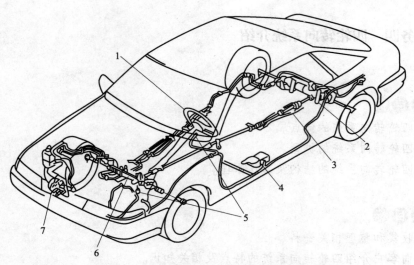

图 2-4-1 液压式电控四轮转向系统
1—转向盘；2—后轮转向系统；3—后轮转向传动轴；4—电子控制单元；
5—车速传感器；6—前轮转向器；7—储液罐

1. 前轮转向器和后轮转向传动轴

前轮转向器为齿轮齿条式，但将齿条加长，就可与固定在后轮转向传动轴上的小齿轮啮合。当转动转向盘使齿条水平移动时，齿条一方面控制前轮转向动力缸工作，推动前轮转向，同时将转向盘转动的方向、快慢和转动的角度传给后轮转向传动轴，驱动该轴转动，以控制后轮转向，如图 2-4-2 所示。

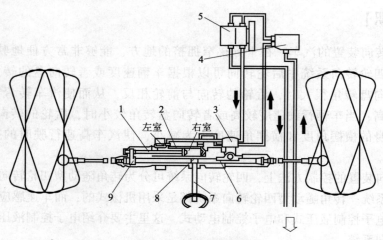

图 2-4-2 前轮转向器
1—转向动力缸活塞杆；2—转向动力缸；3—转向控制阀；4—转向油泵；5—储液罐；6—转向齿条；
7—后轮转向传动轴；8—转向齿轮；9—连接板

后轮转向传动轴的结构如图 2-4-3 所示。

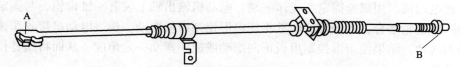

图 2-4-3 后轮转向传动轴
A—接前轮转向系统；B—接后轮转向系统

2. 后轮转向系统的组成

液压电控后轮转向系统如图 2-4-4 所示，它主要包括相位控制系统、液压控制阀、后轮转向动力缸等。

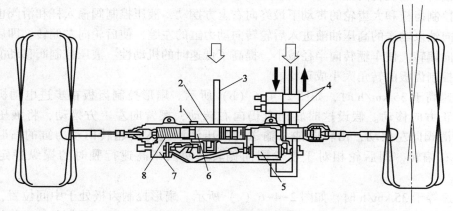

图 2-4-4 后轮转向系统
1—转角比传感器；2—后轮转向动力缸；3—后轮转向传动轴；4—电控油阀；5—液压控制阀；
6—动力输出杆；7—步进电动机；8—回位弹簧

（1）相位控制系统。

相位控制系统包括步进电动机、扇形控制齿板、摆臂、大锥齿轮、小锥齿轮、液压控制阀连杆等，如图 2-4-5 所示。后轮转向传动轴与转向齿轮连接并输入前转向齿条的运动状态，前、后车轮转角比传感器安装在扇形控制齿板旋转轴上。

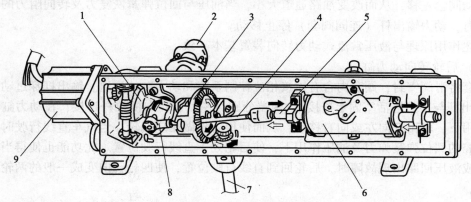

图 2-4-5 相位控制系统
1—扇形控制齿板；2—转角比传感器；3—大锥齿轮；4—液压控制阀连杆；5—液压控制阀主动杆；
6—液压控制阀；7—后轮转向传动轴；8—摆臂；9—步进电动机

①步进电动机。用螺栓固定在壳体一端，电动机输出轴上装有一锥齿轮，与固定在蜗杆轴上的另一锥齿轮啮合，蜗杆轴的转动将使扇形控制齿板摆动。步进电动机接收车速传感器的电信号而转动，结果使扇形控制齿板正向摆动或逆向摆动一定角度，从而将摆臂拉向或推离步进电动机。

②液压控制阀连杆。其一端连接摆臂，中间穿过大锥齿轮上的孔，另一端与液压控制阀主动杆连接。大锥齿轮的旋转运动是由小锥齿轮驱动的，而小锥齿轮的转动是由后轮转向传动轴驱动的。由此可见，液压控制阀连杆的运动是摆臂运动和大锥齿轮运动的合成，即液压控制阀连杆的运动受车速和前轮转向运动的综合影响。

当车速低于 35 km/h 时，如图 2-4-6（a）所示。扇形控制齿板在步进电动机的控制下向负方向偏转。假设转向盘向右转动，则小锥齿轮、大锥齿轮分别向空白箭头方向转动，摆臂在扇形控制齿板和大齿轮的带动下最终向右上方摆动，液压控制阀输入杆和滑阀也向右移动，由转向油泵输送的高压油液进入后轮转向动力缸的左腔，使后轮向左偏转，即后轮相对于前轮反向偏转。使车辆转向半径减小，提高了低速时的机动性。液压控制阀移动的行程大小与扇形控制齿板的转角大小成正比。

当车速高于 35 km/h 时，如图 2-4-6（b）所示。扇形控制齿板在步进电动机的控制下向图中正方向移动。假设这时转向盘仍向右转动，摆臂向左上方摆动，将液压控制阀输入杆和滑阀向左拉动，由转向油泵输送的高压油液进入后轮转向动力缸的右腔，结果使后轮向右偏转，即后轮相对于前轮同向偏转。使汽车高速行驶时的操纵稳定性显著提高。

当车速等于 35 km/h 时，如图 2-4-6（c）所示。扇形控制齿板处于中间位置，摆臂处于与大锥齿轮轴线垂直的位置。不管转向盘向左还是向右转动，液压控制阀输入杆均不产生轴向位移，后轮保持与汽车纵向轴线平行的直线行驶状态。

（2）液压控制阀。

如图 2-4-7 所示，液压控制阀是一滑阀结构，其滑阀的位置取决于车速和前轮转向系统转角。图中表示滑阀向左移动的过程，此时油泵送来的油液通过液压控制阀进入动力缸右腔，同时动力缸左腔通过液压控制阀与储液罐相通。在动力缸左右腔压力差的作用下，动力输出杆左移，使后轮向右偏转。因为阀套与动力输出杆固定在一起，所以当动力输出杆左移时将带动阀套左移，从而改变油路通道大小。当油压与回位弹簧恢复力及转向阻力的合力达到平衡时，动力输出杆（连同阀套）停止移动。

上述作用原理与液压常流式动力转向装置基本一致。

（3）后轮转向动力缸。

阀套将滑阀密封，阀套内含有连接相位控制系统和动力缸的油道。输出杆穿过动力缸活塞（输出杆与动力缸活塞固定连接），两端分别与左、右转向横拉杆连接，在动力缸两腔的压差作用下，输出杆向左或向右移动，从而使得后轮做相应偏转。当汽车直线行驶时，在动力缸两腔的回位弹簧弹力及油压作用下，使后轮处于直线行驶位置。此功能也使得当电子控制系统或液压回路出现故障时，后轮回到直线行驶位置，使四轮转向变成一般的两轮转向工作状态。

3. 电控系统

电控系统由四轮转向电子控制单元、转角比传感器和电控油阀组成。

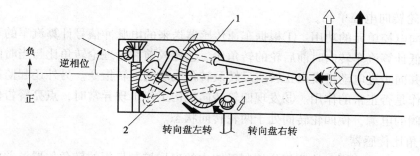

(a)

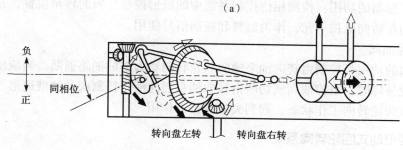

(b)

图 2-4-6 后轮转向系统的工作原理
1—大锥齿轮；2—扇形控制齿板

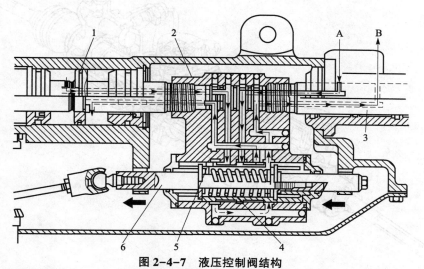

图 2-4-7 液压控制阀结构
1—动力缸活塞；2—阀套；3—动力输出杆；4—滑阀；5—回油道；6—液压控制阀主动杆；
A—进油口；B—回油口

(1) 四轮转向电控单元。

四轮转向电控单元的功用：①根据车速传感器送来的电脉冲信号计算汽车的车速，再根据车速的高低计算汽车转向时前后轮的转角比。②比较前后轮理论转角比与当时的前后轮实际转角比，并向步进电动机发出正转或反转及转角大小的运转指令。另外还起监视四轮转向电控系统工作是否正常的作用。③发现四轮转向机构工作出现异常时，点亮警告信号灯，并断开电控油阀的电源，使四轮转向处于两轮转向状态。

(2) 转角比传感器。

转角比传感器的功用：检测相位控制系统中的扇形控制齿板的转角位置，并将检测出的信号反馈给四轮转向电控单元，作为监督和控制信号使用。

(3) 电控油阀。

电控油阀的功用是控制由转向油泵输向后轮转向动力缸的油路通断。当液压回路或电子控制线路出现故障时，电控油阀就切断由转向油泵通向液压控制阀的油液通道，使四轮转向装置处于一般两轮转向工作状态，起到失效保护的作用。

二、电控电动式四轮转向系统

在电控电动式四轮转向系统中，前轮转向器和后轮转向执行器之间没有任何机械连接装置，后轮转向执行器由转向电控模块来控制。该四轮转向系统利用转向盘转动速度、车辆行驶速度和前轮转角的信息来计算并控制后轮转向。

1. 后轮转向执行器

后轮转向执行器如图 2-4-8 所示。该执行器包含一个通过循环球螺杆机构驱动转向齿条的电动机。转向横拉杆是从转向执行器连接到后轮转向节臂和转向节处，执行器内的回位弹簧在点火开关断开或四轮转向系统失效时将后轮推回直线行驶位置。后轮转角主传感器和后轮转角副传感器安装在后轮转向执行器的上端。

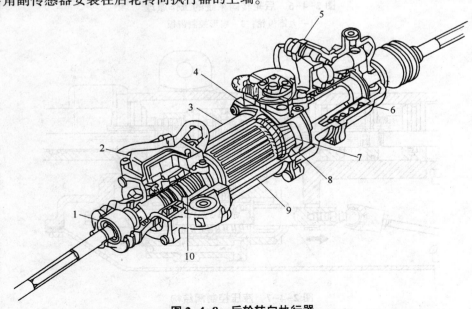

图 2-4-8 后轮转向执行器
1—转向轴螺杆；2—后轮转角主传感器；3—定子；4—执行器壳体；5—后轮转角副传感器；
6—回位弹簧；7—换向器；8—电刷；9—转子；10—循环球螺杆

2. 传感器

(1) 后轮转角主传感器。

后轮转角主传感器位于后轮转向执行器的左侧,含有一个随循环球螺杆旋转的脉冲环,霍尔传感元件直接安装在脉冲环上部,如图 2-4-9 所示。当循环球螺杆与脉冲环旋转时,霍尔传感元件向电子控制模块发出脉冲数字电压信号,显示后轮转角。

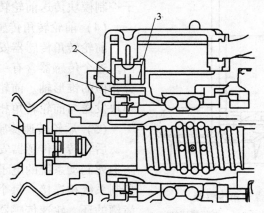

图 2-4-9　后轮转角主传感器
1—转子;2—霍尔电路集成块;3—检测元件

(2) 后轮转角副传感器。

后轮转角副传感器安装在后轮转角执行器上与后轮转角主传感器位置相对的一端。该传感器内有一个连接在齿轮轴上的锥形轴,如图 2-4-10 所示。锥形轴与齿条一同水平移动。后轮转角副传感器的触棒与锥面弹性接触,当锥形轴水平移动时,锥面使传感器触棒来回移动。这根触棒的移动使传感器产生模拟电压信号,将转角信息传给电子控制模块。

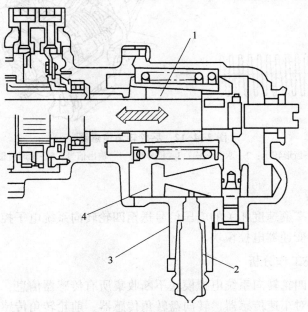

图 2-4-10　后轮转角副传感器
1—转向轴螺杆;2—后轮转角副传感器;3—后轮执行器弹簧盖;4—锥形轴

(3) 转向盘转角传感器。

转向盘转角传感器如图 2-4-11 所示。该传感器安装在组合开关下方的转向柱上。转角传感器能够检测转向盘的转动方向、转动速度和转动角度。转向盘转动时，转角传感器向电子控制模块传送前轮转动的信号。

(4) 前轮转角传感器。

前轮转角传感器安装在前齿轮齿条转向器内。这个传感器含有一个与后轮转角传感器十分相似的锥形轴。前轮转角传感器向电子控制模块发送与前轮转角相关的信息。

(5) 后轮转速传感器。

后轮转速传感器安装在后轮上。传感器与防抱死制动系统的电子控制模块以及四轮转向控制系统相连接。每个后轮毂上安装有一只带齿槽的环，轮速传感器就安装在这些带槽的环的上方。传感器包括一只绕有线圈的永久磁

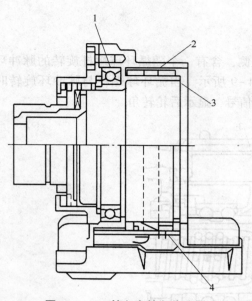

图 2-4-11 转向盘转角传感器
1—轴承；2—磁铁；3—转子；4—霍尔集成块

铁，当后轮转动时，带槽的环上的齿经过传感器，就在传感器内产生电压，以 Hz 为频率单位的电压信号经计算机处理以确定轮速，如图 2-4-12 所示。

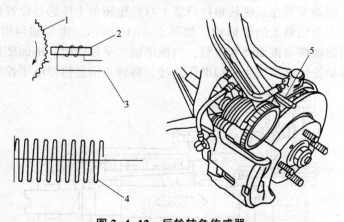

图 2-4-12 后轮转角传感器
1—齿形转子；2—永久磁铁；3—信号线；4—输出信号；5—轮速传感器

(6) 车速传感器。

车速传感器将与车辆速度相关的电压信号送至四轮转向系统电子控制模块，这个车辆速度信号也被送至自动变速器电控模块。

3. 四轮转向系统工作分析

发动机工作时，四轮转向系统电控模块不断收集所有传感器信息，如果转向盘转动，四轮转向电控模块就会对车速传感器、转向盘转角传感器、前轮转角传感器、后轮转角主传感器、后轮转角副传感器传来的信号进行分析计算，并控制适当的后轮转角，将蓄电池电压送

至后轮转向执行电动机使后轮转向，如图 2-4-13 所示。

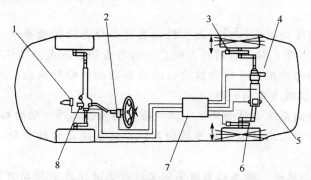

图 2-4-13　四轮转向系统的连接及控制
1—车速传感器；2—转向盘转角传感器；3—后轮转速传感器；4—后轮转角副传感器；
5—后轮转角执行器；6—后轮转角主传感器；7—四轮转向控制模块；8—前轮转角传感器

蓄电池电压通过两只大功率输出晶体管输送到后轮转向执行器电动机处。其中一只晶体管在右转弯时导通，而另一只在左转弯时导通。后轮转角主、副传感器将反馈信号送到四轮转向电子控制模块，以告知后轮转角是否已被执行。

当车速低于 29 km/h 时，如果转向盘转动，后轮会立即开始向与前轮相反的方向转动。在车速为零时，后轮最大转角是 6°。后轮转角减小的程度随车速变化，在车速为 29 km/h 时，后轮转角几乎为零。当车速增至大于 29 km/h 时，转向盘在最初 200°转角内，后轮转向与前轮方向一致。在这个车速范围内，转向盘转角大于 200°时，后轮会转向相反的方向。当车速提高到 96 km/h 时，并且转向盘转角是 100°时，那么后轮将会向前轮相同的方向转动大约 1°。在这个车速下，如果转向盘转动 500°，后轮将会向前轮相反的方向转动大约 1°，如图 2-4-14 所示。

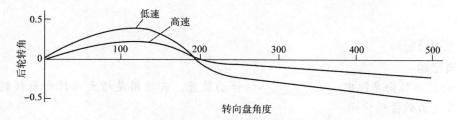

图 2-4-14　车速、转向盘转角确定后轮的转角

1. 转向系统的功用是保证汽车按照驾驶员的需要改变行驶方向，而且还可以克服路面侧向干扰力使车轮自行产生的转向，恢复汽车原来的行驶方向。
2. 转向系统可按转向能源的不同分为机械转向系统和动力转向系统两大类。现代汽车普遍采用动力转向系统。
3. 汽车转向系统包括转向操纵机构、转向器和转向传动机构三个基本组成部分。
4. 转向盘自由行程对于缓和路面冲击及避免驾驶员过度紧张是有利的。一般规定转向轮处于直线行驶时，转向盘向左、向右的自由行程不超过 15°。

5. 转向器是转向系统中减速增扭的传动装置，其功用是增大由转向盘传到转向节的力，并改变力的传递方向。

6. 按转向器中的传动副的结构形式，转向器可以分为齿轮齿条式、循环球式、蜗杆曲柄指销式、蜗杆滚轮式等几种。目前应用较广泛的有齿轮齿条式、循环球式。

7. 转向传动机构的功用是将转向器输出的力和运动传给转向轮，使两侧转向轮偏转角按一定关系变化，以实现汽车顺利转向。

8. 液压式动力转向系统由转向油泵、储液罐、转向控制阀、动力缸、活塞等组成。

9. 目前大多数车型采用整体式动力转向系统，该系统是将动力缸、控制阀和机械转向器三者组装在一起。

10. 电控动力转向系统，根据动力源不同又可分为液压式电控动力转向系统和电动式电控动力转向系统。

11. 根据控制方式的不同，液压式电控动力转向系统又可分为流量控制式、反力控制式和阀灵敏度控制式。

12. 电动式电控动力转向系统基本上是由扭矩传感器、车速传感器、控制元件、电动机和减速机组成。

13. 转向系统的检查主要包括：转向盘自由行程、转向盘转动阻力、转向盘锁止功能的检查。

14. 具有四轮转向装置的汽车，在十分狭窄拥挤的地方，能够非常方便地驶出停车位置、转向或掉头。

15. 液压式电控四轮转向系统主要由转向盘、转向油泵、前动力转向器、后轮转向传动轴、车速传感器、后轮转向系统、电子控制单元组成。

16. 在电动式电控四轮转向系统中，前轮转向器和后轮转向执行器之间没有任何机械连接装置，后轮转向执行器由转向电控模块来控制。

自测练习

一、填空题

1. 转向器是转向系统中_____的传动装置，其功用是增大由转向盘传到转向节的力，并改变力的传递方向。

2. 转向器传动效率是指转向器_____与_____之比。

3. 在转向传动机构中设置转向减振器是克服转向轮_____的有效措施。

4. 转动点火开关到_____位置，转向盘应能自由转动；如果将点火开关转动到_____位置，此时转向盘应该锁止不能转动。

5. 电子控制液压式四轮转向系统主要由转向盘、_____、前动力转向器、后轮转向传动轴、车速传感器、后轮转向系统、电子控制单元组成。

二、判断题

1. 循环球式转向器在结构上的主要特点是有两级传动副，第一级是螺杆螺母传动副，第二级是齿条齿扇传动副。   （   ）

2. 汽车转向时内侧转向轮偏转角大于外侧转向轮偏转角。   （   ）

3. 更换的动力转向液应集中排往下水管道处理。   （   ）

4. 液压式电控动力转向系统中，当控制单元、传感器、开关等电气系统发生故障时，安全保险装置能够确保与一般动力转向装置的功能相同。（　　）

5. 四轮转向系统中，在车速较低或转向盘转角很大时，后轮的转向与前轮相同；当车辆行驶速度较高或者转向盘转角较小时，后轮的转向与前轮相反。（　　）

三、选择题

1. 正传动效率远大于逆传动效率的转向器称为（　　）。
   A. 可逆式转向器　　　　　　　　　B. 不可逆式转向器
   C. 极限可逆式转向器　　　　　　　D. 瞬时可逆式转向器

2. 转向操纵机构将驾驶员操纵转向盘的力传给（　　）。
   A. 转向器　　　　　　　　　　　　B. 转向横拉杆
   C. 转向直拉杆　　　　　　　　　　D. 转向节臂

3. 电子控制动力转向系统简称为（　　）。
   A. ESP　　　　　　　　　　　　　B. EPS
   C. SEP　　　　　　　　　　　　　D. SPE

4. 液压式电控动力转向系统中，电子控制单元接收来自车速传感器的信号，控制向电磁阀和电磁线圈输出（　　）。
   A. 电压　　　　　　　　　　　　　B. 电流
   C. 电阻　　　　　　　　　　　　　D. 液压

5. 从后轮转向装置的控制方法上，四轮转向系统可分为（　　）随动型四轮转向系统和（　　）感应型四轮转向系统。
   A. 转角、车速　　　　　　　　　　B. 转速、车速
   C. 转角、转速　　　　　　　　　　D. 车速、转角

四、论述题

1. 下图是转向传动机构示意图，请标注图中序号所代表的零部件名称，并分析其结构特点及工作情况。

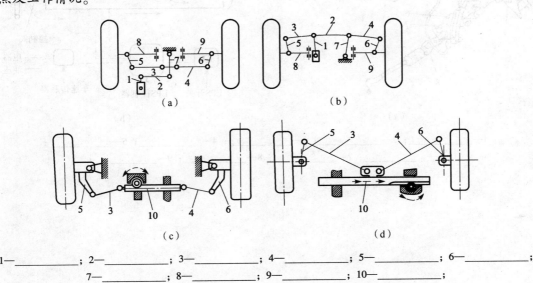

1—_____；2—_____；3—_____；4—_____；5—_____；6—_____；
7—_____；8—_____；9—_____；10—_____；

2. 下图是液压式动力转向系统示意图，请标注图中序号所代表的零部件名称，并分析其工作原理。

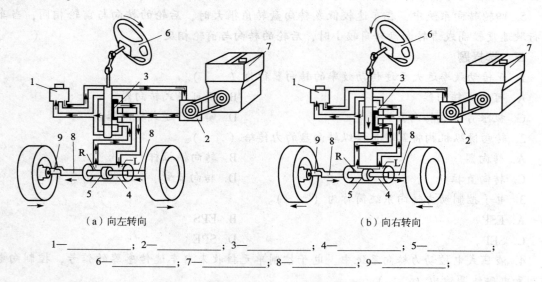

（a）向左转向　　　　　　　　　　　　（b）向右转向

1——_____；2——_____；3——_____；4——_____；5——_____；
6——_____；7——_____；8——_____；9——_____；

3. 下图所示为流量控制式动力转向系统，请标注图中序号所代表的零部件名称，并分析其工作原理。

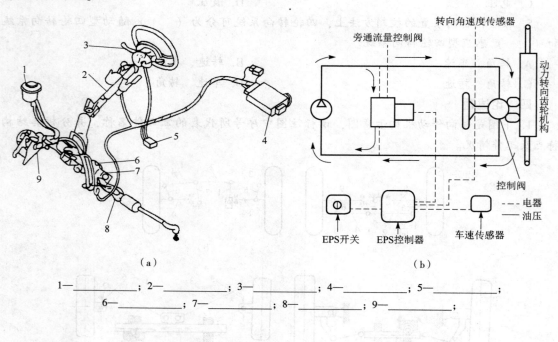

（a）　　　　　　　　　　　　　　　　（b）

1——_____；2——_____；3——_____；4——_____；5——_____；
6——_____；7——_____；8——_____；9——_____；

项目三

汽车制动系统检修

 项目简介

汽车制动系统是汽车底盘的重要组成部分，一般由供能装置、控制装置、传动装置和制动器四部分组成，其功用是根据需要使行驶中的汽车减速甚至停车，使下坡行驶的汽车保持车速稳定，以及使已停驶的汽车保持不动。当制动系统部件磨损或出现异常时，会造成制动不灵甚至失效、制动跑偏等，影响汽车制动性能。本项目通过制动器检修、液压制动传动装置检修、气压制动传动装置检修、防抱死制动系统检修、电控驱动防滑/牵引力控制系统介绍、电子稳定程序控制系统介绍、辅助制动电控系统介绍七个任务的基本知识学习和任务实施，能够使学生更好地掌握汽车制动系统检修知识和技能，完成汽车制动系统检修，同时可以拓展了解制动系统的先进技术。

任务一　制动器检修

 **知识目标**

1. 了解制动系统的功用。
2. 了解制动系统的组成及类型。
3. 掌握制动系统的工作原理。
4. 掌握制动器的结构。
5. 掌握制动器的检修方法。

技能目标

1. 能够向客户介绍汽车制动系统的功用。
2. 能够区分比较不同类型的汽车制动系统。
3. 能够对汽车制动原理进行分析。
4. 能够对不同类型的制动器进行分析比较。
5. 能够对制动器进行检修。

 案例引入

在东北的冬天，一位客户洗车后将车停在外面，两个小时后，开车起步车辆熄火，发现后轮被冻住了,有朋友和他说:"你的车是鼓式制动,如果是盘式制动要好处理一些。"那么到底是盘式制动好,还是鼓式制动好?各有什么优缺点?又如何检修呢?通过下面的学习相信你会得到答案。

【基本知识】

一、制动系统的功用及工作原理

为了提高汽车的运输生产率,应在保证安全行驶的前提下,提高汽车的平均行驶车速。同时在需要时,应能实现汽车的减速或停车,以及能够使停驶的汽车可靠地驻留原地不动。因此,制动系统的功用是根据需要使行驶中的汽车减速甚至停车,使下坡行驶的汽车保持车速稳定,以及使已停驶的汽车保持不动。

制动系统的工作原理如图 3-1-1 所示。这是一种简单的液压制动系统的工作原理示意图。它由制动器、操纵机构和液压传动机构组成。

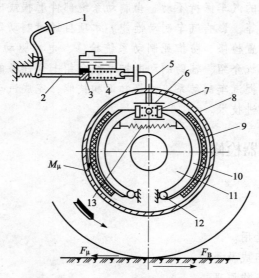

图 3-1-1 制动系统工作原理
1—制动踏板;2—推杆;3—主缸活塞;4—制动主缸;5—油管;6—制动轮缸;7—轮缸活塞;
8—制动鼓;9—摩擦片;10—制动蹄;11—制动底板;12—支承销;13—制动蹄回位弹簧

车轮制动器主要由旋转部分、固定部分和张开机构组成。旋转部分是制动鼓,它固定在车轮轮毂上,随车轮一起旋转,它的工作面是内圆柱面。固定部分包括制动蹄和制动底板等。制动底板用螺栓与转向节凸缘(前轮)或桥壳凸缘(后轮)固定在一起。在固定不动的制动底板上,有两个支承销,支承着两个弧形制动蹄的下端。制动蹄的外圆面上装有摩擦片,上端用制动蹄回位弹簧拉紧压靠在轮缸活塞上。制动蹄可用液压制动轮缸(或凸轮)等张开机构使其张开。液压制动轮缸也安装在制动底板上。

操纵机构主要是制动踏板。

传动机构主要由推杆、制动主缸、制动轮缸和油管等组成。装在车架上的制动主缸用油管与制动轮缸相连通。主缸活塞可由驾驶员通过制动踏板来操纵。

制动系统不工作时,制动鼓的内圆面与制动蹄摩擦片的外圆面之间保留有一定的间隙,使制动鼓可以随车轮自由旋转。

制动时，踩下制动踏板，推杆便推动主缸活塞，使主缸中的油液以一定压力流入制动轮缸，通过轮缸活塞使两制动蹄的上端向外张开，从而使摩擦片压紧在制动鼓的内圆面上。这样，不旋转的制动蹄就对旋转着的制动鼓产生一个摩擦力矩 M_μ，其作用方向与车轮旋转方向相反，摩擦力矩大小取决于轮缸的张力、摩擦因数和制动鼓及制动蹄的尺寸等。制动鼓将该力矩 M_μ 传到车轮后，由于车轮与路面间的附着作用，车轮即对路面作用一个向前的周缘力 F_μ，与此同时，路面给车轮作用一个向后的反作用力 F_B，即制动力。制动力 F_B 由车轮经车桥和悬架传递给车架和车身，迫使整个汽车产生一定的减速度。制动力越大，减速度也越大。当松开制动踏板时，制动蹄回位弹簧即将制动蹄拉回原位，摩擦力矩 M_μ 和制动力 F_B 消失，制动作用即行解除。

制动时车轮上的制动力 F_B 不仅取决于制动力矩 M_μ，还取决于轮胎与路面间的附着条件。如果完全丧失附着，就不会产生制动效果，即车轮停止了转动而被抱死，汽车仍然向前滑移。不过，在讨论制动系统的结构问题时，一般都假设具备良好的附着条件。

近年来，国内外不少汽车在制动系统中增设了前后桥车轮制动力分配调节装置，以减少车轮的抱死现象。但最理想的还是电子控制的自动防抱死制动系统。

二、制动系统的组成及类型

汽车制动系统一般都有以下四个组成部分：

（1）**供能装置**：包括供给、调节制动所需能量以及改善传能介质状态的各种部件，如气压制动系统中的空气压缩机、液压制动系统中人的肌体。

（2）**控制装置**：包括产生制动动作和控制制动效果的各种部件，如制动踏板等。

（3）**传动装置**：将制动能量传递到制动器的各个部件，如制动主缸、制动轮缸等。

（4）**制动器**：产生阻碍车辆运动或运动趋势的力的部件。

较为完善的制动系统还具有制动力调节装置以及报警装置、压力保护装置等。

制动系统可从不同角度进行分类。按照制动系统的功用不同，一般汽车应包括两套独立的制动系统：行车制动系统和驻车制动系统。行车制动系统的功用是使正在行驶中的汽车减速或在最短的距离内停车。它是由驾驶员用脚来操纵的，故又称脚制动系统。驻车制动系统的功用是使已经停在各种路面上的汽车驻留原地不动。它通常是由驾驶员用手来操纵的（目前部分汽车驻车制动系统用脚操纵），故又称手制动系统。但是，在紧急情况下，两套制动系统可同时使用，以增加汽车的制动效果。

有的汽车还装有应急制动系统和辅助制动系统。应急制动系统也称第二制动系统，是在行车制动系统失效的情况下保证汽车仍能实现减速或停车的一套装置。在许多国家的制动法规中规定第二制动系统也是汽车必须具备的。

辅助制动系统是在汽车下长坡时用于稳定车速的一套装置。比如经常在山区行驶的汽车，若单靠行车制动系统来达到下长坡时稳定车速的目的，则可能导致行车制动系统的制动器过热而降低制动效能，严重时会完全失效。因此山区用的汽车应具备辅助制动系统。

按照制动能源不同，汽车制动系统又可分为人力制动系统、动力制动系统和伺服制动系统。人力制动系统是以驾驶员的肌体作为唯一制动能源的制动系统；动力制动系统是完全靠由发动机的动力转化而成的气压或液压形式的势能进行制动的制动系统；伺服制动系统是兼用人力和发动机动力进行制动的制动系统。

按照制动能量的传递方式不同，制动系统又可分为机械式、液压式、气压式和电磁式。同时采用两种或两种以上传能方式的制动系统称为组合式制动系统。

传动机构采用单一的气压或液压回路的制动系统为单回路制动系统。这种制动系统中，只要有一处损坏而渗漏，整个制动系统即失效。故我国自1988年1月1日开始规定，所有汽车均使用双回路制动系统或多回路制动系统，即行车制动系统的气压或液压管路分属于两个或多个彼此独立的回路。这样，即使其中一个回路失效，还能利用其他回路获得部分制动力。

三、对制动系统的要求

为保证汽车能在安全的条件下发挥出高速行驶的能力，制动系统必须满足下列要求：

（1）具有良好的制动效能，即迅速减速直至停车的能力。其评价指标有制动距离、制动减速度、制动力和制动时间。制动效能可以用制动试验台来检验，常用制动力来衡量制动效能。而在实际使用过程中，通常用制动距离来衡量汽车的制动效能。

（2）操纵轻便。操纵制动系统所需的力不应过大。

（3）制动稳定性好。制动时，前后车轮制动力分配合理，左右车轮上的制动力矩基本相等，使汽车制动过程中不跑偏、不甩尾。

（4）制动平顺性好。制动力矩能迅速而平稳地增加，也能迅速而彻底地解除。

（5）散热性好。连续制动时，制动鼓和制动蹄上的摩擦片因高温引起的摩擦系数下降要小（抗热衰退性好），水湿后恢复要快（抗水衰退性好）。

（6）对挂车的制动系统，还要求挂车的制动作用略早于主车；挂车自行脱挂时能自动进行应急制动。

四、制动器的结构分析

制动器是制动系统中用以产生阻止车辆运动或运动趋势的力的部件。一般汽车所使用的制动罐的制动力矩都是来源于固定元件和旋转元件工作表面之间的摩擦，即摩擦式制动器。

摩擦式制动器按照摩擦工作表面的不同分为鼓式制动器和盘式制动器。

（一）鼓式制动器

鼓式制动器的摩擦副中的旋转元件是制动鼓，其工作表面是内圆柱面，固定元件是制动蹄。

以液压机构控制的制动轮缸作为制动蹄促动装置的称为轮缸式制动器，此外还有用凸轮作为促动装置的凸轮式制动器和用楔块作为促动装置的楔式制动器等。

1. 轮缸式制动器

轮缸式制动器制动蹄的张开是由液压机构控制的制动轮缸驱动的。轮缸驱动鼓式制动器按照结构与工作特点的不同，分为领从蹄式制动器、双领蹄式制动器、双从蹄式制动器、双向双领蹄式制动器、自增力式制动器。

（1）领从蹄式制动器。

领从蹄式制动器的结构如图3-1-2所示，制动底板固装在后桥壳或前桥转向节的凸缘上，在制动底板的下部装有两个偏心的支承销，前、后制动蹄的下端有孔，套装在偏心的支承销上,并用锁止螺母锁止。旋动偏心支承销,可调整制动蹄下端的间隙。在制动底板的中上部装有两个制动蹄调整凸轮,用来调整制动蹄上部的间隙。制动蹄限位杆借螺纹旋装在制动底板上,制动蹄限位弹簧使制动蹄腹板紧靠着制动蹄限位杆中部的台肩,以防止制动蹄的轴向窜动。前、后制动蹄由制动蹄复位弹簧拉拢并紧靠在调整凸轮上。制动蹄的外圆面上,用埋头铆钉铆接着用石棉和铜丝压制成的摩擦片。作为制动蹄促动装置的制动轮缸也用螺钉固装在制动底板上。制动鼓固装在车轮轮毂的凸缘上,随车轮一起转动。轮毂内装有油封,防止润滑油漏入制动鼓内。制动鼓的边缘有一小孔,用来检查摩擦片与制动鼓的间隙。

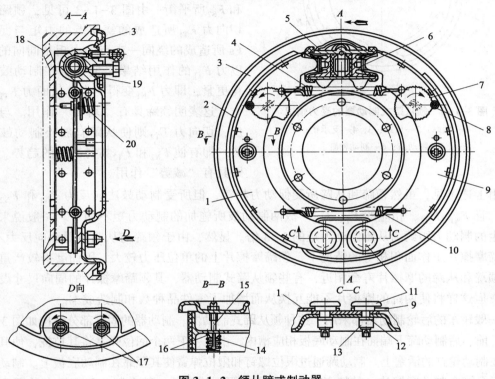

图 3-1-2 领从蹄式制动器

1—前制动蹄;2—摩擦片;3—制动底板;4、10—制动蹄复位弹簧;5—制动轮缸活塞;6—活塞顶块;7—调整凸轮;8—调整凸轮锁销;9—后制动蹄;11—支承销;12—弹簧垫圈;13—螺母;14—制动蹄限位弹簧;15—制动蹄限位杆;16—弹簧盘;17—支承销内端面上的标记;18—制动鼓;19—制动轮缸;20—调整凸轮压紧弹簧

制动时,前、后制动蹄在相同的轮缸液压作用下,绕各自的偏心支承销的轴线向外旋转张开,压靠到旋转的制动鼓上,制动蹄与制动鼓之间产生摩擦力矩(即制动力矩),其方向与车轮的旋转方向相反,对车轮产生制动作用。解除制动时,油压撤除,前、后制动蹄在制动蹄复位弹簧的作用下回位。

当汽车前进行驶时,制动鼓的旋转方向如图 3-1-2 中箭头所示。制动时,前、后制动蹄绕各自的支承点向外旋转张开。前制动蹄的旋转方向与制动鼓的旋转方向相同,称为领蹄,后制动蹄的旋转方向与制动鼓的旋转方向相反,称为从蹄。当汽车倒驶制动时,前制动蹄变成从蹄,而后制动蹄变成领蹄。这种在汽车前进制动和倒向行使制动时,都有一个领蹄和一个从蹄的制动器即称为领从蹄式制动器。

领从蹄式制动器的受力情况如图3-1-3所示。制动时，领蹄、从蹄在相等的促动力 F_S 的作用下，绕各自的支承销向外偏转一个角度，紧压在制动鼓上，旋转的制动鼓即对两制动蹄分别作用着法向反力 F_{N1}、F_{N2} 及相应的切向反力 F_{T1} 和 F_{T2}，这里法向反力 F_N 和切向反力 F_T 均为分布力的合力。两制动蹄受到的这些力分别被各自的支点的支承反力 F_{S1} 和 F_{S2} 所平衡。由图3-1-3可见，领蹄上的切向力 F_{T1} 所造成的绕支点的力矩与促动力 F_S 所造成的绕同一支点的力矩是同向的。所以力 F_{T1} 的作用结果是使领蹄在制动鼓上压得更紧，即力 F_{N1} 变得更大，从而力 F_{T1} 也更大。这表明领蹄具有"增势"作用。与此相反，切向力 F_{T2} 则使从蹄有放松制动鼓的趋势，即有使 F_{N2} 和 F_{T2} 本身减小的趋势。故从蹄具有"减势"作用。

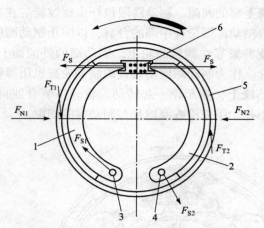

图 3-1-3　领从蹄式制动器的受力情况
1—领蹄；2—从蹄；3、4—支承销；
5—制动鼓；6—制动轮缸

由上述可见，虽然领蹄和从蹄所受促动力相等，但所受制动鼓法向反力 F_{N1} 和 F_{N2} 却不相等，且 $F_{N1} > F_{N2}$，相应的 $F_{T1} > F_{T2}$。故两制动鼓所施加的制动力矩不相等。一般说来，领蹄产生的制动力矩约为从蹄制动力矩的2~3倍。显然，由于领蹄与从蹄所受法向反力不等，在两蹄摩擦片工作面积相等的情况下，领蹄摩擦片上的单位压力较大，因而磨损较严重。为了使领蹄和从蹄的摩擦片寿命相近，有些领从蹄式制动器，其领蹄摩擦片的周向尺寸设计得较大。但这样将使两蹄的摩擦片不能互换从而增加了零件品种数和制造成本。

一般轿车的后轮制动器都采用了这种领从蹄式制动器。制动器的固定部分结构如图3-1-4所示。前、后制动蹄下端插在制动底板相应槽内，由上、下两个回位弹簧将其拉拢，使其上端紧靠在制动轮缸的活塞上。制动蹄通过限位螺钉和限位弹簧使其压靠在制动底板上。制动蹄外圆弧面上铆有制动摩擦片。其特点是制动蹄采用了浮式支承，整个制动蹄可沿支承平面有一定的浮动量，使制动蹄自动定心，保证尽可能与制动鼓全面接触。

该行车制动器兼充驻车制动器，因此，在制动器中还加装了驻车制动机械传动机构。驻车制动拉杆铆装在后制动蹄上，并能自由摆动。驻车制动推杆左端的槽插在驻车制动拉杆上，右端槽孔插装在前制动蹄的凸棱上。连接弹簧左端钩挂在驻车制动推杆左侧的孔内，右端钩挂在前制动蹄的腹板上，上回位弹簧右端钩挂驻车制动推杆右侧的孔内，左端钩挂在后制动蹄的腹板上。由于弹簧的作用，使驻车制动推杆拉靠在驻车制动拉杆上，驻车制动拉杆的下端与驻车制动软轴相连。

制动时，驾驶员拉动驻车制动操纵手柄，带动驻车制动软轴，进而带动驻车制动拉杆绕上端支点向右转动，推动推杆向右移动，向外推开前制动蹄。当这个制动蹄压紧在制动鼓上后，驻车制动拉杆又绕和推杆接触处转动，推动后制动蹄也压靠在制动鼓上。这样，前、后两个制动蹄都将制动鼓胀住，而对车轮进行制动。解除制动时，驾驶员松开驻车制动操纵杆，两个制动蹄在上、下回位弹簧及连接弹簧的作用下回位，使制动蹄和制动鼓间保持适当的间隙，车轮便可以自由转动，制动作用解除。

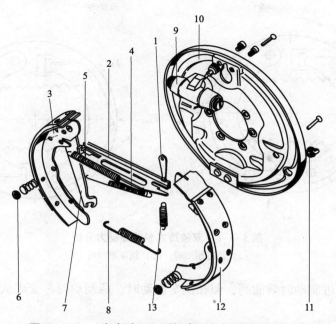

图 3-1-4 一汽奥迪 100 型轿车后轮制动器固定元件

1—调整楔；2—推杆；3—后制动蹄；4—连接弹簧；5—上回位弹簧；6—弹簧座；7—驻车制动拉杆；
8—下回位弹簧；9—制动轮缸；10—制动底板；11—栓塞；12—前制动蹄；13—调整楔拉簧

（2）双领蹄式与双从蹄式制动器。

在汽车前进时，两制动蹄均为领蹄的制动器称为双领蹄式制动器。

图 3-1-5 所示为双领蹄式鼓式制动器零件，其总体构造与图 3-1-3 所示的领从蹄式制动器相差不多。只是采用了两个单活塞式制动轮缸，且两套制动蹄、轮缸、支承销和调整凸轮等，在制动底板上的布置是中心对称的，以替代领从蹄式制动器中的轴对称布置。制动蹄一端卡在制动轮缸活塞上，另一端支承于另一制动轮缸后端的调整螺钉上。该制动器的受力情况可以简化为图 3-1-6 所示的示意图，在汽车前进时，该制动器的前、后蹄均为领蹄，故称为双领蹄式制动器。

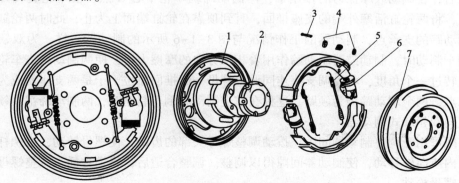

图 3-1-5 双领蹄式制动器及其零件

1—制动底板；2—轮毂；3—销；4—制动蹄限位弹簧和卡环；
5—回位弹簧；6—制动轮缸；7—制动鼓

项目三 汽车制动系统检修

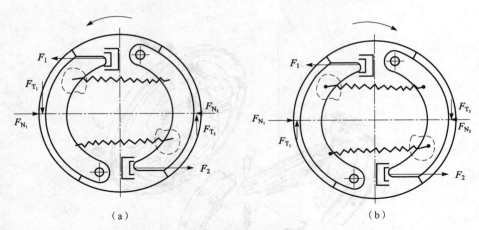

图 3-1-6 双领蹄式制动蹄受力分析
(a) 前进制动时；(b) 倒车制动时

这种制动器前进制动时效能高，但在倒车制动时，两制动蹄都变成从蹄，制动效能下降很多。

如将图 3-1-5 所示的制动器翻转 180°，便成为在汽车前进时两蹄均为从蹄的双从蹄式制动器。显然，双从蹄式制动器的前进制动效能低于双领蹄式和领从蹄式制动器。但其制动效能对摩擦系数变化的敏感程度较小，即具有良好的制动效能稳定性。

(3) 双向双领蹄式制动器。

在倒车制动时，如果能使上述制动器的两个制动蹄的支承点和促动力作用点相互对调一下，就可以得到与前进制动时相同的制动效能。

如图 3-1-7 所示，其结构型式与前述的领从蹄式制动器相比，差别就是在制动轮缸的对面又加了一个轮缸，两制动蹄的两端都为浮式支承，且支承点的周向位置也是浮动的。制动底板上的所有固定元件，如制动蹄、制动轮缸、复位弹簧等都是成对的，而且是既按轴对称又按中心对称布置。

在前进制动时，所有的轮缸活塞都在液压作用下向外移动，将制动蹄压靠在旋转的制动鼓上。之后，在制动鼓摩擦力的作用下，两制动蹄绕车轮中心 O 点，沿车轮旋转方向转过一个角度，将两轮缸活塞外端的支座推回，直到顶靠在轮缸端面上为止，此时两轮缸的支座便成为制动蹄的支承点，制动器的工作情况与图 3-1-6 所示的制动器一样，为双领蹄式制动器。倒车制动时，制动鼓对制动蹄作用着相反方向的摩擦力矩，使两制动蹄绕车轮中心逆箭头方向转过一个角度，将可调支座连同调整螺母一起推回原位，于是两支座便成为制动蹄新的支承点，两个制动蹄仍为领蹄。这种在前进制动和倒车制动时，两制动蹄都为领蹄的制动器为双向双领蹄式制动器。

调整螺母用于调整制动器间隙。拨动调整螺母头部的齿槽，使螺母转动，带螺杆的可调支座便向内或向外移动，使制动器间隙得以调整。调整合适后，将锁片插入调整螺母的齿槽中，以防螺母松动。

(4) 自增力式制动器。

自增力式制动器分单向自增力和双向自增力两种。在结构上只是轮缸中的活塞数目不同而已。

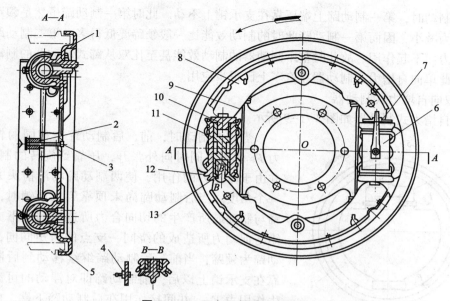

图 3-1-7 双向双领蹄式制动器

1—制动底板；2—制动蹄定位弹簧；3—制动蹄定位销钉；4—制动底板调整孔堵塞；5—制动鼓；6—制动轮缸；
7—锁片；8—制动蹄；9—制动蹄复位弹簧；10—支座；11—轮缸活塞；12—调整螺母；13—可调支座

1）单向自增力式制动器。

单向自增力式制动器如图 3-1-8 所示。第一制动蹄和第二制动蹄的下端分别支承在浮动顶杆的两端。制动器只在上方有一个支承销。不制动时，两制动蹄上端均靠各自的复位弹簧拉靠在支承销上。

汽车前进制动时，制动鼓的旋转方向如图中箭头所示。单活塞式轮缸只将促动力 F_{S1} 加于第一制动蹄，使其上端离开支承销，整个制动蹄绕浮动顶杆左端支承点旋转，并压靠在制动鼓上。显然，第一制动蹄是领蹄，并且在促动力 F_{S1}、法向合力 F_{N1}、切向合力 F_{T1} 和沿顶杆轴线方向的 F_P 作用下处于平衡状态。由于顶杆是浮动的，自然成为第二制动蹄的促动装置，而将与力 F_P 大小相等、方向相反的促动力 F_{S2} 施于第二制动蹄

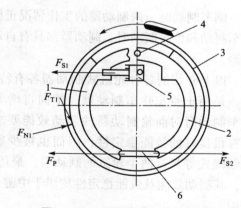

图 3-1-8 单向自增力式制动器

1—第一制动蹄；2—第二制动蹄；3—制动鼓；
4—支承销；5—轮缸；6—浮动顶杆

的下端，故第二制动蹄也是领蹄。由于顶杆是完全浮动的，不受制动底板约束，作用在第一制动蹄上的促动力和摩擦力没有像一般领蹄那样完全被制动鼓的法向反力和固定于制动底板上的支承件反力的作用所抵消，而是通过顶杆传到第二制动蹄上，形成第二制动蹄促动力 F_{S2}。所以 F_{S2} 大于 F_{S1}。此外作用力 F_{S2} 对第二制动蹄支承点的力臂也大于 F_{S1} 对第一制动蹄支承点的力臂。因此，第二制动蹄的制动力矩必然大于第一制动蹄的制动力矩。由此可见，在制动鼓尺寸和摩擦系数相同的情况下，这种制动器在前进时的制动效能不仅高于领从蹄式制动器，也高于双领蹄式制动器，具有自增力效果。

倒车制动时，第一制动蹄上端压靠在支承销上不动。此时第一制动蹄虽然是领蹄，但其力臂却大为减小，因而第一制动蹄此时的制动效能比一般领蹄要低得多。第二制动蹄则因未受到促动力而不起作用。故此时整个制动器的制动效能甚至比双从蹄式制动器的制动效能还要低。因此单向自增力式制动器在汽车上已很少应用。

2) 双向自增力式制动器。

双向自增力式制动器如图 3-1-9 所示。

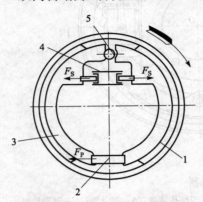

图 3-1-9 双向自增力式制动器
1—前制动蹄；2—可调顶杆；3—后制动蹄；
4—制动轮缸；5—支承销

当前进制动时，前、后制动蹄在相同的轮缸促动力 F_S 作用下同时向外张开，压靠到旋转的制动鼓上，并由于摩擦力的作用，使两制动蹄均沿箭头方向转过一个角度。当后制动蹄尚未顶靠到支承销时，前制动蹄与制动鼓所产生的切向合力所造成的绕下支点的力矩与促动力所造成的绕同一支点的力矩同向，故前制动蹄为领蹄；当前、后制动蹄继续移动到后制动蹄顶靠在支承销上以后，前制动蹄即对浮动的可调顶杆产生作用力 F_P，并间接作用在后制动蹄下端。此时后制动蹄上端为支承点，在促动力 F_S 和 F_P 共同作用下向外旋转张开，使该制动蹄也变成了领蹄。且此时后制动蹄对制动鼓的压力比前制动蹄还大，产生了自动增力作用。

倒车制动时，两制动蹄的工作情况正好相反，此时前制动蹄具有自动增力效果。由于在行车制动和倒车制动时，制动器都具有自动增力作用，因此该种制动器称为双向自增力式制动器。

以上介绍的各种轮缸式制动器各有特点。双向自增力式制动器多用于轿车后轮，原因之一是便于兼充驻车制动器。单向自增力式制动器只用于少数中、轻型汽车的前轮，因倒车制动时对前轮制动器的制动效能要求不高。双从蹄式制动器虽然制动效能低，但却具有最良好的效能稳定性，因而也被少数豪华轿车所采用。双领蹄式与双从蹄式及双向双领蹄式等具有两个轮缸的制动器，最适宜布置双回路制动系统。领从蹄式制动器发展最早，其制动效能及效能稳定性均居于中游，且有结构简单等优点，故目前仍被各种汽车广泛应用。

(5) 制动器间隙调整装置。

在制动器不工作时，其摩擦片与制动鼓之间应留有适当的间隙，一般为 0.25~0.5 mm。间隙过小，不能保证彻底解除制动，将造成摩擦副的拖磨；间隙过大，会推迟制动器开始起作用的时刻，造成制动不灵，同时也将使制动踏板行程太长，致使驾驶员操作不便。在制动器工作过程中，摩擦片的不断磨损将导致制动器间隙逐渐增大，情况严重时，即使将制动踏板踩到底，也产生不了足够的制动力矩。因此，要求任何形式的制动器在结构上必须保证有制动间隙的调节装置。

1) 转动调整凸轮和带偏心轴颈的支承销。如图 3-1-2 所示的汽车制动器中，若发现制动器间隙已增大到使制动器效能明显降低时，可转动调整凸轮，进行局部调整。这样，沿摩擦片周向各处的间隙即可增大或减小。当制动鼓磨损到一定程度时，需要重新加工修整其内圆面。在进行修理作业后重新装配制动器时，为保证制动蹄与制动鼓的正确接触状态和间隙值，应当全面调整制动器间隙。全面调整除靠转动调整凸轮外，还要转动制动蹄下端的支承销。其支承制动蹄的支承销的轴颈是偏心的。支承销的尾端伸出制动底板外，并铣切出矩形截面，以便用扳手夹持使之转动。转动支承销，各处（特别是制动蹄下端处）的间隙即可增大或减小。

2）转动调整螺母。有些制动器的轮缸两端的端盖制成调整螺母，如图 3-1-10 所示。用一字螺丝刀拨动调整螺母的齿槽，使螺母转动，带动螺杆的可调支座向内或向外作轴向移动。因此可使制动蹄上端靠近或远离制动鼓，则制动间隙便减小或增大。间隙调整好以后，用锁片插入调整螺母的齿槽中，使螺母的角位置固定。

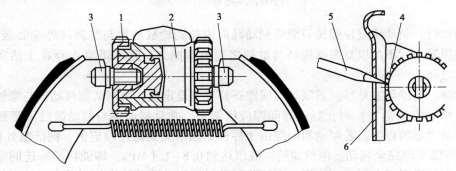

图 3-1-10　通过调整螺母调整制动间隙
1—调整螺母；2—制动轮缸；3—可调支座；4—齿槽；5—一字螺丝刀；6—制动底板

3）调整可调顶杆长度。在自增力式制动器中，两制动蹄下端支承在可调顶杆上，其结构及工作原理如图 3-1-11 所示。可调顶杆有顶杆体、调整螺钉和顶杆套组成。顶杆套一端有带齿的凸缘，套内制有螺纹，调整螺钉借螺纹旋入顶杆套内，顶杆套与顶杆体作动配合。当拨动顶杆套带齿的凸缘，可使调整螺钉沿轴向移动，因此就改变了可调顶杆的总长度，从而调整了制动器间隙。

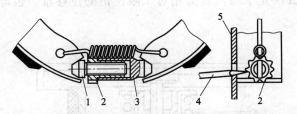

图 3-1-11　通过改变顶杆长度来调整制动器间隙
1—调整螺钉；2—顶杆套；3—顶杆体；4—一字螺丝刀；5—制动底板

4）摩擦限位式间隙自调装置。图 3-1-12 所示为一些轿车上采用的摩擦限位式间隙自调装置。用以限定不制动时制动蹄的内极限位置的限位摩擦环，装在轮缸活塞内端的环槽中，如图 3-1-12（a）所示，或借矩形断面螺纹旋装在活塞内端，如图 3-1-12（b）所示。限位摩擦环是一个有切口的弹性金属环，压装入轮缸后与缸壁之间的摩擦力可达 400～550 N。活塞上的环槽或螺旋槽的宽度 B 大于限位摩擦环厚度 b。活塞相对于摩擦环的最大轴向位移量即为二者之间的间隙 $\Delta = B - b$。间隙 Δ 应等于在制动器间隙为设定的标准值时施行完全制动所需的轮缸活塞行程。

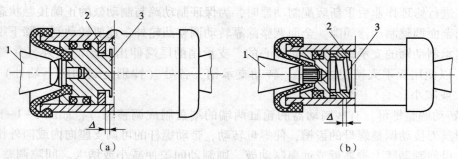

图 3-1-12 带摩擦限位环的轮缸
1—制动蹄；2—摩擦环；3—活塞

不制动时，制动蹄复位弹簧只能将制动蹄向内拉到轮缸活塞与摩擦环外端面接触为止，因为复位弹簧力远不足以克服摩擦环与缸壁之间的摩擦力。此时间隙 Δ 存在于活塞与摩擦环内端面之间。

制动时，轮缸活塞外移。若制动器间隙正好等于设定值，则当活塞移动到与摩擦环内端面接触（即间隙 Δ 消失）时，制动器间隙应已消失，并且制动蹄与制动鼓已压紧到足以产生最大制动力矩的程度。若制动器间隙由于种种原因增大到超过设定值，则活塞外移到 $\Delta=0$ 时，仍不能实现完全制动。但只要轮缸液压达到 0.8~1.1 MPa，即能将活塞连同摩擦环继续推出，直到实现完全制动。这样，在解除制动时，制动蹄只能恢复到活塞与处于新位置的限位摩擦环接触为止，即制动器间隙恢复到设定值。由此可见，正是摩擦环与缸壁之间的这一不可逆转的轴向相对位移补偿了制动器的过量间隙。这也是一切摩擦限位式间隙自调装置的共同原理。

摩擦限位式间隙自调装置也可以装在制动蹄上，如图 3-1-13 所示。限位套筒穿过制动蹄腹板上的长孔，并借压紧弹簧将两限位摩擦片夹持在制动蹄腹板上，由此保持限位套筒与制动腹板的相对位置。球头限位销固定在制动底板上，穿入限位套筒的孔中，限位套筒与限位销球头之间的间隙 Δ 决定了限位套筒相对于限位销的位移量，也即制动蹄与制动鼓之间所设定的制动间隙。

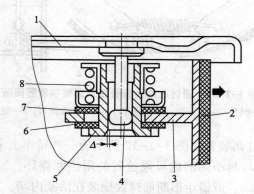

图 3-1-13 摩擦限位式间隙自动调整装置
1—制动底板；2—制动蹄摩擦片；3—制动蹄腹板；4—限位销；
5—限位套筒；6、7—限位摩擦片；8—压紧弹簧

当制动蹄与制动鼓之间存在过量的间隙时，由于限位销对限位套筒的定位作用，使得制

动蹄在张开的过程中先出现限位套筒与限位球销的接触,随后制动蹄在促动力作用下使制动蹄腹板克服限位摩擦片上摩擦力,相对于限位套筒继续向右移动,压向制动鼓,实现完全制动。当制动促动力解除以后,在制动蹄复位弹簧作用下,限位套筒借限位摩擦片上的摩擦力与制动蹄一起复位,直至限位球销与限位套筒内壁接触为止。至此,制动蹄腹板与限位套筒的相对位置发生改变,该变量即为制动间隙中过量的部分。

具有摩擦限位式间隙自调装置的制动器在装配时不需要调校间隙,只要在安装到汽车上以后,经过一次完全制动,即可以将制动间隙自动调整到设定值。因此这种自调装置属于一次调准式。

5)楔块式间隙自调装置。如图 3-1-4 所示,间隙自调装置的调整楔 1 装在推杆 2 右端槽内,其下端与调整楔拉簧 B 相连,弹簧固定在制动蹄上。制动推杆两端有缺口,其右端缺口的端面压在调节楔的齿形面上,调节楔的另一侧齿形面压在与后制动蹄固定在一起的斜支承上。在连接弹簧 7 的作用下,制动推杆紧紧压在调节楔和斜支承上,制动推杆左端的头部有一凸耳 5 (如图 3-1-14 所示),它与驻车制动拉杆 4 的外侧面之间有一设定间隙 Δ(0.2~0.3 mm)。上回位弹簧使制动拉杆与制动推杆左侧缺口的端面紧紧贴在一起。

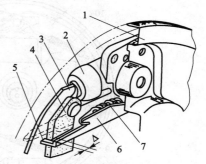

图 3-1-14 制动器设定间隙 Δ
1—制动底板;2—制动轮缸;3—后制动蹄;
4—驻车制动拉杆;5—推杆凸耳;
6—驻车制动推杆;7—连接弹簧

在正常制动间隙(设定间隙 Δ)内进行制动时,两制动蹄在轮缸活塞的推力作用下向外张开,并压靠到制动鼓上,实施制动。此时,由于连接弹簧的刚度设计得比上回位弹簧大,所以上回位弹簧被拉伸,而连接弹簧不被拉伸。此时驻车制动拉杆始终压住调整楔,并与前制动蹄一起压靠到制动鼓上,此时制动拉杆与制动推杆凸耳不相接触(因未超出设定间隙 Δ 值)。

当制动间隙增加超过设定间隙 Δ 值进行行车制动时,两制动蹄在轮缸活塞推力的作用下,上回位弹簧首先被拉伸到一定程度后,连接弹簧也被拉伸,使制动拉杆与制动推杆凸耳不但接触,而且外移。此时,驻车制动推杆与前制动蹄斜支承间形成的切槽与调整楔间便产生了间隙,于是调整楔被调整楔拉簧(如图 3-1-4 所示)往下拉,直到调整楔与切槽两侧面重新接触为止,从而补偿了制动器的过量间隙。

解除制动时,两制动蹄在复位弹簧的作用下复位,但不可能恢复到制动前的位置。因为借以补偿过量制动间隙的调整楔与切槽的相对位置是不可逆转的。这种制动器间隙自动调整装置也是一次调准式。

6)星形螺母式间隙自动调整装置。图 3-1-15 为鼓式制动器星形螺母间隙自动调整装置,它安装于制动器的从蹄上,在汽车倒车且实施制动的过程中完成调节。采用这种方式的间隙自调节装置可以大大减少"过调节"的可能性,即通过将制动间隙调整安排在很少出现的倒车制动过程中,来有效地避免由于制动鼓严重受热膨胀变形造成的间隙增大。自调节系统主要由自调节拉索、自调节拉索导向板、自调节棘爪和间隙调整星形螺母等组成。自调节拉索的一端固定在制动器促动活塞上方的轴销中,另一端绕过自调节拉索导向板后与自调节棘爪相连。当制动间隙处于正常范围内实施制动时，自调节棘爪受自调节拉索的控制在小范围内转动，无法跨越间隙调整星形螺母上与自调节棘爪相接触的齿顶部，因而不能拨动间隙调整星形螺母。而一旦制动蹄摩擦片磨损变薄后，自调节棘爪随后制动蹄一起顺时针转过一个较大的角度，自调节棘爪两端部将跨过间隙调整星形螺母上与原齿轮规定的位置，卡入间隙调整星形螺母上新的齿隙中。解除制动时，在棘爪复位弹簧的拉力作用下，棘爪逆时针转动复位，推动间隙调整星形螺母转动，使得可调顶杆改变长度，从而达到调整制动蹄与制动鼓之间间隙的目的。

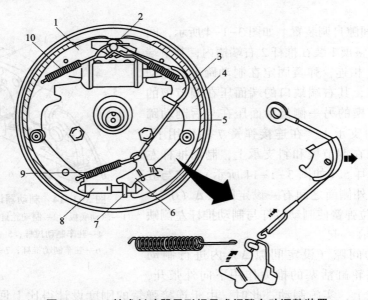

图 3-1-15 鼓式制动器星形螺母式间隙自动调整装置
1—前制动蹄；2—自调节拉索定位端；3—自调节拉索导向板；4—后制动蹄；5—自调节拉索；6—自调节棘爪；
7—间隙调整星形螺母；8—可调顶杆；9—棘爪复位弹簧；10—制动蹄复位弹簧

2. 凸轮式制动器

国内外汽车的气压制动系统中，大多是采用凸轮促动的车轮制动器，而且多为领从蹄式，如图 3-1-16 所示。这种制动器除了用制动凸轮作张开装置外，其余部分结构与轮缸促动的领从蹄式制动器大体相同。可锻铸铁铸成的制动蹄的一端套在偏心支承销上，支承销下面有支承销座，固定在制动底板上。制动蹄的另一端靠回位弹簧拉拢并使之紧靠在制动凸轮上。凸轮与凸轮轴制成一体，凸轮轴安装在制动底板的支架内，轴端有花键与制动调整臂内的蜗轮相连。调整臂的另一端则和制动气室的推杆连接叉相连。在制动蹄的外圆弧面上铆有两块石棉摩擦片。不制动时，摩擦片和制动鼓之间留有适当的间隙，使制动鼓能随车轮自由转动。

制动时，压缩空气进入制动气室，通过推杆及连接叉使制动调整臂转动，调整臂带动凸轮轴转动，凸轮迫使两制动蹄张开并压紧在制动鼓上，产生相应的制动作用。当放松制动踏板时，制动气室中的压缩空气排出，膜片在回位弹簧作用下回位，并通过推杆、连接叉、制动调整臂带动凸轮轴回位，同时，两制动蹄在回位弹簧作用下，以其上端支承面靠紧于制动凸轮的两侧，制动蹄与制动鼓间保持一定的间隙，制动作用解除。

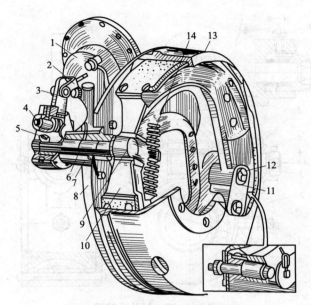

图 3-1-16　凸轮式车轮制动器
1—制动气室；2—连接叉；3—制动调整臂；4—蜗杆；5—蜗轮；6—凸轮轴；7—支架；8—制动底板；
9—凸轮；10—制动蹄；11—支承销座；12—支承销；13—制动鼓；14—回位弹簧

上述制动器为领从蹄式制动器。制动时在蹄与鼓之间摩擦力的作用下，使领蹄有离开凸轮的倾向，从蹄有压紧凸轮的倾向，造成凸轮对领蹄的张开力小于从蹄，从而使两制动蹄所受到的制动鼓的法向反力基本相等，使两制动蹄的制动力矩近似相等。但由于这种制动器结构上不是中心对称，两制动蹄作用于制动鼓上的法向等效合力虽然大小相等，但不在一条直线上，不能完全平衡。因此这种制动器仍为非平衡式制动器。

制动器的间隙可以根据需要进行局部或全面调整。局部调整时，是利用制动调整臂来改变制动凸轮的原始角位置。制动调整臂的结构如图 3-1-17 所示。在制动调整臂体内，装有调整蜗杆和调整蜗轮，两者相互啮合。调整蜗轮以内花键与制动凸轮轴的外花键啮合。在制动调整臂位置不变的情况下，转动蜗杆可通过蜗轮带动凸轮轴转过一角度，从而改变制动凸轮的原始角位置。调整时，将锁止套向内按入，使蜗杆轴的六方头露出，此时即可转动蜗杆轴，每转 60° 松开锁止套，锁止套在弹簧的作用下被弹出，与蜗杆轴端的六方头相接合，由锁止螺钉将锁止套的圆周位置固定。

全面调整时，还应同时转动带偏心轴颈的支承销（如图 3-1-16 所示），以改变制动器支承端的间隙。

（二）盘式制动器

盘式制动器摩擦副中的旋转元件是以端面工作的金属圆盘，称为制动盘。其固定元件有着多种结构型式。根据固定元件的结构型式不同，盘式制动器大体上可以分为两类，即钳盘式制动器和全盘式制动器。钳盘式制动器中的固定元件是工作面积不大的摩擦块与其金属背板组成的制动块，每个制动器中有 2~4 块。这些制动块及其促动装置都装在横跨制动盘两侧的钳型支架中，总称为制动钳。根据制动钳的结构型式不同，钳盘式制动器又分为定钳盘式制动器和浮钳盘式制动器两种。

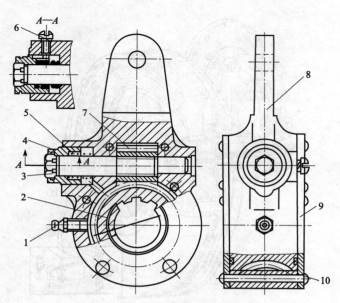

图 3-1-17 制动调整臂

1—油嘴；2—调整蜗轮；3—蜗杆轴；4—锁止套；5—弹簧；6—锁止螺钉；
7—调整蜗杆；8—制动调整臂体；9—盖；10—铆钉

全盘式制动器的固定元件的金属背板和摩擦片都做成圆盘形，因而其制动盘的全部工作面可同时与摩擦片接触。全盘式制动器由于制动钳的横向尺寸较大，主要应用在重型汽车上。

1. 定钳盘式制动器

定钳盘式制动器的基本结构如图 3-1-18 所示。制动盘与车轮相连接，随车轮一起转动。轮缸活塞布置在制动盘两侧的制动钳支架中，活塞的端部粘有摩擦片。制动钳用螺栓固定在桥壳或转向节上，既不能旋转，也不能轴向移动。制动时，高压制动液被压入两制动轮缸中，推动轮缸活塞，使两个制动摩擦片同时压向制动盘，产生制动作用。此时活塞上矩形

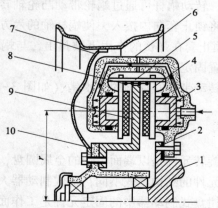

图 3-1-18 定钳盘式制动器结构

1—转向节或桥壳凸缘；2—调整垫片；3—轮缸活塞；4—制动块；5—导向支承销；
6—钳体；7—轮辐；8—回位弹簧；9—制动盘；10—轮毂凸缘

橡胶密封圈的刃边在活塞摩擦力的作用下，产生弹性变形，如图3-1-19（a）所示。其极限变形量应等于（制动器间隙为设定值时的）完全制动所需的活塞行程。解除制动时，活塞在密封圈的弹力作用下回位，直至密封圈变形完全消失为止，如图3-1-19（b）所示。此时摩擦片与制动盘之间的间隙即为设定间隙。

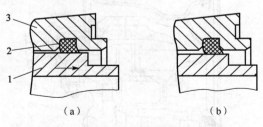

图3-1-19　活塞密封圈的工作情况
(a) 制动时；(b) 解除制动时
1—活塞；2—矩形橡胶密封圈；3—轮缸

若制动器存在过量间隙，则制动时活塞密封圈变形达到极限值后，轮缸活塞在液压作用下克服密封圈的摩擦力而继续移动，直到完全制动为止。但解除制动后，活塞密封圈将活塞拉回的距离为制动器间隙恢复到设定值。由此可见，密封圈能兼起活塞回位弹簧和一次调准式间隙自调装置的作用，可使制动钳结构简单、造价低廉，故在轻、中型轿车上得到广泛应用。但这种结构对橡胶密封圈的弹性、耐热性、耐磨性及加工精度要求较高，而且所能保持的制动器间隙较小，在保证彻底解除制动方面还不十分可靠。

图3-1-20所示为德国奔驰600型高级轿车前轮定钳盘式制动器。制动盘用螺钉固定在轮毂上，随车轮一起旋转。两个制动钳对称地布置在制动盘外缘处（图中只表示一个，另一个已剖去）。制动钳体由内外两部分组成，用4个螺栓连接成一个整体。两个制动钳内外侧制动钳体各用螺钉固定在前轴转向节上。

制动钳的构造如图3-1-21所示。内、外两侧制动钳体实际上各为一个液压轮缸的缸体，其中各装有一个活塞，内外液压轮缸有油道连通。摩擦弹簧固装在活塞的尾端，并紧箍着回位销的中部。回位销的头部装有限位垫圈。爪形回位弹簧及其挡盘装在钳体底部的锥形凹坑中，其弹力的方向始终是向左拉着回位销。在活塞的前端装有活塞压板，摩擦片粘在摩擦片底板上，底板的外端装在摩擦片定位销上，并可沿定位销轴向移动。

制动时，制动液被压入活塞后面的轮缸腔体内，推动活塞向前（图中向右）移动，将摩擦片压紧在制动盘上，即对车轮产生制动作用。同时，活塞还通过摩擦弹簧、回位销使爪形回位弹簧向前拱曲变形。

解除制动时，轮缸中的油压撤除，在爪形回位弹簧的作用下，回位销又通过摩擦弹簧将活塞拉回，于是摩擦片在制动盘与活塞压板之间浮动，不起制动作用。

这种制动器中摩擦副的间隙是自动调整的。间隙为标准值时，活塞在油压作用下右移到爪形回位弹簧与其挡盘接触时，摩擦片应当与制动盘压紧。即爪形回位弹簧与其挡盘之间的间隙应等于制动器的正常间隙。若摩擦片磨损，制动器间隙便大于爪形回位弹簧与挡盘之间的间隙，则在爪形回位弹簧与挡盘接触而回位销停止右移时，由于液压力大于摩擦弹簧与回位销之间的摩擦力，故活塞带动摩擦弹簧相对于回位销继续右移，直到摩擦片压紧到制动盘上为止。其右移的距离正好等于磨损量。油压撤除后，爪形回位弹簧带动回位销并依靠摩擦弹簧与回位销之间的摩擦力使活塞回位，其回位量只能等于爪形回位弹簧与其挡盘之间的间隙。这种结构工作可靠，可简化保养作用。

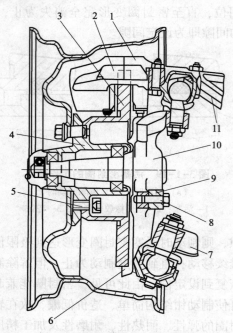

图 3-1-20　德国奔驰 600 型轿车前轮制动器

1、9—内侧制动钳体；2—外侧制动钳体；3—制动盘；4—轮毂；5—固定螺钉；6—盖板；
7—前悬架下摆臂；8—制动钳固定螺钉；10—转向节；11—前悬架上摆臂

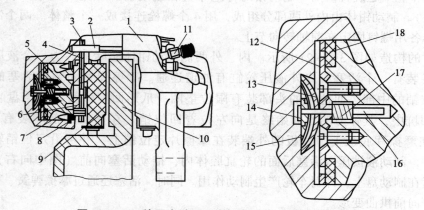

图 3-1-21　德国奔驰 600 型轿车前轮制动器制动钳

1—制动钳体；2—摩擦片定位销；3—摩擦片底板；4—隔片；5—活塞；6—活塞压板；7—防尘罩；
8—卡环；9—摩擦片；10—制动盘；11—放气螺钉；12—密封环挡片；13—回位弹簧挡盘；
14—限位垫圈；15—爪形回位弹簧；16—回位销；17—摩擦弹簧；18—活塞密封环

2. 浮钳盘式制动器

浮钳盘式制动器的制动钳是浮动的，可以相对于制动盘轴向移动。其中只在制动盘的内侧设置油缸，用以驱动内侧制动块，而外侧的制动块则附着在钳体上，制动时随制动钳轴向移动。图 3-1-22 所示为浮钳盘式制动器结构。制动时，内侧活塞及摩擦片在液压作用

力 F_1 作用下，向左移动压向制动盘。同时，液压的反作用力 F_2 推动制动钳体向右移动，使外侧摩擦片也压靠到制动盘上。导向销上的橡胶衬套不仅能够稍微变形以消除制动器间隙，而且可使导向销免受泥污。解除制动时，橡胶衬套所释放出来的弹性有助于外侧制动块离开制动盘。活塞密封圈使活塞回位。若制动器产生了过量的间隙，活塞则相对于密封圈滑移，借此实现间隙自动调整。

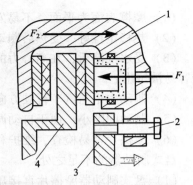

图 3-1-22　浮钳盘式制动器
1—制动钳体；2—导向销；
3—制动钳支架；4—制动盘

与定钳盘式制动器相比，浮钳盘式制动器的单侧油缸结构简单，使制动器的轴向与径向尺寸较小，有可能布置得更接近车轮轮毂。浮钳盘式制动器在兼充行车和驻车制动器时，不用加设驻车制动钳，只需在行车制动钳油缸附近加装一些驻车制动机械传动零件，用以推动油缸活塞。由于浮钳盘式制动器优点较多，近年来在轿车及轻型载货汽车上得到广泛应用。

3. 制动钳磨损报警装置

许多盘式制动器上装有制动块摩擦片磨损报警装置，用来提醒驾驶员制动块上的摩擦片需要更换。常见的磨损报警装置有声音的、电子的和触觉的三种。

声音报警装置如图 3-1-23 所示。这种系统在制动摩擦块的背板上装有一小弹簧片，其端部到制动盘的距离刚好为摩擦片的磨损极限，当摩擦片磨损到需要更换时，弹簧片与制动盘接触发出刺耳的尖叫声，警告驾驶员需要维修制动系统。

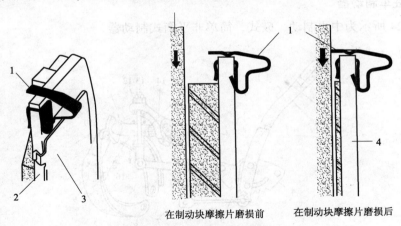

在制动块摩擦片磨损前　　在制动块摩擦片磨损后

图 3-1-23　声音报警装置
1—制动块摩擦片磨损指示器；2—盘式制动器摩擦片；3—消声片；4—背板

电子报警装置是在摩擦片内预埋了电路触点，当衬片磨损到触点外露接触制动盘时，形成电流回路接通仪表板上的警告灯，告知驾驶员摩擦片需要更换。

触觉报警装置是在制动盘表面有一传感器，摩擦片也有一传感器。当摩擦片磨损到两个传感器接触时，踏板产生脉动，提醒驾驶员需要更换摩擦片。

4. 盘式制动器的特点

盘式制动器与鼓式制动器相比，具有以下优点：

（1）摩擦表面为平面，不易发生较大变形，制动力矩较稳定。

（2）热稳定性好，受热后制动盘只在径向膨胀，不影响制动间隙。

（3）受水浸渍后，在离心力的作用下水很快被甩干，摩擦片上的剩水也由于压力高而较容易被挤出。

（4）制动力矩与汽车行驶方向无关。

（5）制动间隙小，便于自动调节间隙。

（6）摩擦片容易检查、维护和更换。

盘式制动器的不足之处：

（1）盘式制动器摩擦片直接压在圆盘上，无自动摩擦增力作用，所以在此系统中须另行装设动力辅助装置。

（2）兼用驻车制动时，加装的驻车制动传动装置较鼓式制动器复杂，因而用在后轮上受到限制。

（三）驻车制动器

驻车制动装置的作用是使停驶后的汽车能够驻留原地不动，使汽车在坡道上能顺利起步，当行车制动效能失效后临时使用或配合行车制动器进行紧急制动。

驻车制动装置按其安装位置可分为中央制动式和车轮制动式两种。前者的制动器安装在变速器的后面，制动力作用在传动轴上；后者与车轮制动器共用一个制动器总成，只是传动机构是相互独立。驻车制动器按其结构型式分为鼓式、盘式、带式和弹簧作用式。

1. 中央驻车制动器

图 3-1-24 所示为中央制动、鼓式、简单非平衡式制动器。

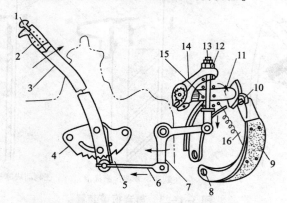

图 3-1-24 中央驻车制动器

1—按钮；2—拉杆弹簧；3—驻车制动杆；4—齿扇；5—锁止棘爪；6—传动杆；7—摇臂；
8—偏心支承销孔；9—制动蹄；10—滚轮；11—凸轮轴；12—调整螺母；13—拉杆；
14—摆臂；15—压紧弹簧；16—复位弹簧

制动鼓通过螺栓与变速器输出轴的凸缘盘连接在一起，制动底板固定在变速器输出轴轴承盖上，两制动蹄通过偏心支承销支承在制动底板上，其上端装有滚轮，在复位弹簧的作用下，滚轮抵靠在凸轮的两侧，凸轮轴支承在制动底板的上部，轴外端与摆臂连接，摆臂的另一端与穿过压紧弹簧的拉杆相连，驻车制动杆上装有棘爪。驻车制动时，将驻车制动杆上端向后拉动，则制动杆的下端向前摆动，传动杆带动摇臂顺时针转动，拉杆则带动摆臂顺时针转动，凸轮轴亦顺时针转动，凸轮则使两制动蹄以支承销为支点向外张开，压靠到制动鼓上，产生制动作用。当制动杆拉到制动位置时，棘爪嵌入齿扇上的棘齿内，起锁止作用。

解除制动时，按下驻车制动杆上的按钮使棘爪脱离棘齿，向前推动制动杆，则传动杆、拉杆、凸轮轴按逆时针方向转动，制动蹄在复位弹簧的作用下复位，制动蹄与制动鼓间恢复制动间隙，驻车制动解除。

调整制动间隙时，须将驻车制动杆置于不制动位置。旋进拉杆上的调整螺母，通过改变凸轮的原始位置，使制动器间隙和自由行程减小，反之则增大。若仍不能调整到需要的间隙，则需拆下摆臂，错开一个或数个花键齿安装后再利用螺母进行调整。此时，不应松动驻车制动器偏心支承销的锁紧螺母和改变支承销的位置，否则有可能破坏摩擦片和制动鼓的贴合状态。当需要进行全面调整时，方可改变偏心支承销的位置。

2. 带驻车制动机构的鼓式制动器

图3-1-25所示为带驻车制动机构的鼓式制动器。这种驻车制动机构通常设置在后轮鼓式制动器中，与行车制动系统共用一套制动器。操纵机构通过驻车制动拉索，拉动制动蹄操纵杆绕支点转动，并通过驻车制动蹄支柱，推动两制动摩擦片外张，压住后制动鼓，起到驻车制动的作用。

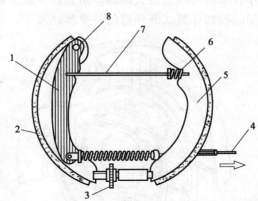

图3-1-25 带驻车制动机构的鼓式制动器
1—制动蹄操纵杆；2—摩擦片；3—调整器；4—软线；5—制动蹄；
6—弹簧；7—制动蹄支柱；8—杠杆销

3. 带驻车制动机构的盘式制动器

图3-1-26所示为一种带凸轮促动机构的浮钳盘式制动器。自调螺杆穿过制动钳体的孔旋装在有粗牙螺纹的自调螺母中，螺母凸缘的左边部分被扭簧紧箍着。扭簧的一端固定在活塞上，而另一端则自由地抵靠在螺母凸缘上。推力球轴承固定在螺母凸缘的右侧，并被固定在活塞上的挡片封闭。膜片弹簧使螺杆右边斜面与驻车制动杠杆的凸缘斜面始终贴合。

施行驻车制动时，在驻车制动杠杆的凸轮推动下，自调螺杆连同自调螺母一直左移到螺母接触活塞的底部。此时，由于扭簧的障碍，自调螺母不可能倒转着相对于螺杆向右移动，于是轴向推力便通过活塞传动到制动块上而实现制动。解除制动时，自调螺杆在膜片弹簧的作用下，随着驻车制动杠杆复位。

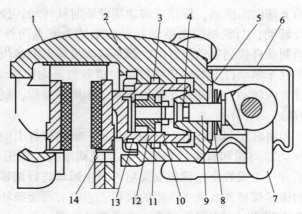

图 3-1-26 带凸轮促动机构的浮钳盘式制动器

1—制动钳体；2—活塞护罩；3—活塞密封圈；4—自调螺杆密封圈；5—膜片弹簧支承垫圈；
6—驻车制动杠杆护罩；7—驻车制动杠杆；8—膜片弹簧；9—自调螺杆；10—挡片；
11—推力球轴承；12—自调螺母；13—扭簧；14—活塞

图 3-1-27 所示是雷克萨斯 LS400 轿车盘鼓式驻车制动器。这种制动器将一个作行车制动器的盘式制动器和一个作驻车制动器的鼓式制动器组合在一起。双作用制动盘的外缘盘作盘式制动器的制动盘，中间的鼓部作鼓式制动器的驻车制动鼓。

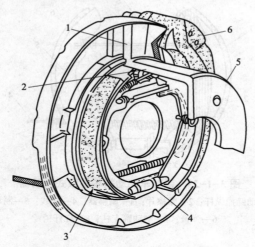

图 3-1-27 盘鼓式驻车制动器

1—制动盘；2—制动鼓；3—驻车制动蹄；4—调整器；5—冠部；6—盘式制动卡

进行驻车制动时，将驾驶室中的手动驻车制动操纵杆拉到制动位置，经一系列杠杆和拉绳传动，将驻车制动杠杆的下端向前拉，使之绕平头销转动，其中间支点推动制动推杆左移，将前制动蹄推向制动鼓。待前制动蹄压靠到制动鼓上之后，推杆停止移动，此时制动杆绕中间支点继续转动，于是制动杠杆的上端向右移动，使后制动蹄压靠到制动鼓上，施以驻车制动。

解除制动时，将驻车制动操纵杆推回到不制动的位置，制动杠杆在卷绕在拉绳上的复位弹簧的作用下复位，同时制动蹄复位弹簧将两制动蹄拉拢。

五、制动器检修

1. 鼓式制动器检修（以桑塔纳轿车后轮制动器为例）

（1）制动蹄衬片厚度检查。如图 3-1-28 所示，用游标卡尺测量制动蹄片的厚度，标准值为 5 mm，使用极限为 2.5 mm。其铆钉与摩擦片的表面深度不得小于 1 mm，以免铆钉头刮伤制动鼓内表面。在未拆下车轮时，后制动蹄摩擦片的厚度可以从制动底板的观察孔中检查。

（2）制动鼓内圈磨损及尺寸检查。如图 3-1-29 所示，首先检查制动鼓内圈有无烧损、刮痕和凹陷，若不能修复应更换新件。检查制动鼓内圈尺寸及圆度误差时，用游标卡尺检查内圈尺寸，标准值为 $\phi180$ mm，使用极限为 $\phi181$ mm。用圆度测量工具测量制动鼓内圈的圆度误差，使用极限为 0.03 mm，超过极限应更换新件。

（3）制动蹄片与制动鼓接触面积检查。如图 3-1-30 所示，将制动蹄衬片表面打磨干净后靠在制动鼓上，检查二者的接触面积，应不小于 60%，否则应继续打磨衬片表面直至检查合格为止。

（4）制动器连接弹簧和回位弹簧检查。如图 3-1-31 所示，若制动器连接弹簧、上回位弹簧、下回位弹簧和调整楔拉簧的自由长度增长率达 5%，则应更换新件。

2. 盘式制动器检修

（1）制动盘厚度检查。目视检查制动盘是否有裂纹、是否翘曲、是否有沟痕等，如有则更换。

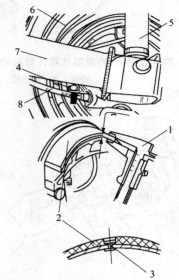

图 3-1-28 检查后制动蹄衬片厚度
1—游标卡尺；2—摩擦片；3—铆钉；
4—观察孔；5—后减振器；
6—制动底板；7—后桥体；
8—驻车制动器

制动盘使用磨损会使其厚度减小，厚度过小会引起制动踏板振动，制动噪声及颤动。检查制动盘厚度时，可用游标卡尺或千分尺直接测量，测量位置应在制动衬片与制动盘接触面的中心部位，如图 3-1-32 所示。桑塔纳轿车前制动盘标准厚度为 10 mm，使用极限为 8 mm，超过极限尺寸时应予更换。

（2）制动盘端面圆跳动检查。制动盘端面圆跳动过大会使制动踏板抖动或使制动衬片磨损不均匀。可用百分表检查制动盘的端面圆跳动量，如图 3-1-33 所示。端面圆跳动量应不大于 0.06 mm。不符合要求可进行机加工修复（加工后的厚度不得小于 8 mm）或更换。

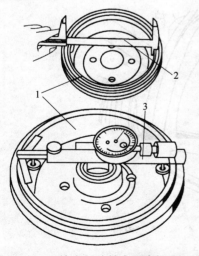

图 3-1-29 检查制动鼓内圈磨损及尺寸
1—制动鼓；2—游标卡尺；3—圆度测量工具

盘式制动器
检测更换

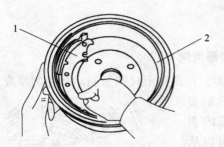
图 3-1-30　检查制动蹄片与制动鼓接触面积
1—制动蹄片；2—制动鼓

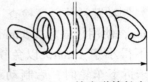
图 3-1-31　检查弹簧长度

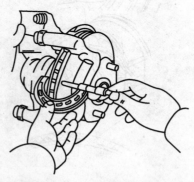
图 3-1-32　检查制动盘厚度

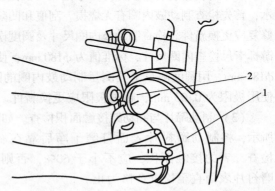
图 3-1-33　检查制动盘端面圆跳动
1—制动盘；2—百分表

（3）制动块厚度检查。如图 3-1-34 所示，若制动块已拆下，可直接用游标卡尺测量。制动块摩擦片的厚度为 14 mm（不包括底板），使用极限为 7 mm。若车轮未拆下，对外侧的摩擦片，可通过轮辐上的检视孔，用手电筒目测检查。内侧摩擦片，利用反光镜进行目测。

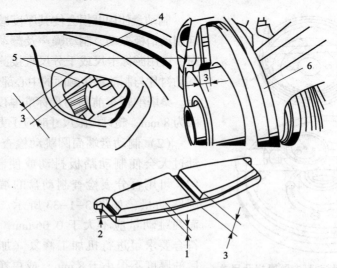
图 3-1-34　检查制动块厚度
1—制动块摩擦片厚度；2—制动块摩擦片磨损极限厚度；3—制动块的总厚度；4—轮辐；5—外制动衬片；6—制动盘

（4）制动间隙调整。目前，一般的盘式制动器都具有间隙自调装置，即装配完制动器只需连续踩几脚制动踏板即可。

3. 驻车制动器检修

（1）驻车制动手柄行程检查。用手拉动驻车制动手柄，检查驻车制动手柄的行程是否在规定的槽数内（拉动手柄时可以听到咔嗒声，一般为3~5声）。如果不符合标准，应调整驻车制动手柄的行程。

驻车制动手柄行程的调整如图3-1-35所示，先松开锁紧螺母，然后根据需要转动调整螺母，行程合适后再紧固锁紧螺母。

当驻车制动手柄行程的调整不能达到标准的要求，则应先调整后轮制动蹄片或驻车制动蹄片的间隙，再调整驻车制动手柄的行程。

（2）驻车制动指示灯的工作情况。在点火开关位于ON时，检查并确保拉动驻车制动手柄时，在听到第一个咔嗒声前，驻车指示灯就已经点亮。

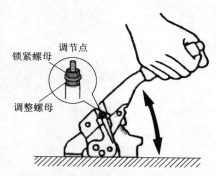

图3-1-35 调整驻车制动手柄行程

【任务实施】

一、任务实施准备

（1）理实一体化多媒体实训场所。

（2）具有鼓式制动器和盘式制动器的实训车辆、车轮挡块。

（3）故障诊断仪。

（4）拆装工作台。

（5）压缩空气源。

（6）鼓式车轮制动器、盘式车轮制动器、驻车制动器。

（7）工量具：通用54件组合扳手、钢板尺、直尺、游标卡尺、一字螺丝刀、胎压表等。

（8）备品：工作服、工作鞋、手套、座椅套、转向盘套、变速杆套、脚垫、翼子板布、前盖板布、抹布等；螺栓、螺母、垫片、密封圈等各种易损件；各种型号打磨砂纸；润滑油、润滑脂、清洗液、制动液等。

（9）废物收纳箱等。

（10）车辆维修手册。

（11）实训工单。

二、任务实施步骤

（1）组织学生对基本知识进行学习。

（2）学生分组。

（3）以小组为单位，讨论制订制动器检修工作计划。

（4）各小组汇报工作计划，教师组织点评，进行可行性分析。

(5) 组织学生按工作计划进行制动器检修实操训练，教师巡视、予以指导，同时依据考核工单对学生操作规范性进行考核。

(6) 组织学生查询该车的检测标准，参照检测标准对检查结果进行分析，按要求填写实训工单。

(7) 教师接收学生完成的实训工单。

(8) 实训总结，包括学生自我反思、教师答疑、点评、总结等。

实训工单

学生姓名：_____ 班级_____ 实训日期_____

序号	检查项目	检查结果
1	车辆品牌	
2	VIN 码	
3	制动系统类型	
4	前轮制动器类型	
5	后轮制动器类型	
6	轮胎气压	
7	轮胎花纹深度	
8	制动液型号	
9	制动盘厚度	
10	制动盘端面圆跳动	
11	制动块厚度	
12	制动蹄衬片厚度	
13	制动鼓内圈尺寸	
14	制动蹄衬片与制动鼓接触情况	
15	弹簧情况	
16	制动间隙	
	实训结论	实训收获与反思
实训总结		

项目三 汽车制动系统检修

考核工单

学生姓名：　　　　　考核项目：　　　　　考核成绩：

序号	项目	分值	扣分标准	得分
1	实训准备工作	5	每缺少1项扣1分	
2	工量具正确使用	5	每错误1次扣1分	
3	设备正确使用	5	每错误1次扣1分	
4	维修手册的正确使用	5	每错误1次扣1分	
5	操作规范性	60	每错误1次扣1分	
6	测量准确性	5	每错误1次扣1分	
7	实训工单填写	5	未填写扣5分	
8	车辆保护	5	每缺少1项扣1分	
9	5S	5	每缺少1项扣2分	
10	是否出现危险行为		出现人身危险总成绩0分；出现车辆危险扣20分；出现工具设备危险扣10分	
	合计	100		

教师评语

考核教师：

　　　　年　　月　　日

任务二　液压制动传动装置检修

1. 了解液压制动回路的组成及工作原理。
2. 掌握各组成部件的结构与工作原理。
3. 了解液压制动系统的检查项目及检查方法。
4. 了解系统部件的检修方法。

1. 能够收集和整理相关资料。
2. 能够针对具体车型的液压制动系统向客户进行介绍。
3. 能够对系统部件的结构与工作原理进行说明与分析。
4. 能够对液压制动系统进行基本检查。
5. 能够对系统组成部件进行检修。
6. 能够对液压制动系统进行排气。
7. 能够引导客户树立安全环保意识。

【案例引入】

小A在刚参加工作时，作为汽车维修助理帮助师傅对制动液进行更换，师傅总会让小A坐在驾驶室内，然后听师傅的指令，"踩住……""反复踩几次，踩硬，再踩住"，如此反复多次，师傅则在车下拿着油壶和扳手释放制动液。那么为什么要反复踩硬？不踩住会出现什么后果？师傅在释放制动液的时候是有顺序和规律的吗？相信学完下面内容，你将对液压制动系统有所了解，并理解以上问题。

【基本知识】

一、液压制动回路

在液压式制动传动装置中，传力介质是制动油液，利用制动油液将驾驶员作用于制动踏板上的力转换为油液压力，通过管路传至车轮制动器，再将油液压力转换为使制动蹄张开的机械推力。按制动能源不同，分为人力液压制动系统和伺服液压制动系统。目前轿车和轻型车普遍采用伺服液压制动系统，伺服液压制动系统有真空助力式和真空增压式两种。

为了提高汽车制动的可靠性和行车的安全性，目前都是采用双回路液压制动传动装置。双回路是指利用彼此独立的双腔制动主缸，通过两套独立管路，分别控制两桥或三桥的车轮制动器。其特点是若其中一套回路发生故障而失效时，另一套回路仍能继续起制动作用。

双回路的布置方案在各型汽车上各有不同，常见的有前后独立式和交叉式，如图3-2-1所示。前后独立式双回路液压制动传动装置如图3-2-1（a）所示，它由双腔制动主缸通过两套独立的管路分别控制前桥和后桥的车轮制动器。这种布置方式结构简单，如果其中一套管路损坏漏油，另一套仍能起作用，但会破坏前后桥制动力分配的比例，主要用于对后轮制动依赖性较大的发动机前置后轮驱动的汽车。交叉式双回路液压制动传动装置如图3-2-1（b）所示，它由双腔制动主缸通过两套独立的管路分别控制前后桥对角线方向的两个车轮制动器。这种布置方式在任一管路失效时，仍能保持一半的制动力，且前后桥制动力分配比例保持不变，有利于提高制动方向稳定性，主要用于对前轮制动依赖性较大的发动机前置前轮驱动的轿车。

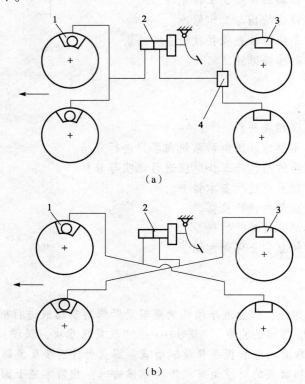

图 3-2-1　双回路液压制动传动装置布置
1—盘式制动器；2—双腔制动主缸；3—鼓式制动器；4—制动力调节器

图3-2-2所示为典型轿车制动系统。该系统采用真空助力、双回路交叉布置。前轮为盘式制动器，后轮为鼓式制动器。后轮鼓式制动器同时也作为驻车制动系统的制动器。制动主缸的后腔与右前轮、左后轮的制动回路相通；制动主缸的前腔与左前轮、右后轮的制动回路相通。

制动时，驾驶员踩下制动踏板，踏板力经真空助力器放大后，作用在制动主缸上，制动主缸将制动液加压后，分别输送到两个制动回路，使制动器产生制动作用。

这种液压传动对角线双回路制动系统结构简单，并且直行时紧急制动的稳定性好。

要施行手制动时，只要用手向后拉手制动操纵杆到位为止，并通过自锁机构锁住。在此过程中，由手制动操纵杆带动手制动操纵缆绳，缆绳牵引制动软轴，再由软轴带动制动器里的拉杆，使两个后轮制动器中的两个制动蹄向外张开，使制动鼓产生制动作用。解除制动时，先用手指压下制动操纵杆头部按钮来解除锁止作用，然后向前推动手制动操纵杆直到不能移动为止。

制动踏板机构和手制动操纵杆在施行制动时和电气开关相接触，指示灯亮，进行制动显示。

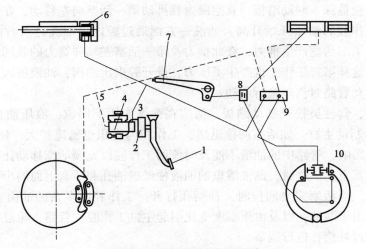

图 3-2-2 典型轿车制动系统
1—制动踏板；2—真空助力器；3、5—制动回路；4—制动主缸；6—前轮盘式制动器；
7—手制动操纵杆；8—手制动操纵缆绳；9—感载比例阀；10—后轮鼓式制动器

（一）制动主缸

制动主缸的作用是将踏板力转变成液压力。现代汽车的行车制动系统都必须采用双回路，因此液压制动系统都采用双腔式制动主缸。图 3-2-3 所示为串联双腔式制动主缸。缸体内装有两个活塞，将主缸内腔分为两个工作腔。第一工作腔既与右前轮盘式制动器液压缸相通，还经感载比例阀与左后轮鼓式制动器轮缸相通。第二工作腔也有两条通路，一是通往左前轮盘式制动器液压缸，一是经感载比例阀通往右后轮鼓式制动器轮缸。每套管路和工作腔又分别通过补偿孔和回油孔与储液罐相通。第二活塞两端均承受弹簧力，但左弹簧张力小于右弹簧张力，故主缸不工作时，第二活塞由右端弹簧保持在正确的初始位置，使补偿孔和进油孔与缸内相通。第一活塞在左端弹簧作用下，压靠在套上，使其处于补偿孔和回油孔之间的位置。密封套用来防止主缸漏油。此外每个活塞上都装有密封圈，以便两腔建立油压并保证密封。

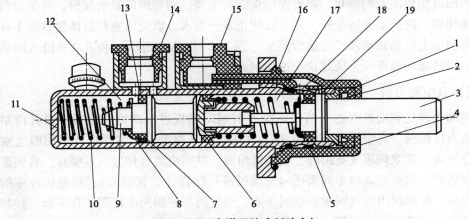

图 3-2-3 串联双腔式制动主缸
1—套；2—密封套；3—第一活塞；4—盖；5—防动圈；6、13—密封圈；7—垫片；8—挡片；
9—第二活塞；10—弹簧；11—缸体；12—第二工作腔；14、15—进油孔；16—定位圈；
17—第一工作腔；18—补偿孔；19—回油孔

制动时，驾驶员踩下制动踏板，真空助力器推动第一活塞向左移动，在其密封圈遮住补偿孔后，第一工作腔的油压开始升高。油液一方面通过腔内出油孔进入右前、左后制动管路，一方面又对第二活塞产生推力，在此推力及第一活塞左端弹簧力的共同作用下，第二活塞也向左移动，这样第二工作腔也产生了压力，推开腔内出油阀，油液进入左前、右后制动管路，于是两制动管路对汽车施行制动。

解除制动时，驾驶员松开制动踏板，活塞在弹簧作用下回位，液压油自轮缸（或液压缸）和管路流回制动主缸。如活塞回位迅速，工作腔内容积也迅速扩大，使油压迅速降低。由于管路阻力的影响，管路中的油液不能及时流回工作腔以充满活塞移动让出的空间，使工作腔形成一定的真空度。这时，储液罐里的油液便经进油孔和活塞上面的小孔推开密封圈的边缘流入工作腔。当活塞完全回位时，补偿孔打开，工作腔内多余的油由补偿孔流回储液罐。若液压系统由于漏油，以及由于温度变化引起主缸工作腔、管路、轮缸中油液的膨胀或收缩，都可以通过补偿孔进行调节。

若左前、右后轮制动管路损坏漏油，则踩下制动踏板时，只有第一工作腔中能建立一定压力，而第二工作腔中无压力。此时在两腔压力差的作用下，第二活塞被迅速推到底。之后，第一工作腔中的油压才迅速升高，使右前、左后车轮产生制动作用。

若右前、左后轮制动管路损坏漏油，则在踩下制动踏板时，开始只是第一活塞前移，因第一工作腔不能建立油压，因而不能推动第二活塞向前移动。继续踩下制动踏板，在第一活塞前端杆部直接顶到第二活塞时，便能推动第二活塞，使第二工作腔建立油压而使左前、右后车轮产生制动作用。由此可见，双回路液压制动系统中，一套管路损坏漏油时，另一套管路仍能工作，只是所需的踏板行程增大而已。

（二）制动轮缸

制动轮缸的功用是将液体压力转变为制动蹄张开的机械推力。制动轮缸有单活塞式和双活塞式两种。单活塞式制动轮缸主要用于双领蹄式和双从蹄式制动器，而双活塞式制动轮缸应用较广，既可用于领从蹄式制动器，又可用于双向双领蹄式制动器及自增力式制动器。

图 3-2-4（a）所示为双活塞式制动轮缸。在缸体内装有两个活塞，两个皮碗装在两个活塞的端面以实现油腔的密封，弹簧保持皮碗、活塞、制动蹄的紧密接触，并保持两活塞之间的进油间隙。防护罩除防尘外，还可以防止水分进入，以免活塞和缸体生锈而卡死。制动时，来自制动主缸的制动液经进油管接头［图 3-2-4（b）所示］和进油孔进入两活塞之间的油腔，将活塞向外推开，通过顶块推动制动蹄。

（三）真空助力器

真空助力器是利用真空能（负气压能）对制动踏板进行助力的装置，对其控制是利用踏板机构直接操纵。真空助力器如图 3-2-5 所示。真空助力器主要由真空伺服气室和控制阀两部分组成。真空伺服气室由前、后壳体组成，其间夹装有伺服气室膜片，将伺服气室分成前腔和后腔。前腔经真空单向阀通向发动机进气歧管（即真空源）；后腔膜片座的毂筒中装有控制阀，控制阀由空气阀和真空阀组成，空气阀与控制阀推杆固装在一起，控制阀推杆借调整叉与制动踏板机构连接。外界空气经过滤环和毛毡过滤环滤清后进入伺服气室后腔。伺服气室膜片座上有通道 A 和 B，通道 A 用于连通伺服气室前腔和控制阀，通道 B 用来连通伺服气室后腔和控制阀。膜片座的前端装有制动主缸推杆，其间有传递脚感的橡胶反作用盘。橡胶反作用盘是两面受力：右面要承受控制阀推杆、空气阀及膜片座的推力；左面要承受制动主缸推杆传来的主缸液压的反作用力。

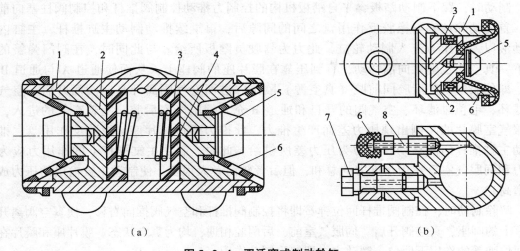

图 3-2-4　双活塞式制动轮缸

1—缸体；2—活塞；3—皮碗；4—弹簧；5—顶块；6—防护罩；7—进油管接头；8—放气阀

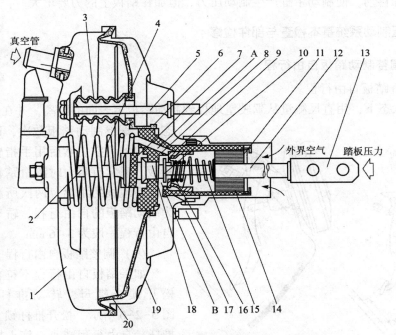

图 3-2-5　真空助力器

1—伺服气室前壳体；2—制动主缸推杆；3—导向螺栓密封圈；4—膜片回位弹簧；5—导向螺栓；6—控制阀；7—橡胶反作用盘；8—膜片座；9—真空阀；10—空气阀；11—过滤环；12—控制阀推杆；13—调整叉；14—毛毡过滤环；15—控制阀推杆回位弹簧；16—阀门弹簧；17—螺栓；18—控制阀柱塞；19—伺服气室后壳体；20—伺服气室膜片

真空助力器不工作时，空气阀和控制阀推杆在控制阀推杆回位弹簧的作用下，离开橡胶反作用盘，处于右端极限位置，并使真空阀离开膜片座上的阀座，即真空阀处于开启状态。

而真空阀又被阀门弹簧压紧在空气阀上，即空气阀处于关闭状态。此时，伺服气室的前后两腔互相连通，并与大气隔绝。在发动机工作时，两腔内都产生一定的真空度。

制动时，踩下制动踏板，来自踏板机构的控制力推动控制阀推杆和控制阀柱塞向前移动，首先消除柱塞与橡胶反作用盘之间的间隙后，再继续推动制动主缸推杆，主缸内的制动液以一定压力流入制动轮缸，此力为驾驶员踏板所给。与此同时，在阀门弹簧的作用下，真空阀也随之向前移动，直到压靠在膜片座的阀座上，从而使通道A与通道B隔绝。即伺服气室的后腔同前腔（真空源）隔绝。进而空气阀离开真空阀而开启。空气经过滤环、毛毡过滤环、空气阀的开口和通道B充入伺服气室后腔。随着空气的进入，在伺服气室膜片的两侧出现压力差而产生推力，此推力通过膜片座、橡胶反作用盘，推动制动主缸推杆向前移动，此力为压力差所供给。此时，制动主缸推杆上的作用力应为踏板力和伺服气室反作用盘推力的总和，但后者较前者大很多，使制动主缸输出的压力成倍地增高。

解除制动时，控制阀推杆回位弹簧即将控制阀推杆和空气阀推向右移，使真空阀离开膜片座上的阀座，真空阀开启。伺服气室前、后两腔相通，均为真空状态。膜片座和膜片在膜片回位弹簧的作用下回位，制动主缸即解除制动作用。

若真空助力器失效或真空管路无真空度时，控制阀推杆将通过空气阀直接推动膜片座和制动主缸推杆移动，使制动主缸产生制动压力，但加在踏板上的力要增大。

二、液压制动系统基本检查与部件检修

1. 检查调整制动踏板自由行程

（1）检查踏板自由行程。

在自由状态下，用直尺测量从驾驶室地板到制动踏板上表面的距离，并在发动机熄火状态下，踩下制动踏板数次，以消除真空助力器中的真空，然后用手指轻轻按压制动踏板，感觉有阻力时测量踏板此时位置到驾驶室地板的距离，两次所测量值之差即为制动踏板的自由行程。轿车制动踏板的自由行程一般为3~6 mm。

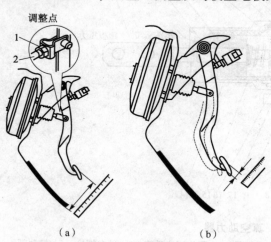

真空助力器检查

图3-2-6 制动踏板自由行程的调整
(a) 踏板自由行程调整；(b) 踏板自由行程测量
1—锁止螺母；2—推杆

（2）调整踏板自由行程。

如果踏板自由行程不符合要求，可以松开锁止螺母，转动推杆来调整，如图3-2-6所示。松开推杆锁止螺母，旋出推杆，自由行程减小；旋入推杆，自由行程增大。直至踏板自由行程符合要求后，将推杆螺母旋紧。

2. 检查真空助力器

（1）检查真空助力器工作情况。

如图3-2-7所示，起动发动机，怠速运转1~2 min后停机；踩下制动踏板数次，检查踏板是否升高；踩下踏板后，起动发动机，检查踏板是否下沉。否则，说明真空助力器工作

不良，应检查真空管路或更换真空助力器。

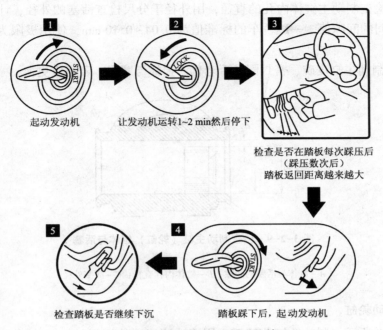

图 3-2-7　检查真空助力器工作情况

（2）检查真空助力器的真空。

如图 3-2-8 所示，起动发动机，制动踏板踩下并保持 30 s 后关闭发动机，检查踏板高度是否不变；否则，说明真空助力器有真空泄漏。

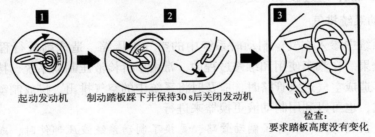

图 3-2-8　检查真空助力器的真空

3. 检查制动管路

（1）检查制动液是否有泄漏。升起车辆，检查制动管路是否有制动液泄漏的部位，应重点检查管接头部位。

（2）检查制动管路是否有损坏。升起车辆，检查制动管路是否有凹痕或其他损坏；检查制动软管是否有扭曲、磨损、开裂、隆起等损坏。

（3）检查制动管路安装位置。将转向盘左右转到极限位置，检查制动管路和制动软管是否会与车轮或车身接触。

4. 检查制动主缸

（1）检查储液罐是否破损，如有破损应更换。

（2）检查制动主缸体内孔和活塞表面（如图3-2-9所示）。其表面不得有划伤和腐蚀；用内径百分表检查制动主缸体内孔的直径，用外径千分尺检查活塞的外径，计算出制动主缸内孔与活塞之间的间隙值。一般轿车的标准值为0.04~0.10 mm，使用极限为0.15 mm，超过极限应更换。

（3）检查制动主缸皮碗、密封圈是否老化、损坏与磨损，若是应更换。

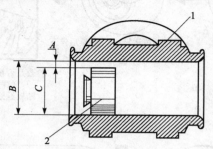

图3-2-9 检查制动主缸（轮缸）缸体与活塞
1—缸体；2—活塞
A—缸体与活塞的间隙；B—缸体内孔直径；C—活塞外径

5. 检修制动轮缸

如图3-2-9所示，制动轮缸分解后，用清洗液清洗轮缸零件。清洗后，检查制动轮缸内孔与活塞外圆表面的腐蚀、刮伤与磨损情况。如果轮缸内孔有轻微刮伤或腐蚀，可用细纱布磨光，轮缸内孔用清洗液清洗后，再用清洁的压缩空气吹干，然后测量出轮缸内孔直径B及活塞外圆直径C，并计算出轮缸内孔与活塞外圆的间隙值，标准值一般为0.04~0.10 mm，使用极限为0.15 mm，超过极限应更换。

6. 液压制动系统排气

液压制动系统中渗入空气，制动时系统中的空气被压缩，造成踏板行程增加，踏板发软，影响制动效果。在汽车使用和维修过程中，常由于拆检液压制动系统、接头松动或制动液不足等原因，造成空气进入管路时，应及时将系统中的空气排出。排放制动系统空气可以采用人工的方式，也可以利用制动液更换器来进行。

提示：当更换制动器、打开了制动管路、更换了制动系统液压部件时，或是制动踏板发软、变低、制动效果变差时，就需要对制动系统进行排气。

（1）人工排气。人工排气必须由两人配合，一人在驾驶室内负责踩制动踏板，另一人在车下负责排气。当驾驶室内的人踩下制动踏板使制动系统中产生液压后，车下的人依次松开制动轮缸上的排气螺塞，将混有空气的制动液排出，如图3-2-10所示。具体步骤如下：

1）一人坐在驾驶员座椅上，举升汽车至适宜高度。

2）另一人在车下部用一根软管将制动轮缸的排气螺塞连接到储液罐中，并给车内发出指令，告知准备工作已完成。

3）坐于驾驶室内的人连续快速踩下制动踏板数次，直到踏板高度上升后，踩住制动踏板保持不动。

4）另一人将排气螺塞拧松大约1/4圈，进行排气。此时，制动液连同空气一起从软管喷入罐中，然后，快速将排气螺塞拧紧，然后通知车内的人松开制动踏板并再次踩制动踏板。

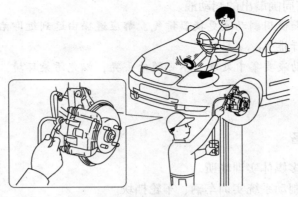

图 3-2-10 液压制动系统排气

5）在排出制动液的同时，踏板高度会逐渐降低，在未拧紧排气螺塞之前，切不可将踏板抬起，以免空气再次侵入。

6）每个轮缸应反复排气数次，直至将空气完全排出（制动液中无气泡）为止，并按照由远到近的顺序（或遵照维修手册的规定），逐个将各车轮制动器管路中的空气排放完毕。

7）在排放空气过程中，应及时向储液罐内添加制动液，保持液面的规定高度。

（2）使用制动液更换器排气（如图 3-2-11 所示）。

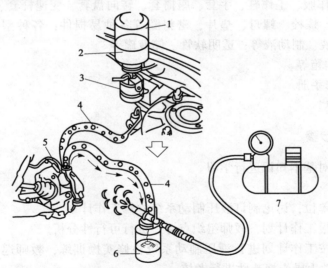

图 3-2-11 用制动液更换器对制动系统排气

1—制动液更换器；2—新的制动液；3—制动主缸储液罐；4—气泡；
5—排气螺塞；6—旧的制动液（含有空气）；7—空气压缩机

1）将制动液更换器和空气压缩器连接起来。

2）取下排气螺塞防尘帽。

3）将制动液更换器软管插进排气螺塞。

4）将排气螺塞拧松大约 1/4 圈，进行排气。

5）当制动液中的气泡消失后，重新拧紧排气螺塞。

6）检查排气螺塞是否被拧紧了，并重新安装排气螺塞防尘帽。

7）清除排气螺塞周围漏出的制动液。

提示：人工排气和使用制动液更换器排气，都应遵循由远到近即右后轮→左后轮→右前轮→左前轮的顺序进行排气。

注意：更换的制动液要集中处理，不可随处丢弃，以免污染环境。

【任务实施】

一、任务实施准备

（1）理实一体化多媒体实训场所。
（2）双回路液压制动系统实训车辆、车轮挡块。
（3）故障诊断仪。
（4）拆装工作台。
（5）压缩空气源。
（6）制动液更换器。
（7）制动主缸、制动轮缸、真空助力器等部件。
（8）工量具：通用54件组合扳手、钢板尺、直尺、游标卡尺、一字螺丝刀、胎压表等。
（9）备品：工作服、工作鞋、手套、座椅套、转向盘套、变速杆套、脚垫、翼子板布、前盖板布、抹布等；螺栓、螺母、垫片、密封圈等各种易损件；各种型号打磨砂纸；润滑油、润滑脂、清洗液、制动液等；透明软管、储液罐等。
（10）废物收纳箱等。
（11）车辆维修手册。
（12）实训工单。

二、任务实施步骤

（1）组织学生对基本知识进行学习。
（2）学生分组。
（3）以小组为单位，讨论制订液压制动系统检修工作计划。
（4）各小组汇报工作计划，教师组织点评，进行可行性分析。
（5）组织学生按工作计划进行液压制动系统检修实操训练，教师巡视、予以指导，同时依据考核工单对学生操作规范性进行考核。
（6）组织学生查询该车的检测标准，参照检测标准对检查结果进行分析，按要求填写实训工单。
（7）教师接收学生完成的实训工单。
（8）实训总结，包括学生自我反思、教师答疑、点评、总结等。

实训工单

学生姓名：_____ 班级_____ 实训日期_____

序号	检查项目	检查结果
1	车辆品牌	
2	VIN 码	
3	制动系统类型	
4	前轮制动器类型	
5	后轮制动器类型	
6	轮胎气压	
7	轮胎花纹深度	
8	制动液型号	
9	制动踏板自由行程	
10	真空助力器工作情况	
11	制动主缸情况	
12	制动轮缸情况	
13	制动管路情况	
实训总结	实训结论	实训收获与反思

考核工单

学生姓名： 考核项目： 考核成绩：

序号	项目	分值	扣分标准	得分
1	实训准备工作	5	每缺少1项扣1分	
2	工量具正确使用	5	每错误1次扣1分	
3	设备正确使用	5	每错误1次扣1分	
4	维修手册的正确使用	5	每错误1次扣1分	
5	操作规范性	60	每错误1次扣1分	
6	测量准确性	5	每错误1次扣1分	
7	实训工单填写	5	未填写扣5分	
8	车辆保护	5	每缺少1项扣1分	
9	5S	5	每缺少1项扣2分	
10	是否出现危险行为		出现人身危险总成绩0分；出现车辆危险扣20分；出现工具设备危险扣10分	
	合计	100		

教师评语

考核教师：

＿＿＿＿年＿＿月＿＿日

任务三 气压制动传动装置检修

1. 了解气压制动回路的组成及工作原理。
2. 掌握各组成部件的结构与工作原理。
3. 了解气压制动系统的检查项目及检查方法。
4. 了解系统部件的检修方法。

1. 能够收集和整理相关资料。
2. 能够针对具体车型的气压制动系统向客户进行介绍。
3. 能够对系统部件的结构与工作原理进行说明与分析。
4. 能够对气压制动系统进行基本检查。
5. 能够对系统组成部件进行检修。
6. 能够引导客户树立安全环保意识。

大货车在行驶的过程中,有时会突然有很大的排气声传出,一般情况下这都是大货车的气刹在起作用,货车大多采用气压制动控制,那么气压制动与液压制动相比有哪些优缺点呢?它的工作原理又是怎样的呢?气压制动系统又如何进行检修呢?相信通过下面的学习,你将找到答案。

【基本知识】

一、气压制动回路

气压式制动传动装置的功用是利用压缩空气的压力,按驾驶员的要求,经控制阀对制动器进行有效的制动,从而获得所需要的制动力矩。

气压制动传动装置由气源和控制机构两大部分组成。气源部分包括空气压缩机、调压装置、储气筒、报警装置、油水放出阀和取气阀、安全阀等部件。控制装置包括制动踏板、拉杆、制动阀等。

气压制动系统的制动力大,制动灵活,广泛应用于中型和重型载货汽车上。

图 3-3-1 所示为双回路气压制动传动装置。空气压缩机产生的压缩空气首先经过储气筒单向阀输入湿储气筒进行油水分离,之后分成两个回路:一个回路经过前制动器储气筒、并列双腔式制动控制阀的后腔通向前制动气室;另一路经过后制动器储气筒、双腔制动控制阀的前腔和快放阀通向后制动气室。当其中一个回路发生故障失效时,另一回路仍能继续工作,以维持汽车具有一定的制动能力,从而提高了汽车的行车安全性。

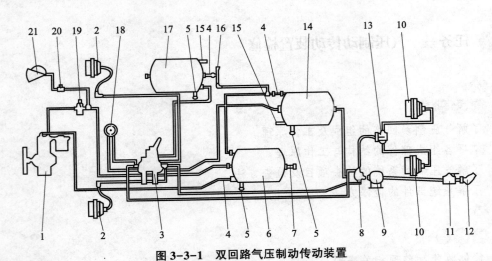

图 3-3-1 双回路气压制动传动装置

1—空气压缩机；2—前制动气室；3—并列双腔式制动控制阀；4—储气筒单向阀；5—放水阀；6—湿储气筒；7—安全阀；8—梭阀；9—挂车制动阀；10—后制动气室；11—挂车分离开关；12—连接头；13—快放阀；14—前制动器储气筒；15—低压报警器；16—取气阀；17—后制动器储气筒；18—双针气压表；19—气压调节阀；20—气喇叭开关；21—气喇叭调压阀

快放阀装在制动控制阀和后制动气室之间，其作用是当松开制动踏板时，使后制动气室放气线路和放气时间缩短，保证后轮制动器迅速解除制动。

前、后制动回路的储气筒上都装有低压报警器，当储气筒中的气压低于 0.35 MPa 时，便接通装在驾驶室内转向柱支架内侧的蜂鸣器电路，使之发出断续鸣叫声，以警告驾驶员，注意储气筒内气压过低。

在不制动的情况下，前制动器储气筒还通过挂车制动阀、挂车分离开关、连接头向挂车储气筒充气。制动时，双腔制动阀的前、后腔输出气压可能不一致，但都通过梭阀，梭阀则只让压力较高一腔的压缩空气输入挂车制动阀，后者输出的气压又控制装在挂车上的继动阀，使挂车产生制动。

目前，中重型载货汽车有 6×4 和 8×4 等形式，相应制动系统更为复杂。图 3-3-2 所示为 CA1258P1K2L7T1 型汽车制动系统。空气压缩机产生的压缩空气经干燥器除去水分后，进入四回路压力保护阀。四回路压力保护阀其中两路分别接前制动及驻车制动储气筒，另一路接中桥制动储气筒，并通过气压保护阀继续向后桥制动储气筒充气，还有一路接辅助制动系统（排气缓速）。

空气干燥器的作用是除去压缩空气中的水分。行车过程中，空气压缩机输出的压缩空气经接口进入干燥器，经由干燥器中的分子筛吸附水分后，通过输出口到储气筒以及与储气筒相连接的制动装置。同时，干燥后的空气经接口也压进再生储气筒。空气干燥器中还装有温度传感器和加热器，当温度低于某一数值时，加热器通电加热，可防止活塞等结构元件低温下结冰失效。

再生储气筒的作用是将经过干燥器的压缩空气暂时储存，当达到切断压力时，释放出压缩空气给干燥器，以带走分子筛上的水分并吹出积留在排气阀门上的杂质，使干燥剂再生。

四回路压力保护阀的功用是使与之相连的四条回路彼此相互隔绝。这样，在任一回路漏气失效时，能够保证空气压缩机继续向其他三个完好的回路充气。

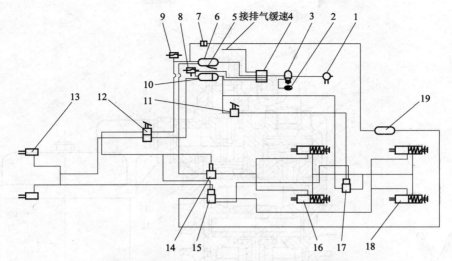

图 3-3-2 CA1258P1K2L7T1 型汽车制动系统

1—空气压缩机；2—干燥器；3—再生储气筒；4—四回路压力保护阀；5—放水阀；6—中桥制动储气筒；
7—气压保护阀；8、9—低压警报开关 10—前制动及驻车制动储气筒；11—手动阀；12—制动阀；
13—制动气室；14—继动阀；15—差动式继动阀；16—中桥弹簧制动缸；17—手继动阀；
18—后桥弹簧制动缸；19—后桥制动储气筒

行车制动时，通过制动踏板的控制，前制动储气筒中的压缩空气经制动阀的下腔进入前制动气室，使前轮制动器制动。中桥制动储气筒内的压缩空气经继动阀到中桥弹簧制动缸的行车制动气室，实施制动。后桥制动储气筒内的压缩空气，经差动式继动阀到后桥弹簧制动缸的行车制动气室，实施后桥制动。驻车制动时，将手动阀推到制动位置，弹簧制动缸中的压缩空气经手继动阀的排气阀门排出，从而实现驻车制动。

差动式继动阀的功用是防止行车及驻车制动系统同时操作时，组合式弹簧制动缸及制动气室中的制动力的重叠，从而避免机械传递元件超负荷损坏，并使弹簧制动缸能够迅速充、排气。

（一）空气压缩机

空气压缩机用以产生制动所用的压缩空气。其结构有单缸式和双缸式两种。空气压缩机通常固定在气缸体或气缸盖的一侧，由发动机通过风扇带轮和 V 形带驱动，或者由发动机曲轴的正时齿轮通过齿轮机构驱动。图 3-3-3 所示为单缸风冷式空气压缩机，由发动机通过风扇带轮和 V 形带驱动。支架上有三道滑槽，可通过调整螺栓移动空气压缩机的位置，来调整皮带的松紧度。

空气压缩机具有与发动机类似的曲柄连杆机构。铸铁制成的气缸体下端用螺栓与曲轴箱连接，缸筒外铸有散热片。铝制气缸盖用螺栓紧固于气缸体上端面，其间装有密封缸垫。缸盖上的进、排气室都装有一个方向相反的片状阀门，进气阀门经进气口 A 与进气滤清器相通，排气阀门经排气口 B 与储气筒相通。

发动机工作时，空气压缩机曲轴随之转动，带动活塞上下往复运动。当活塞下移时，在气缸内真空度作用下，进气阀门开启，外界空气经进气滤清器自进气口 A 和进气阀门被吸入气缸。活塞上行时，气缸内空气被压缩，压力升高，顶开排气阀门经排气口 B 充入储气筒。

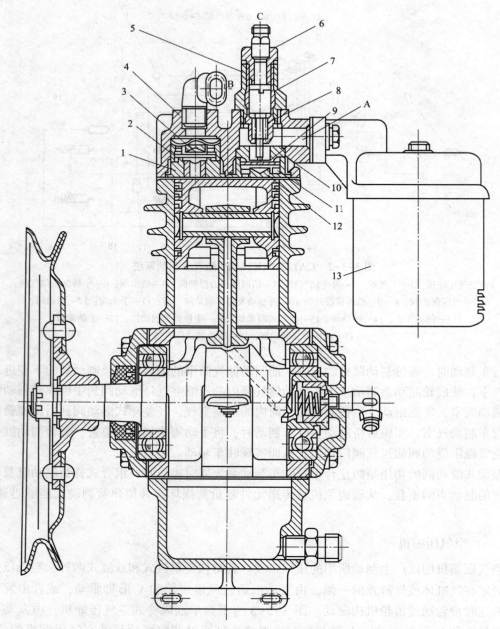

图 3-3-3 单缸风冷式空气压缩机

1—排气阀座；2—排气阀门导向座；3—排气阀门；4—气缸盖；5—卸荷装置壳体；6—定位塞；7—卸荷柱塞；
8—柱塞弹簧；9—进气阀门；10—进气阀座；11—进气阀弹簧；12—进气阀门导向座；13—进气滤清器
A—进气口；B—排气口；C—调压阀控制压力输入口

在空气压缩机进气阀门的上方设置有卸荷装置，它是由调压阀进行控制的，卸荷装置壳体内镶嵌着套筒，其中装有卸荷柱塞和柱塞弹簧。在空气压缩机向储气筒正常充气过程中，柱塞上方的卸荷气室经调压阀通大气。柱塞被弹簧顶到上极限位置，其杆部与进气阀门之间保留一定间隙，卸荷装置不起作用。当储气筒内气压超过规定值时，卸荷装置才起作用。

空气压缩机的曲轴主轴颈、连杆轴颈和活塞销靠压力润滑，活塞及气缸壁则采用飞溅润滑。

（二）调压阀

调压阀用来调节供气管路中压缩空气的压力，使之保持在规定的压力范围内，同时使空气压缩机能卸荷空转，减少发动机的功率损失。

调压阀的结构如图 3-3-4 所示。调压阀壳体上装有两个带滤芯的管接头，分别与空气压缩机卸荷装置和储气筒相通。壳体和盖之间装有膜片和调压弹簧，膜片中心用螺纹固连着空心管。空心管可以在壳体的中央孔内滑动，其间有密封圈，上部的侧面有径向孔与轴向孔相通。调压阀下部装有与大气相通的排气阀。

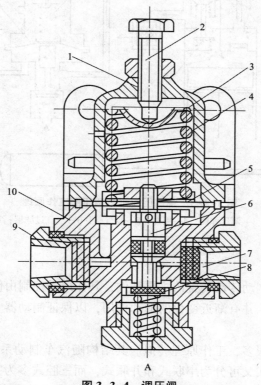

图 3-3-4 调压阀
1—盖；2—调压螺钉；3—弹簧座；4—调压弹簧；5—膜片；6—空心管；7—接卸荷装置管接头；
8—排气阀；9—接储气筒管接头；10—壳体
A—排气口

当储气筒内气压未达到规定值时，膜片下方气压较低，不足以克服调压弹簧的预紧力，膜片连同空心管被调压弹簧压到下极限位置，空心管下端面紧压着排气阀，并将它推离阀座。此时由储气筒至空气压缩机卸荷装置的通路被隔断，卸荷装置与大气相通，卸荷装置不起作用，空气压缩机对储气筒正常充气。

当储气筒气压升高到 0.70~0.74 MPa 时，膜片下方气压作用力便克服调压弹簧的预紧力而推动膜片上拱，空心管和排气阀也随之上移，直到排气阀压靠在阀座上，切断空气压缩机卸荷室与大气的通路，并且空心管下端面也离开排气阀，而出现一相应间隙。此时，卸荷室经空心管的径向孔、轴向孔与储气筒相通，压缩空气进入卸荷室，迫使卸荷柱塞克服弹簧预紧力而下移，将空气压缩机进气阀门压下，使之保持在开启位置不动，如图 3-3-5 所示。这样，空气压缩机便卸荷空转，不产生压缩空气。当储气筒气压降到 0.56~0.60 MPa 时，在调压弹簧的作用下，调压阀的膜片、空心管、排气阀又下移到图 3-3-4 所示的位置。空气压缩机卸荷室的压缩空气经调压阀排气口 A 排入大气。卸荷柱塞在弹簧作用下向上回位，于是空气压缩机恢复向储气筒充气。

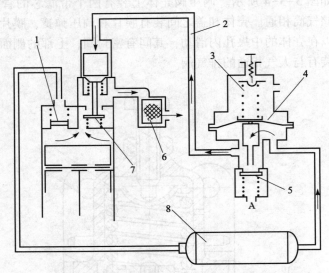

图 3-3-5 空气压缩机与调压阀工作原理
1—进气阀；2—管道；3—调压弹簧；4—膜片；5—排气阀；6—空气过滤器；7—卸荷阀；8—储气筒

（三）制动阀

制动阀为汽车气压制动传动装置的主要部件，其作用是控制由储气筒进入制动气室或挂车制动阀的压缩空气量，并有渐近变化的随动作用，以保证制动器上产生的制动力与施加于制动踏板上的力成正比。

制动阀的结构型式很多，工作原理类似。其结构随汽车制动系统回路不同，分单腔式、双腔式和三腔式；双腔式又可分为串联式和并联式，而三腔式多为并联式。

图 3-3-6 所示为串联双腔活塞式制动阀。它由上阀体、中阀体和下阀体等用螺钉相连而成，各连接件之间装有密封垫。下阀体上的通气孔 E 和 B 分别接前桥储气筒和前桥制动气室；中阀体上的通气孔 D 和 A 分别接后桥储气筒和后桥制动气室。上下活塞与壳体间装有密封圈。下活塞由大小两个活塞套装在一起，其中下腔小活塞总成相对于下腔大活塞能进行向下单独运动。下腔阀门滑套在装有密封圈的下阀体的中心孔中，上腔阀门滑套在下腔小活塞上端的中空芯管上，其外圆装有密封隔套。

制动时，踩下制动踏板，拉臂绕销轴顺时针转动，通过滚轮、推杆压缩平衡弹簧，并推动上活塞总成向下移动，首先消除上活塞总成下端与上腔阀门间的排气间隙，而后推开上腔阀门。此时，从储气筒前腔来的压缩空气经进气口 D、上阀门与中阀体上的阀座间形成的进气间隙和出气口 A 进入后制动气室，使后轮制动。同时，进入上腔的压缩空气经通气孔进

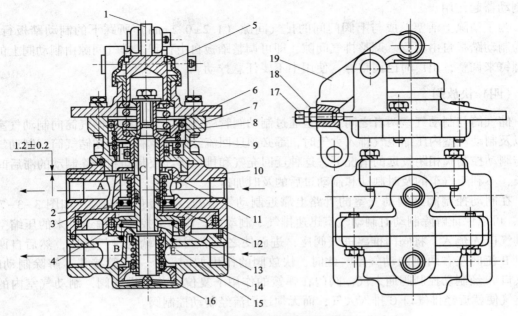

图 3-3-6 串联双腔活塞式制动阀

1—滚轮；2—通气孔；3—下腔大活塞；4—小活塞回位弹簧；5—推杆；6—平衡弹簧；
7—上阀体；8—上活塞总成；9—上活塞回位弹簧；10—中阀体；11—上阀门；
12—卡环；13—小活塞总成；14—下阀体；15—下腔阀门；16—排气阀；
17—调整螺钉；18—锁紧螺母；19—拉臂

入下腔大活塞及下腔小活塞总成的上方，并使其向下移动，消除下腔小活塞总成芯管下端与上腔阀门间的排气间隙，而后推开下腔阀门。此时，从储气筒后腔来的压缩空气经进气口 E、下腔阀门与下阀体上的阀座间形成的进气间隙和出气口 B 充入前制动气室，使前轮制动。

当制动踏板保持在某一位置不动时，制动阀将保持在上腔阀门和下腔阀门均关闭的平衡状态。若需加强制动，驾驶员继续踩下踏板一定行程之后，制动阀将处于一个新的制动强度增加的平衡状态。

松开制动踏板时，平衡弹簧恢复到原来装配长度，上活塞总成受上活塞回位弹簧的作用而上移，上阀门在其回位弹簧的作用下随之上移，直到与中阀体上的阀座接触，关闭储气筒与后制动气室的通路，上活塞继续上移，其下端与上阀门之间形成排气间隙。后制动气室的压缩空气经 A 口及所形成的排气间隙，通过下腔小活塞总成的内孔腔 C 至制动阀最下端排气口排入大气。同时，下腔大活塞及小活塞总成在下腔小活塞回位弹簧的作用下上移，下阀门在其回位弹簧的作用下也随之上移，直到与下阀体上的阀座接触，关闭储气筒与前制动气室的通路，下腔小活塞总成继续上移，其下端与下阀门之间形成排气间隙，前制动气室的压缩空气经 B 口及所形成的排气间隙以及下阀门的内孔和排气口排入大气，制动作用即被解除。

当前制动管路损坏漏气时，制动阀上腔仍能按上述方式工作，因此后制动器仍能起到制动作用。当后制动管路损坏漏气时，由于下腔活塞上方建立不起控制气压而无法动作，此时平衡弹簧将通过上活塞总成直接推动下腔小活塞总成相对于下腔大活塞下移，推开下阀门使前制动器起作用。

为了消除上活塞总成与上阀门间的排气间隙（1.2±0.2 mm）所踩下的制动踏板行程，称为制动踏板自由行程。调整排气间隙，即可调整踏板自由行程。排气间隙由制动阀上的调整螺钉来调整，出厂时已调整好，使用中不要任意拧动。

（四）快放阀

储气筒与制动气室两者之间一般是通过制动阀管路连接的，这样，储气筒向制动气室充气以及制动气室内压缩空气排入大气时，都必须迂回流经制动控制阀。在储气筒、制动气室都与制动控制阀相距较远的情况下，这种迂回充气和排气将导致制动和解除制动的滞后时间过长，不利于汽车的及时制动和制动过后的及时加速。

在制动控制阀到制动气室的管路上靠近制动气室处，安装有快放阀（如图 3-3-7 所示），可以保证解除制动时制动气室迅速排气。制动时，由制动控制阀输送过来的压缩空气自进气口 A 流入、将阀门推离进气阀座，进而使之压靠阀盖内端的排气阀座，然后自两出气口 B 流向左右两侧制动气室。此时，快放阀的作用如同一个三通管接头。解除制动时，进气口 A 经制动控制阀通大气，阀门在弹簧的作用下复位而关闭进气阀，制动气室内的压缩空气便就近经排气口 C 排入大气，而无须迂回流经制动控制阀。

（五）制动气室

制动气室的作用是将输入的气压转换成机械能再输出，使制动器产生制动作用。制动气室分单制动气室和复合制动气室，又有膜片式和活塞式之分。

1. 单制动气室

图 3-3-8 所示为膜片式单制动气室。在壳体和盖之间，夹装有橡胶膜片，推杆与膜片支承盘焊接，弹簧将推杆、支承盘连同膜片推到图示左极限位置。推杆的右端借连接叉与制动调整臂相连。膜片将制动气室分成两腔。左腔通过孔与制动控制阀输出管路相通，右腔经通气孔与大气相通。

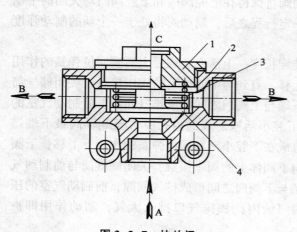

图 3-3-7　快放阀
1—阀盖；2—阀体；3—弹簧；4—阀门；
A—进气口；B—出气口；C—排气口

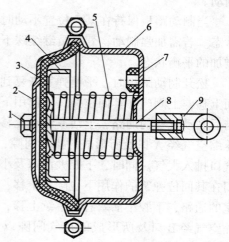

图 3-3-8　膜片式单制动气室
1—进气接头；2—盖；3—膜片；4—支承盘；5—弹簧；
6—壳体；7—螺钉孔；8—推杆；9—连接叉

踩下制动踏板时，制动控制阀输出的压缩空气自通气孔进入制动气室左腔，气压克服弹簧的作用力，推动膜片向右拱曲并使推杆右移，使制动调整臂及制动凸轮转动而实现制动。放松制动踏板时，左腔的压缩空气经制动控制阀的排气口排入大气，推杆和膜片在弹簧的作用下恢复原位，制动作用解除。

2. 复合制动气室

在行车制动器兼充驻车制动器时，则采用了复合制动气室，又称弹簧储能缸。它实际上是将一个弹簧储能器和膜片式制动气室组合在一起。既作为行车制动时的传动机构，又作为驻车制动时的传动机构。图3-3-9所示为复合制动气室的结构。其左侧为弹簧储能器，主要由活塞、缸套、弹簧、解除制动螺栓等组成。右侧为膜片式制动气室，二者由隔板隔开，隔板中心有孔，活塞左端的芯轴装在其中。

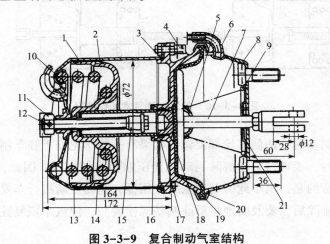

图 3-3-9 复合制动气室结构

1—活塞；2—缸套；3—O形圈；4—隔板；5—弹簧座；6—导流管；7—推杆；8—气室；9—回位弹簧；
10—弹簧；11—开槽螺母；12—销；13—毡刷圈；14—密封圈；15—解除制动螺栓；
16、17—密封圈；18—推盘；19—膜片；20—气室卡箍；21—导套

正常行驶不制动时［如图3-3-10（c）所示］，压缩空气从A口进入弹簧储能器活塞的右侧，活塞在压缩空气的作用下被推到左端，制动气室中的膜片在回位弹簧的作用下靠在中间的隔板上。

当汽车进行行车制动时［如图3-3-10（b）所示］，压缩空气从B口进入制动气室膜片的左侧，膜片在压缩空气的作用下右移，带动与调整臂相连的推杆右移，调整臂转动制动凸轮，将制动蹄压向制动鼓，产生行车制动作用。

当汽车进行驻车制动时［如图3-3-10（a）所示］，驾驶员扳动手控制动阀，将弹簧储能器中活塞右侧的压缩空气放掉，此时，弹簧储能器中的活塞在左端制动弹簧的推动下右移，并借助中间的芯轴，将制动气室中的膜片连同推杆一起推向右端，与此同时也推动调整臂转动凸轮，将制动蹄压向制动鼓，产生驻车制动。要解除驻车制动，只要扳动手控制动阀，将压缩空气再从A口充入弹簧储能器中，两端的活塞和膜片在各自力的作用下，回到图3-3-10（c）所示的位置，汽车进入正常行驶状况。

汽车驻车制动日久或因制动系统漏气而使制动系统气压低，而又不能起动发动机使气压升高时，就不能以气压力解除驻车制动，此时不得已又需要拖车移动汽车时，就只好以人工方

法解除驻车制动。其方法是将两后轮储能弹簧制动气室外侧的解除制动螺栓向外旋出，拉动中间的芯轴向左移动，从而使弹簧储能器压缩，以此解除驻车制动[如图3-3-10（d）所示]。

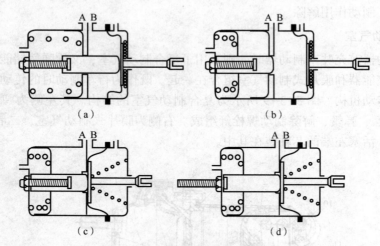

图3-3-10 复合制动气室工作情况

人工解除驻车制动时，两侧车轮都要做，如果有一侧车轮处于驻车制动状态也无法使汽车拖走。解除制动时，要通过旋动解除制动螺栓压缩弹簧储能器，因此，旋动扭矩比较大，比较费力。应当注意的是，由于此时制动系统气压低，起动发动机行车要十分小心。当制动系统气压低的故障排除后，要及时地将解除制动螺栓旋回，使汽车恢复驻车制动功能，汽车才能正常行驶。

二、气压制动系统基本检查与部件检修

1. 气压制动传动装置的维护

气压制动传动装置二级维护时，应进行下列作业：
（1）检查制动控制阀、储气筒、制动气室、管路及接头等部位是否漏气。
（2）制动软管应无老化，必须每年或每行驶 50 000 km 更换一次。
（3）应保证制动控制阀进气迅速、排气畅通。
（4）制动气室推杆行程应符合厂家规定，同一车桥相差不得大于 5 mm。

2. 制动踏板自由行程的检查与调整

制动踏板自由行程的检查方法同液压制动系统。气压制动系统踏板自由行程是由制动阀的排气间隙产生的，因此，调整排气间隙，即可调整踏板自由行程。排气间隙由制动阀上的调整螺钉来调整。

3. 制动阀密封性检查

图3-3-6所示的串联双腔活塞式制动阀，在上下进气腔与储气筒之间，接一个容积为 1 L 的容器和一个阀门，通入压力为 784 kPa 的压缩空气。首先关闭阀门，检查 D、E 腔的密

封性。要求在 5 min 内气压表指针下降不大于 24.5 kPa。将拉臂拉到极限位置，检查 A、B 腔的密封性，要求在 1 min 内气压表指针下降不大于 49 kPa。

4. 空气压缩机检修与性能测试

（1）压缩机检修。由于空气压缩机与调压阀配合工作，实际产生压缩空气并向储气筒供气的时间，根据行驶条件的不同，占总工作时间的 1/10～1/3。卸荷阀与调压阀在出厂时已调好，一般无须拆检。必须拆检时，需在专用实验台上进行开、闭压力的检查与调整。空气压缩机工作时，不应有大量润滑油窜入储气筒内。应检查活塞与活塞环的磨损、后盖与油堵的密封、回油管是否畅通以及连杆大端与曲轴的轴向间隙等，根据发现的问题进行维修。空气压缩机的修理，因其结构与发动机曲柄连杆机构相似，可参照发动机的曲柄连杆机构的修理技术进行修理。

（2）空气压缩机磨合与性能试验。空气压缩机经修理后，应进行磨合与性能试验。试验可在专用试验台上进行。空气压缩机的工作性能应符合原厂规定。无试验台时，可装在车上进行充气效率试验。

①发动机中速运转，在 4 min 内储气筒的气压不得低于 392 kPa。

②储气筒内的气压为 590 kPa 时，空气压缩机停转 3 min，储气筒内气压降不得大于 9.8 kPa。

③卸荷阀的工作应正常。卸荷阀开始工作和空气压缩机恢复泵气的压力应符合厂家规定。

【任务实施】

一、任务实施准备

（1）理实一体化多媒体实训场所。

（2）双回路气压制动系统实训车辆、车轮挡块。

（3）拆装工作台。

（4）压缩空气源。

（5）空气压缩机、调压阀、制动阀等部件。

（6）空气压缩机专用试验台。

（7）工量具：通用 54 件组合扳手、钢板尺、直尺、游标卡尺、一字螺丝刀、胎压表等。

（8）备品：工作服、工作鞋、手套、座椅套、转向盘套、变速杆套、脚垫、翼子板布、前盖板布、抹布等；螺栓、螺母、垫片、密封圈等各种易损件；各种型号打磨砂纸；润滑油、润滑脂、清洗液等。

（9）废物收纳箱等。

（10）车辆维修手册。

（11）实训工单。

二、任务实施步骤

（1）组织学生对基本知识进行学习。

(2) 学生分组。
(3) 以小组为单位，讨论制订气压制动系统检修工作计划。
(4) 各小组汇报工作计划，教师组织点评，进行可行性分析。
(5) 组织学生按工作计划进行气压制动系统检修实操训练，教师巡视、予以指导，同时依据考核工单对学生操作规范性进行考核。
(6) 组织学生查询该车的检测标准，参照检测标准对检查结果进行分析，按要求填写实训工单。
(7) 教师接收学生完成的实训工单。
(8) 实训总结，包括学生自我反思、教师答疑、点评、总结等。

实训工单

学生姓名：_____　　班级_____　　实训日期_____

序号	检查项目	检查结果
1	车辆品牌	
2	VIN 码	
3	制动系统类型	
4	前轮制动器类型	
5	后轮制动器类型	
6	轮胎气压	
7	轮胎磨损情况	
8	制动系统是否漏气	
9	制动软管是否老化	
10	制动踏板自由行程	
11	制动阀密封性	
12	压缩机零件磨损检查	
13	压缩机性能检查	
14	制动气室推杆行程检查	
实训总结	实训结论	实训收获与反思

考核工单

学生姓名：　　　　　　　考核项目：　　　　　　　考核成绩：

序号	项目	分值	扣分标准	得分
1	实训准备工作	5	每缺少1项扣1分	
2	工量具正确使用	5	每错误1次扣1分	
3	设备正确使用	5	每错误1次扣1分	
4	维修手册的正确使用	5	每错误1次扣1分	
5	操作规范性	60	每错误1次扣1分	
6	测量准确性	5	每错误1次扣1分	
7	实训工单填写	5	未填写扣5分	
8	车辆保护	5	每缺少1项扣1分	
9	5S	5	每缺少1项扣2分	
10	是否出现危险行为		出现人身危险总成绩0分；出现车辆危险扣20分；出现工具设备危险扣10分	
	合计	100		

教师评语

考核教师：

_____年___月___日

任务四 防抱死制动系统检修

1. 了解车轮抱死后车辆的运动情况。
2. 了解防抱死制动系统的功用与类型。
3. 掌握防抱死制动系统的基本组成及工作原理。
4. 了解防抱死制动系统检修的注意事项。
5. 了解防抱死制动系统故障诊断和检查的一般方法和步骤。
6. 掌握防抱死制动系统部件检查及维修方法。

1. 能够向客户介绍防抱死制动系统的功用及特点。
2. 能够对防抱死制动系统的结构与工作原理进行分析。
3. 能够对防抱死制动系统进行常规检查。
4. 能够正确使用故障诊断仪对防抱死制动系统进行检查。
5. 能够对防抱死制动系统部件进行检修。
6. 能够引导客户树立安全环保意识。

一辆捷达出租车，当车辆速度较低时，转动转向盘并轻踩制动踏板，车辆左前方会发出有规律的嗒嗒声，仔细聆听，发现异响来自防抱死制动系统泵附近，故将防抱死制动系统泵插头拔去，这时响声不再出现。维修人员更换了轮速传感器、防抱死制动系统泵，检查了线路，都没有解决该故障，那么针对该故障还应该怎样检查呢？防抱死制动系统的工作原理又是什么呢？相信通过下面的学习，一定会给你启发。

【基本知识】

防抱死制动系统（Anti—Lock Brake System，ABS），是汽车上的一种主动安全装置，目前已成为乘用车及客车的标准配置。其作用是在汽车制动时，防止车轮抱死拖滑，以提高汽车制动过程中的方向稳定性、转向控制能力和缩短制动距离，使汽车制动更为安全有效。

一、车轮抱死后车辆的运动情况

汽车在行驶中进行制动时，如果左右轮制动力相等，车辆能够在行驶方向上停驶。但当左右轮制动力不等时，就会产生车辆绕重心旋转的力矩。此时，如果轮胎与地面的侧向反力能够阻止旋转力矩的作用，则车辆仍能保持行驶方向；如果轮胎与地面的侧向反力很小，则车辆就会出现如图3-4-1所示的不规则运动。

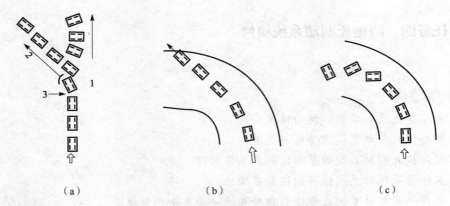

图 3-4-1 车轮抱死后车辆的运动情况
1—甩尾侧滑；2—制动跑偏；3—开始失去控制

如图 3-4-1（a）所示，当车辆直线行驶车轮抱死时，车辆出现了制动跑偏或甩尾侧滑的现象。如图 3-4-1（b）所示，当车辆弯道行驶仅前轮抱死时，车辆出现了失去转向能力的现象。如图 3-4-1（c）所示，当车辆弯道行驶仅后轮抱死时，车辆出现了甩尾侧滑的现象。

二、制动时车轮的受力分析

1. 地面制动力

图 3-4-2 所示是汽车在良好路面上行驶时车轮的受力情况。图中忽略了滚动阻力矩和减速时的惯性力矩。

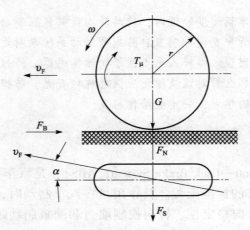

图 3-4-2 制动时车轮受力分析
T_μ—制动中的摩擦力矩；v_F—汽车瞬时速度；F_B—地面制动力；G—车轮垂直载荷；F_N—地面对车轮的反作用力；r—车轮滚动半径；F_S—侧向力；ω—车轮角速度；α—侧偏角

汽车制动时，由于制动鼓（盘）与制动蹄摩擦片的摩擦作用，形成了摩擦力矩 T_μ，此力矩与车轮转动方向相反。车轮在 T_μ 的作用下，给地面一个向前的作用力，与此同时地面给车轮一个与行使方向相反的切向反作用力 F_B，这个力就是地面制动力，它是迫使汽车减速或停车的外力。地面制动力的大小取决于制动器制动力的大小和轮胎与地面之间的附着力。

2. 制动器制动力

当汽车制动时，阻止车轮转动的是制动器摩擦力矩 T_μ。将制动器的摩擦力矩 T_μ 转化为车轮圆周的一个切向力，称为制动器制动力 F_μ。制动器制动力是由制动器的结构参数决定的，并与制动踏板力成正比。

3. 地面制动力、制动器制动力、附着力的关系

图 3-4-3 所示为制动过程中地面制动力、制动器制动力以及附着力三者的关系，在此没有考虑附着系数的变化。在制动过程中，车轮的运动只有减速滚动与抱死滑移两种状态。当驾驶员踩下制动踏板的力较小，转动摩擦力矩较小时，车轮只作减速滚动，并且随着摩擦力矩的增加，制动器制动力和地面制动力也随之增长，且在车轮未抱死前地面制动力始终等于制动器制动力。此时制动器的制动力可全部转化为地面制动力。但地面制动力不可能超过附着力。

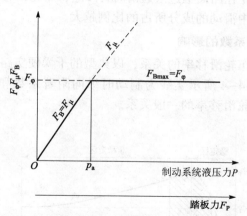

图 3-4-3 地面制动力、制动器制动力、附着力的关系

当制动系统液压力（制动踏板力）增大到某一值时，地面制动力达到附着力，即地面制动力达到最大值。此时，车轮即开始抱死不转而出现拖滑的现象。当再增大制动系统液压力时，制动器制动力随着制动器摩擦力矩的增长仍按直线关系继续上升，但地面制动力已不再增加。

要想获得好的制动效果，必须同时具备两个条件，即汽车具有足够的制动器制动力，同时又要有附着系数较高的路面提供足够的地面制动力。影响附着系数的因素很多，如路面的状态、轮胎的花纹、车辆的行驶速度、轮胎与路面的运动状态等。在诸多因素中，车轮相对于路面的运动状态对附着力有着重要的影响，尤其是在湿路面上其影响更为明显。

三、附着系数与车轮滑移率的关系

1. 车轮滑移率

当汽车正常行驶时，车速 v（即车轮中心的纵向速度）与车轮速度 v_w（即车轮圆周速度）相同，一般认为此时车轮在路面上作纯滚动。而当驾驶员踏下制动踏板时，由于地面制动力的作用，使车轮速度减小，车轮处于边滚动边滑动的状态，实际车速与车轮速度不再相等,人们将车速和车轮速度之间出现的差异称为滑移。随着制动力的增大,车轮滚动成分越来越小,滑移成分越来越大。当车轮制动器抱死时,车轮已不再转动,汽车车轮在地面上作完全滑动。

为了表征滑移成分所占比例的多少,常用车轮滑移率 S 来表示。车轮滑移率的定义如下式:

$$S = \frac{v-v_\omega}{v} \times 100\% = \frac{v-r\omega}{v} \times 100\%$$

式中　S—车轮滑移率;
　　　v—车速(车轮中心纵向速度,m/s);
　　　v_ω—车轮速度(车轮瞬时圆周速度,$v_\omega = r\omega$,m/s);
　　　r—车轮半径(m);
　　　ω—车轮转动角速度(rad/s);

车轮在路面上纯滚动时,$v = v_\omega$,车轮滑移率 $S = 0$;车轮抱死在地面上纯滑动时,$\omega = 0$,车轮滑移率 $S = 100\%$;车轮在路面上边滚边滑时,$v > v_\omega$,车轮滑移率 $0 < S < 100\%$。车轮滑移率越大,说明车轮在运动中滑动的成分所占的比例越大。

2. 车轮滑移率对附着系数的影响

为了说明附着系数与车轮滑移率的关系,以典型的干燥硬实路面上附着系数与车轮滑移率的关系进行介绍。图 3-4-4 所示实线为制动时纵向附着系数和车轮滑移率的一般关系,虚线为横向附着系数和车轮滑移率的一般关系。

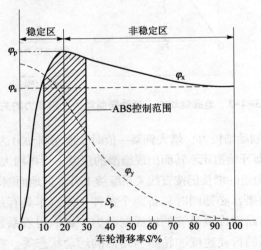

图 3-4-4　干燥硬实路面上附着系数与滑移率的一般关系
φ—附着系数;φ_x—纵向附着系数;φ_y—横向附着系数;S—车轮滑移率;φ_p—峰值附着系数;
S_p—峰值附着系数时的车轮滑移率;φ_s—车轮抱死时纵向滑动附着系数

通常,当车轮滑移率 S 由 0% 至 10% 增大时,纵向附着系数 φ_x 迅速增大。当车轮滑移率处于 10%~30% 的范围时,纵向附着系数有最大值(图 3-4-4 中显示车轮滑移率在 20% 时,纵向附着系数最大)。该最大值称为峰值附着系数,用 φ_p 表示,与其相对应的车轮滑移率称为峰值附着系数滑移率,用 S_p 表示。由图中可知,当车轮滑移率继续增大时,附着系数逐渐减小。当车轮抱死时，即完全滑动时的纵向附着系数，一般称为滑动附着系数，用 φ_s 表示。车轮抱死时的滑动附着系数 φ_s 一般总是小于峰值附着系数 φ_p，通常干燥硬实路面上，φ_s 比 φ_p 要小 10%~20%，在潮湿的硬实路面上，φ_s 比 φ_p 要小 20%~30%。

由附着力 F_φ 与附着系数 φ 的关系（$F_\varphi=F_z\varphi$）可知，当地面对车轮法向反作用力 F_z 一定时，则滑移率 S 大约在 20% 时具有最大附着力，而地面制动力小于或等于附着力，因此只有在此时车轮与路面之间才能获得最大地面制动力，具有最佳制动效果。通常，称纵向附着系数最大时的滑移率 S_p 为理想滑移率，也有的叫最优滑移率（峰值附着系数）。如果滑移率超过理想滑移率（即 $S>S_p$）时，附着力和地面制动力反而逐渐减小，使制动效能变差、制动距离增长，因此一般称从理想滑移率到车轮抱死完全滑动段为非稳定区。

横向（侧向）附着系数也是影响汽车行驶稳定性的重要参数之一。从图 3-4-4 中可以看出，当滑移率为零时，横向附着系数 φ_y 最大。横向附着系数越大，汽车制动时方向稳定性和保持转向控制能力越强。但随着滑移率的增加，横向附着系数越来越小。当车轮抱死时，横向附着系数几乎为零，车轮与路面间的侧向附着力将近消失。其危害是较大的，主要是：

（1）方向稳定性差。由于横向附着力很小，汽车失去抵抗横向外力的能力，如果只是后轮抱死滑移而前轮还在滚动，即使受到不大的侧向干扰力，汽车也将产生侧滑（甩尾）现象。这些都极易造成严重的交通事故。

（2）失去转向控制能力。在汽车进行转向行驶时，如果只是前轮（转向轮）抱死滑移而后轮还在滚动，尽管驾驶员此时操纵转向盘，但由于前轮维持汽车转弯运动能力的横向附着力丧失，汽车仍将按原来惯性行驶方向滑动，汽车就可能冲入其他车道或冲出路面，汽车不能按驾驶员的意志行驶，使汽车失去转向控制能力。

因此，在汽车制动时不希望车轮抱死滑移，而是希望车轮制动到边滚边滑的状态。

四、ABS 的基本组成与工作原理

1. ABS 的基本组成

ABS 功能介绍

无论是液压制动系统还是气压制动系统，ABS 均由传感器、电子控制单元（ECU）和执行器三部分组成。如图 3-4-5 所示，ABS 主要是在普通制动系统的基础上加装了车轮转速传感器、ABS 电控单元、制动压力调节器。制动时，ABS 电控单元从车轮转速传感器上获取车轮的转速信息，经分析处理后判断是否有车轮处于即将抱死拖滑状态。如果车轮未处于上述状态，制动压力调节器不工作，制动系统按照普通制动过程工作，制动轮缸的压力继续增大，此即系统的增压过程。如果电控单元判断出某一车轮即将抱死拖滑，即刻向制动压力调节器发出命令关闭制动主缸及相关轮缸的通道，使得该轮缸的压力不再增加，此即 ABS 的保压状态。若电控单元判断出该车轮仍将要处于抱死拖滑状态，它将向制动压力调节器发出命令，打开该轮缸与储液罐或蓄能器的通道，使得该轮缸的油压降低，此即 ABS 的减压状态。装配 ABS 的制动就是在高频地进行增压、保压和减压的往复过程中完成的。

2. ABS 的工作原理

ABS 组成及工作原理

ABS 的工作过程可分为常规制动、制动压力保持、制动压力减小和制动压力增大等阶段，如图 3-4-6 所示。

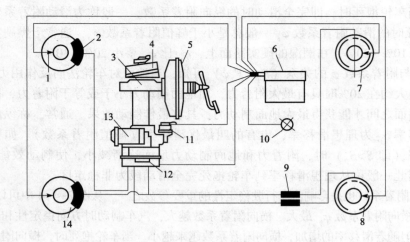

图 3-4-5 ABS 的组成

1—车轮转速传感器；2—右前轮制动器；3—制动主缸；4—储液罐；5—真空助力器；
6—ABS 电控单元；7—右后轮制动器；8—左后轮制动器；9—比例阀；10—ABS 警告灯；
11—储液罐；12—制动压力调节器；13—电动泵总成；14—左前轮制动器

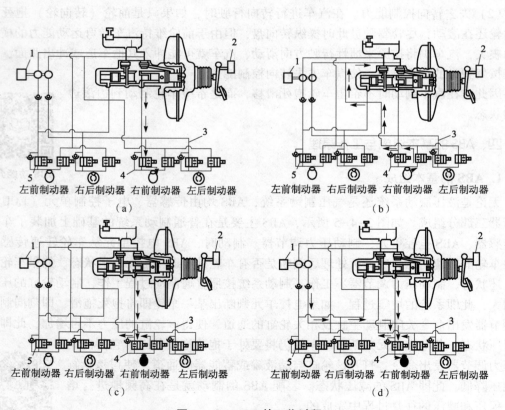

图 3-4-6 ABS 的工作过程

1—电动泵；2—制动开关；3—高压管路；4—低压管路；5—电磁阀

（1）常规制动阶段。在常规制动阶段，ABS 不起作用，调压电磁阀总成中的进液电磁阀、出液电磁阀均不通电，进液电磁阀处于开启状态，出液电磁阀则处于关闭状态；制动主缸至各制动轮缸的制动管路均处于通路状态；电动油泵也不通电运转，制动轮缸至储液罐的制动管路均处于关断状态，各制动轮缸的制动压力将随制动主缸的输出压力而变化，此时的制动过程与常规制动系统的过程完全相同，如图 3-4-6（a）所示。

（2）制动压力保持阶段。在制动过程中，电子控制单元根据车轮转速传感器输入车轮转速信号判定有车轮趋于抱死时，ABS 就进入防抱死制动压力调节过程。如电子控制单元判定右前轮趋于抱死时，电子控制单元就输出控制指令使右前轮的进液电磁阀通电而转入关闭状态，制动主缸中的制动油液不再进入右前轮的制动轮缸。而右前轮出液电磁阀仍不通电而处于关闭状态，则右前轮制动主缸中的制动液也不会流出。此时，右前轮制动轮缸的制动压力就保持一定，而其他未趋于抱死的车轮制动轮缸内的油液压力仍随制动主缸输出压力的增大而增大，如图 3-4-6（b）所示。

（3）制动压力减小阶段。当右前轮制动轮缸的制动压力保持一定时，若电子控制单元判定右前轮仍然处于抱死趋势中，则输出控制指令使右前轮出液电磁阀也通电而转入开启状态，右前轮制动轮缸中的部分制动液经开启的出液电磁阀流回储液罐，制动轮缸内的制动压力减小，右前轮的抱死趋势开始消除，如图 3-4-6（c）所示。

（4）制动压力增大阶段。随着右前轮制动轮缸内制动压力的迅速减小，右前轮会在汽车惯性力的作用下逐渐加速。当电子控制单元判定右前轮抱死趋势已完全消除时，就输入控制指令使进液电磁阀和出液电磁阀均断电，则进液电磁阀恢复开启状态，出液电磁阀恢复关闭状态；同时也使电动油泵通电运转向制动轮缸泵送制动液。由制动主缸输出的制动液和电动泵泵送的制动液均经过开启的进液电磁阀进入右前轮制动轮缸，使右前轮制动轮缸内的制动压力迅速增大，右前轮又开始减速转动，如图 3-4-6（d）所示。

ABS 通过使趋于抱死车轮的制动压力循环往复地经历保持—减小—增大的过程，而将趋于抱死车轮的滑移率控制在最大附着系数的范围内，直至汽车速度减小到很低或者制动主缸的压力不再使车轮趋于抱死时为止。

3. ABS 的分类

目前 ABS 产品的种类很多，其中在轿车上应用最为广泛的是德国博世公司、德国戴维斯公司、美国德尔科和美国本迪克斯公司生产的 ABS，因为每种 ABS 都在不断发展、更新换代，因此即使同一厂家，生产年代不同，装用车型不同，ABS 的型式也可能不一样。另外，在载货汽车或者大型客车上广泛采用的是德国伟布科（WABCO）公司、英国卢卡丝·格林（Lucas Girling）公司和美国凯尔塞·海斯（Kelsey Hayes）等公司生产的 ABS。中国上海汽车制动系统有限公司生产的 ABS 是从戴维斯（TEVES）公司引进并合资生产的。

由于 ABS 产品较多，其分类方法也不尽相同，常见的主要有按 ABS 控制方式分类和按控制通道和传感器数目进行分类。

（1）按控制方式分类。

按控制方式不同，ABS 分为两大类，即机械控制式 ABS 和电子控制式 ABS。目前机械式 ABS 在国外已趋于淘汰，因此本书提到的现代 ABS，一般都是机电一体化的电子控制式 ABS。

(2) 按控制通道和传感器数目分类。

在 ABS 中,能够独立调节制动压力的制动管路称为控制通道。如果某个车轮的制动压力占用一个控制通道单独进行调节,我们称之为独立控制或者单轮控制。如果两个车轮的制动压力是共同占用电子控制器的一个控制通道一同进行调节的,我们称之为同时控制或者一同控制。如果同时控制的两个车轮在同一个轴上,常称之为同轴控制或者轴控制。在两个车轮一同控制时,如果以保证附着系数较小的车轮不发生抱死为原则进行制动压力调节的,这两个车轮就是按低选原则一同控制;如果以保证附着系数大的车轮不发生抱死为原则进行制动压力调节的,这两个车轮就是按高选原则一同控制。

1) 四通道式。四通道式 ABS 如图 3-4-7 所示,有四个转速传感器,在通往四个车轮制动分泵的管路中,各设一个制动压力调节装置,进行独立控制,构成四通道控制型式。

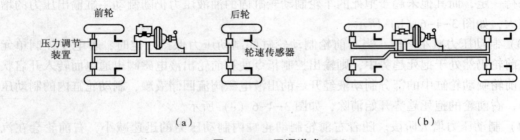

图 3-4-7 四通道式 ABS
(a) 双制动管路前后布置;(b) 双制动管路对角线布置

四通道式 ABS 是根据各车轮轮速传感器输入的信号,分别对每个车轮进行独立控制的,因此附着系数利用率最高,制动时可以最大限度地利用每个车轮的最大附着力。四通道控制式特别适用于汽车左右两侧车轮附着系数相近的路面,不仅可以获得良好的方向稳定性和方向控制能力,而且可以得到最短的制动距离。但是如果汽车左右轮附着力相差较大,如行驶在附着系数对分的路面上或者汽车两侧垂直载荷相差较大时,制动时两个车轮的地面制动力就会相差较大,因此会产生横摆力矩,使车身向制动力较大的一侧跑偏,不能保持汽车按预定方向行驶,会影响汽车的方向稳定性,加之成本较高,所以现用的 ABS 采用这种方式的并不多。

2) 三通道式。三通道式 ABS 如图 3-4-8 所示。一般三通道式 ABS 是对两前轮分别进行独立控制,而两后轮则按低选原则进行一同控制。

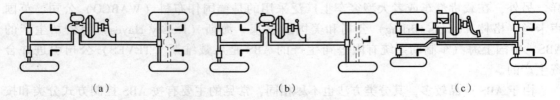

图 3-4-8 三通道式 ABS
(a) 三通道四传感器 ABS;(b) 三通道三传感器 ABS;(c) 三通道四传感器 ABS(对角线布置)

图 3-4-8(c) 所示对角线布置的双管路制动系统中,虽然在通往四个车轮制动分泵(轮缸)的制动管路中,各设置了一个制动压力调节装置,但两个后轮制动压力调节装置却

是由电子控制器按低选原则一同控制的，因此，实际上仍然是三通道式 ABS。红旗轿车、国产桑塔纳 2000GSi、都市先锋等轿车都采用这种型式。

当两后轮按低选原则进行一同控制时，可保证汽车在各种条件下左右两后轮的制动力相等，即使两侧车轮的附着力相差较大，两个车轮的制动力都限制在附着力较小的水平，使两个后轮的制动力始终保持相等，保证汽车在各种条件下制动时都具有良好的方向稳定性。当然，在两后轮按低选原则进行一同控制时，可能出现附着系数较大一侧后轮的附着力不能充分利用的问题，使汽车的总制动力有所减少。但在紧急制动时，由于惯性发生轴荷前移，在汽车的总制动力中，后轮的制动力所占比例较小，尤其是轿车，使前轮的附着力比后轮的附着力大得多，通常是后轮制动力只占总制动力的 30% 左右，因此，后轮附着力未能充分利用的损失对汽车总制动力的影响并不大。

对两前轮进行独立控制，主要是考虑小轿车，特别是前轮驱动的汽车，前轮的制动力在汽车总制动力中所占的比例较大（可达 70% 左右），可以充分利用两前轮的附着力。一方面使汽车获得尽可能大的总制动力，缩短制动距离；另一方面可使制动中两前轮始终保持较大的横向附着力，从而使汽车保持良好的转向控制能力。尽管两前轮独立控制可能导致两前轮制动力不平衡，但由于两前轮制动力不平衡对汽车行驶方向稳定性影响相对较小，而且可以通过驾驶员的转向操纵对由此影响进行修正。因此，三通道式 ABS 在小轿车上被普遍采用。

3）二通道式。二通道式 ABS 通常称为双通道式 ABS。为了减少制动压力调节装置的数量，降低成本，也有采用双通道式 ABS 的。但双通道式 ABS 难以在方向稳定性、转向控制能力和制动效能各方面得到兼顾，目前应用很少。

4）一通道式。单通道式 ABS 通常是两前轮制动分泵的压力并未进行控制，制动时前轮仍会出现抱死现象，因而转向操纵能力未能得到改善，但对两后轮往往是按低选原则进行一同控制。由于制动时两后轮不会抱死，能够显著提高制动时的方向稳定性，在安全上是一大优点，加之具有结构简单、成本低等特点，所以单通道式 ABS 目前在一些轻型载货车上应用广泛。

除以上两种分类方法外，还有一些分类方法，如：按照制动压力调节器的动力源不同可分为液压式和气压式；按照制动压力调节器与制动总泵的结构关系不同可分为整体式和分离式；按照 ABS 和 ASR（或 TCS）是否一体化可分为 ABS 式或 ABS/ASR 式；另外，液压式按照制动压力调节器调压方式的不同还可分为流通式和变容式等。

4. ABS 的特点

各种 ABS 在具体结构和布置上存在着差别，但它们的控制对象和目的都一样。控制的对象是趋于抱死的制动车轮，控制的目的是使车轮的滑动率调节在最大附着系数的范围内。对于电控防抱死系统，以下是它们的共性：

（1）ABS 在车速较低时不起作用（一般小于 10 km/h）。车速较低时，汽车的制动过程与普通制动相同，此时若进行紧急制动，车轮仍然可能被抱死。这是因为车速较低时，车轮抱死拖滑对汽车的制动性能和行驶稳定性影响很小，而且此时车轮抱死制动能达到最短的制动距离。

（2）在紧急制动过程中，只有当制动的车轮趋于抱死时，ABS 才会对车轮的制动压力进行调节；反之，制动车轮没有趋于抱死时，制动系统的动作过程与普通制动相同。

（3）具有自诊断功能。该系统的电子控制单元能随时对系统的工作情况进行监测，一旦系统发生故障，电子控制单元将自动关闭 ABS，同时点亮 ABS 警告灯，并且将故障信号以代码的形式存入其内存。此时，汽车进入普通制动状态。

综上分析可以看出，ABS 具有以下一些优点：

（1）增加了汽车的行驶稳定性。由于制动时，车轮未被抱死，车轮与地面之间具有较大的附着系数，因此车轮有较强的抵抗横向干扰力的能力，很大程度上减小了汽车紧急制动时侧滑现象的发生。据资料统计，装备 ABS 的车辆能使因制动侧滑引起的事故下降 8% 左右。

（2）增强了制动效能，缩短了制动距离。因为装备 ABS 的车辆在紧急制动时，由于对车轮的滑动率进行即时调节，使车轮与地面之间的纵向附着系数达到最大，因此车轮制动力最大。但有一点需要指出的是，当汽车在积雪路面或地面上有一层砂石时，车轮抱死反倒能缩短制动距离，改善制动效果，这是由于此时车轮抱死拖滑，车轮前的楔状积雪（或砂石）可阻止汽车前进。

（3）延长了轮胎的使用寿命。汽车制动时，若车轮被抱死，则其磨损加剧，而且轮胎胎面的磨耗也不均匀，增加了汽车的使用成本。经测定，因装备 ABS 而节省的轮胎使用成本超过了 ABS 的成本，所以装备 ABS 具有一定的经济效益。

（4）使用方便，工作可靠。装备 ABS 的车辆在制动操作上与普通的制动系统几乎没有什么区别，ABS 能够自动确定是否进入工作状态以及进行何种工作状态。特别是在冰雪路滑情况下，没有 ABS 的车辆必须采用一连串的点刹方式来进行制动，而装备 ABS 的车辆能够自动将制动效果保持最佳。

五、ABS 的主要部件

（一）传感器

由于目前所有 ABS（包括液压制动系统和气压制动系统）中都使用轮速传感器，而汽车减速度传感器和横向加速度传感器应用较少，所以这里只介绍轮速传感器。

ABS 的轮速传感器主要有电磁式和霍尔式两种类型。其主要功用是检测车轮运动状态，向电子控制单元提供车轮的转速信号。

1. 电磁式轮速传感器

电磁式轮速传感器由传感头和齿圈（转子）两部分组成，如图 3-4-9 所示。

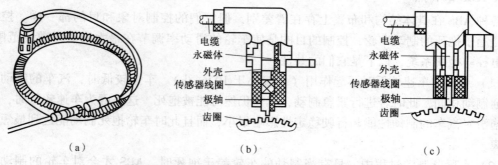

图 3-4-9　电磁式轮速传感器的外形与基本结构

（a）传感器外形；（b）凿式极轴轮速传感器的基本结构；（c）圆柱式极轴轮速传感器的基本结构

传感头是一个静止的部件，一般安装在车轮附近不随车轮转动的部件上，如转向节、悬架构件等。传感头由永磁体、感应线圈、极轴等组成，封装在一个抗腐蚀的外壳内。齿圈（转子）一般安装在随车轮一同转动的部件上，如轮毂、制动盘、半轴等。极轴端部与齿圈之间的空气隙很小，通常只有 0.5~2 mm。为了避免灰尘与飞溅的水、泥等对传感器工作的影响，在安装前可在传感器上涂覆防锈油。

对于有些两后轮进行一同控制的 ABS，往往只在变速器或主减速器中安装一个轮速传感器，传感头装在主减速器或变速器壳体上，齿圈装在变速器输出轴上或主减速器输入轴上（有的直接用主减速器齿轮代替）。

电磁式轮速传感器根据极轴端部的形状，可分为凿式、圆柱式和菱形式三种，它们内部结构大同小异，其工作原理完全相同。

电磁式轮速传感器极轴形状不同，其安装方式也不同。图 3-4-10 所示为三种轮速传感器的安装情况。其中凿式轮速传感器属于径向安装方式；圆柱式和菱形式轮速传感器属于轴向安装方式。

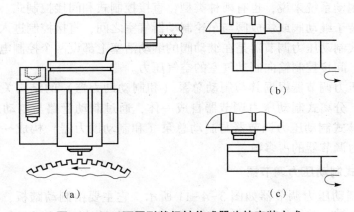

图 3-4-10 不同形状极轴传感器头的安装方式
(a) 凿式轮速传感器；(b) 菱形式轮速传感器；(c) 圆柱式轮速传感器

当齿圈随车轮一同旋转时，齿顶与齿槽交替对向极轴，从而使磁路磁阻发生变化。当齿顶对极轴时，磁隙最小，磁路磁阻最小，磁通最大；当齿槽对极轴时，磁隙最大，磁路磁阻最大，磁通最小。磁通的周期性变化使感应线圈的两端产生交变电压信号，此信号的频率与齿圈的齿数和转速成正比。因齿圈的齿数一定，所以轮速传感器输出的交变电压信号的频率只与相应的车轮转速成正比。当传感头与齿圈的间隙一定时，交变电压的幅值也决定于磁通变化率，在一定范围内，交变电压的幅值也与车轮转速成正比。当车速低于 15 km/h，交变电压的幅值较小，信号较弱。

当输出信号的幅值随车速而变化时，电磁式轮速传感器存在如下缺点：若车速过慢，其输出信号低于 1 V，电子控制单元就无法检测，频率响应不高；当转速过高时，容易产生误信号，抗电磁波干扰能力差，尤其是在其输出信号幅值较小时。

但由于电磁感应式轮速传感器具有结构简单、坚固耐用的优点，特别适用于汽车行驶中的恶劣环境，所以至今仍被广泛应用。

2. 霍尔式轮速传感器

霍尔式轮速传感器由齿圈和传感头组成。传感头由霍尔元件、永磁体和电子线路等组成。利用霍尔效应原理工作,其中霍尔元件输出的准正弦波电压,由电子电路转换成标准的脉冲电压波形输入电子控制单元。

霍尔式轮速传感器输出信号电压幅值不受转速的影响,频率响应高,抗电磁波干扰能力强。因此,不仅广泛用于 ABS 轮速传感器,也广泛应用于其他控制系统的转速检测。

(二) 执行器

ABS 中最主要的执行器是制动压力调节器,现代 ABS 的制动压力调节器大致分为液压式和气压式两种。液压式主要用在轿车和一些轻型载重汽车上;气压式主要用在大型客车和载重汽车上。对于液压制动系统来说,一般都设在制动总泵(主缸)与车轮制动分泵(轮缸)之间。其主要任务是:根据电子控制单元的控制指令,自动调节制动分泵(轮缸)的制动压力。液压式制动压力调节器根据调压方式可分为流通式(也称为循环式或环流式)和变容式两种。

而对于气压制动系统来说,也有两种类型:直接控制式和间接控制式。直接控制式制动压力调节器一般装于继动阀或快放阀与车轮制动器气室之间,直接控制进入制动器气室内的气压。间接控制式制动压力调节器是在继动阀的继动活塞上部设两个控制电磁阀,用来控制辅助管路的气压,间接控制输向制动气室的空气压力。

另外,制动压力调节器根据其与制动总泵(和制动助力器)的结构关系,可分为整体式和分离式两种。分离式制动压力调节器自成一体,通过制动管路与制动总泵(和制动助力器)相连;整体式制动压力调节器与制动总泵(和制动助力器)构成一个整体。目前采用分离式制动压力调节器的占多数。

1. 液压循环式制动压力调节器

液压循环式制动压力调节器如图 3-4-11 所示,它主要由制动踏板、制动主缸、回油泵、储液罐、电磁阀、制动轮缸等组成,在制动主缸与制动轮缸之间串联一电磁阀,直接控制轮缸的制动压力。

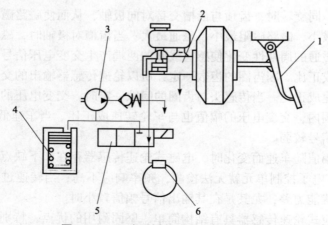

图 3-4-11 液压循环式制动压力调节器
1—制动踏板;2—制动主缸;3—回油泵;4—储液罐;5—电磁阀;6—制动轮缸

(1) 常规制动过程。如图 3-4-12 所示,电磁线圈中无电流流过,电磁阀处于"升压"

位置，此时制动主缸与轮缸相通，由主缸来的制动液直接流入轮缸，轮缸压力随主缸压力变化，此时 ABS 不工作，电动回油泵也不需工作。

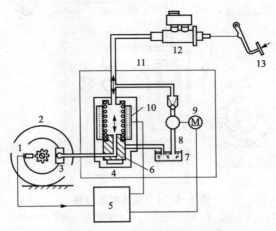

图 3-4-12 常规制动过程

1—轮速传感器；2—车轮；3—制动轮缸；4—电磁阀；5—电子控制单元；6—柱塞；
7—储液罐；8—回油泵；9—电动机；10—线圈；11—液压部件；12—制动主缸；13—踏板

（2）保压制动过程。当电子控制单元向电磁线圈通入较小的保持电流（约为最大电流的 1/2）时，电磁阀处于"保压"位置，如图 3-4-13 所示。此时制动主缸、制动轮缸和回油孔互不相通，轮缸中压力保持不变。

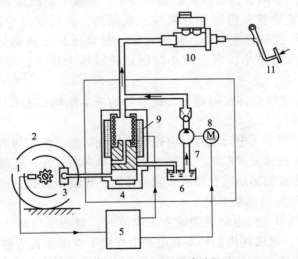

图 3-4-13 保压制动过程

1—轮速传感器；2—车轮；3—制动轮缸；4—电磁阀；5—电子控制单元；6—储液罐；
7—回油泵；8—电动机；9—线圈；10—主缸；11—踏板

（3）减压制动过程。当电子控制单元向电磁线圈通入最大电流时，电磁阀处于"减压"位置，如图 3-4-14 所示。此时电磁阀将制动轮缸与回油通道或储液罐接通，轮缸中制动液经电磁阀流入储液罐，制动轮缸压力下降。与此同时，电动机起动，带动液压泵工作，将流回储液罐的制动液输送回制动主缸，为下一个制动周期做好准备。

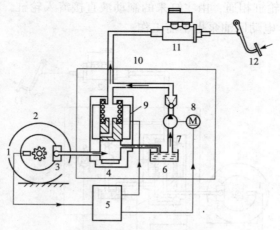

图 3-4-14 减压制动过程
1—轮速传感器；2—车轮；3—制动轮缸；4—电磁阀；5—电子控制单元；6—储液罐；
7—回油泵；8—电动机；9—线圈；10—液压部件；11—制动主缸；12—踏板

（4）增压制动过程。当制动压力下降后，车轮的转速增加，当电子控制单元检测到车轮转速增加太快时，便切断通往电磁阀的电流，使制动主缸与制动轮缸再次相同，制动主缸的高压制动液再次进入制动轮缸，制动力增加。

2. 液压变容式制动压力调节器

液压变容式制动压力调节器是在原制动管路中，并联一套液压装置。工作时根据电子控制单元的指令，该装置首先将制动分泵和总泵隔离，然后通过电磁阀的开启或电动机的转动等，使该装置中控制活塞在调压缸中运动，使调压缸至制动分泵的容积发生变化。容积增大时轮缸制动压力减小，容积减小时制动轮缸压力增大，容积不变时轮缸压力保持不变。

图 3-4-15 所示为液压变容式制动压力调节器的基本结构，主要由电磁阀、控制活塞、液压泵、蓄能器等组成。

常规制动时，电磁阀中无电流流过，电磁阀将控制活塞工作腔与回油管路接通，控制活塞在强力弹簧的作用下被推至最左端，其顶端推杆将单向阀打开，使制动主缸与制动轮缸的制动管路接通，制动主缸的制动液直接流入制动轮缸，轮缸压力随主缸压力变化而变化。此种状态是在 ABS 未工作时的制动工况。

当 ABS 的电子控制单元向电磁线圈通入大电流时，制动压力调节器进入减压状态，如图 3-4-16 所示，此时，电磁阀内的柱塞在电磁力作用下克服弹簧力移到右边，将蓄能器与控制活塞工作腔管路接通，蓄能器（液压泵）的压力油进入控制活塞工作腔推动活塞右移，单向阀关闭，主缸与轮缸之间的通路被切断。同时由于控制活塞的右移，使轮缸侧容积增大，制动压力减小。

当 ABS 的电子控制单元向电磁线圈通入较小电流时，如图 3-4-17 所示，由于电磁线圈的电磁力减小，柱塞在弹力作用下左移至将蓄能器、回油管及控制活塞工作管腔相互关闭的位置，此时控制活塞左侧的油压保持不变，控制活塞在油压和强力弹簧的共同作用下位置保持不变，而此时单向阀仍处于关闭状态，轮缸侧的容积也不发生变化，则轮缸制动压力保持不变。

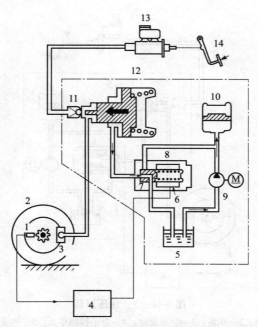

图 3-4-15　液压变容式压力调节器的组成与常规制动

1—轮速传感器；2—车轮；3—制动轮缸；4—电子控制单元；5—储液罐；6—线圈；7—柱塞；
8—电磁阀；9—泵电机总成；10—蓄能器；11—单向阀；12—液压部件及控制活塞；
13—制动主缸；14—踏板

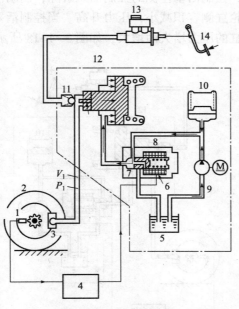

图 3-4-16　减压过程

1—轮速传感器；2—车轮；3—制动轮缸；4—电子控制单元；5—储液罐；6—线圈；
7—柱塞；8—电磁阀；9—泵电机总成；10—蓄能器；11—单向阀；
12—液压部件及控制活塞；13—制动主缸；14—踏板

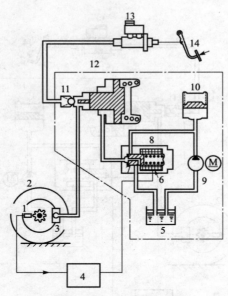

图 3-4-17 保压过程

1—轮速传感器；2—车轮；3—制动轮缸；4—电子控制单元；5—储液罐；6—线圈；
7—柱塞；8—电磁阀；9—泵电机总成；10—蓄能器；11—单向阀；
12—液压部件及控制活塞；13—制动主缸；14—踏板

当 ABS 的电子控制单元切断电磁线圈中的电流时，柱塞回到左端的初始位置，控制活塞工作腔与回油管路接通，控制活塞左侧的控制油压解除，制动液流回储液罐，控制活塞在强力弹簧的作用下左移，轮缸侧容积减小，压力升高。当控制活塞左移至最左端时，单向阀被打开，轮缸压力将随主缸的压力增大而增大，如图 3-4-18 所示。

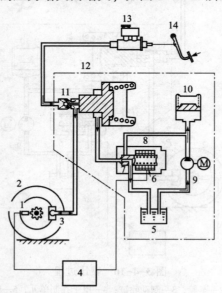

图 3-4-18 增压过程

1—轮速传感器；2—车轮；3—制动轮缸；4—电子控制单元；5—储液罐；6—线圈；
7—柱塞；8—电磁阀；9—泵电机总成；10—蓄能器；11—单向阀；
12—液压部件及控制活塞；13—制动主缸；14—踏板

3. 直接控制式气压制动压力调节器

直接控制式气压制动压力调节器如图 3-4-19 所示。一般装于继动阀或快放阀与制动气室之间,直接控制进入制动气室内的气压。

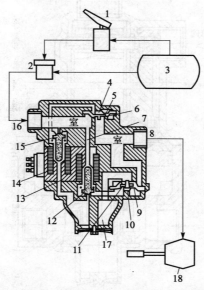

图 3-4-19 直接控制式气压制动压力调节器
1—制动控制阀;2—继动阀;3—储气筒;4、10—导气室;5—膜片;6—进气膜片阀;7—导气孔;
8—出气口;9—膜片;11—排气膜片阀;12—驱动排气膜片阀用的电磁阀;13、14—线圈;
15—驱动进气膜片阀用的电磁阀;16—进气口;17—排气口;18—制动气室

调节器由进气膜片阀、排气膜片阀和控制电磁阀等组成。进气膜片阀用以控制由继动阀进入的气流;排气膜片阀用来控制排掉制动气室的空气;控制电磁阀用来控制各膜片阀的背压。

增压(常规制动)时,电子控制单元将控制进气膜片阀的电磁阀和控制排气膜片阀的电磁阀的电路均切断,所有电磁线圈均无电流。此时,进气膜片阀因无控制气压而处于开启状态,而排气膜片阀因有控制气压而处于关闭状态,压缩空气经进气膜片阀流入制动气室,制动气室压力升高。

当电子控制单元只向控制进气膜片阀的电磁阀线圈通电时为保压状态。此时,电磁力将阀体下吸而将其上端阀门打开,同时将其下端排气口关闭,切断了两气室的通道。而此时控制排气膜片阀的电磁阀仍无电流流过,排气膜片阀仍处于关闭状态。制动气室与进、排气口均不通,制动气室压力保持不变。

当电子控制单元同时向控制进气膜片阀的电磁阀和控制排气膜片阀的电磁阀供电时,进气膜片阀仍保持关闭状态,而排气控制电磁阀在电磁线圈电磁力的吸引下向上移动,将其上端阀门关闭而下端阀门打开,导气管压力下降而使排气膜片阀打开,制动气室的压缩气体经排气膜片阀、出气口排入大气,制动气室的压力下降。

4. 间接控制式气压制动压力调节器

间接控制式气压制动压力调节器(如图 3-4-20 所示)是在继动阀的继动活塞上部设两

个控制电磁阀，用来控制辅助管路的气压，间接控制输向制动气室的空气压力。

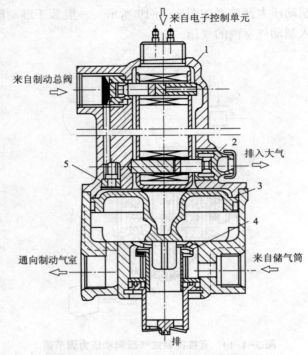

图 3-4-20　间接控制式气压制动压力
1—进气电磁阀；2—排气电磁阀；3—继动活塞；4—进气阀；5—单向阀

进气电磁阀和排气电磁阀均受电子控制单元控制，通过控制由制动总阀进入继动活塞上方的进气通道和排气通道来控制继动活塞上方的控制气压，从而控制继动活塞处于不同位置，以实现增压、保压和减压等过程。

由于调节器是通过控制继动活塞上部气压的变化，通过继动活塞的上下运动来间接控制制动气室的压力，故调节器的反应速度要比直接控制式慢。为提高调节器的反应速度，继动活塞上部的控制容积应尽可能小。由于继动阀通路容积比直接控制式大得多，所以用一个电磁阀可控制多个制动气室。因此，该调节器成本较低，功能较好，更适用于挂车的 ABS。

（三）电子控制单元（ECU）

电子控制单元是 ABS 的控制中枢。目前各种 ABS 的电子控制单元的内部电路及控制程序并不相同，但大致都由输入级电路、计算电路、输出级电路和安全保护电路组成。

输入级电路的功用是对轮速传感器输入的交变信号进行预处理，并将模拟信号变成计算机使用的数字信号。

输入级电路还接收点火开关、制动开关、液位开关等外部信号。输入级电路除传送轮速传感器监测信号外，还接收电磁继电器、泵电机继电器等工作电路的监测信号，并将这些信号经处理后送入计算电路。

计算电路一般是由两个微处理器组成，其功用是根据轮速传感器等输入的信号，按照软件特定的逻辑程序进行计算、分析、处理，形成相应的控制指令。

计算电路按照特定的逻辑程序，根据轮速传感器输入的轮速信号，计算出车轮瞬时速度，然后得出加（减）速度、初始速度、参考车速和滑移率，最后根据加、减速度和滑移率形成相应的控制指令，向输出级电路（电磁阀控制电路）输出制动压力增大、保持或减小的控制信号。

当计算电路中的两个微处理器处理结果不一致时，微处理器立即使 ABS 退出工作，防止系统发生故障后导致错误控制。

计算电路不仅能检测自己内部的工作过程，还能监测系统中有关部件的工作状况，如轮速传感器、泵电机工作电路、电磁阀继电器工作电路等。当监测到这些电路工作不正常时，也立即向安全保护电路输出停止 ABS 工作的指令。

输出级电路的主要功能是将计算电路输出的数字控制信号（如控制压力增大、保持、减小信号）转换成模拟控制信号，通过控制功率放大器，驱动执行器工作。

安全保护电路由电源监控、故障记忆、继电器驱动和 ABS 警示灯驱动等电路组成。其主要作用是：接收蓄电池（或发电机）的电压信号，对电源电压是否在稳定范围内进行监控，同时将蓄电池和发电机的 12V 电源电压，变成电子控制单元内部需要的稳定的 5V 电压；由于微处理器具有监测功能，对有关继电器电路、ABS 警示灯电路进行控制。当发现影响 ABS 正常工作的故障时，如轮速传感器信号不正常、电源电压过低以及计算电路、电磁阀控制电路等有故障时，能根据微处理器的指令，切断相关继电器的电源电路，停止 ABS 工作，恢复常规制动功能，起到失效保护作用。

同时，将仪表板上的 ABS 警示灯点亮，提醒驾驶员 ABS 已出现故障，应进行修理。

另外，现代 ABS 一般都具有故障记忆功能，能将故障信息存储在存储器内，以便在进行自诊断时，将存储的故障信息调出，供维修时使用。

由此可见，电子控制单元的主要功用是接收轮速传感器及其他传感器输入的信号，进行放大、计算、比较，按照特定的控制逻辑，分析判断后输出控制指令，控制制动压力调节器进行压力调节；持续监控 ABS 的电子元件；还可外接诊断仪器进行维修作业。

六、ABS 的检查与维护

1. ABS 检修注意事项

大多数 ABS 都有较高的工作可靠性，但在使用过程中仍免不了出现不良状况，对此应及时进行检修，以确保制动系统的正常工作。ABS 与常规制动系统相比有其自身的特点，在检修过程中应注意以下几个方面：

（1）在制动过程中，ABS 工作时，驾驶员会明显感受到制动踏板的回弹，同时也可听到泵和电磁阀的工作声音，这都是正常的。另外，不要重复踩放制动踏板，而只要把脚持续踩在制动踏板上，ABS 就会进入制动状态，不需人工干预。

（2）对于泵电动机、液压控制单元与电子控制单元集成于一体的 ABS，只能在已拆卸状态下将液压控制单元与电子控制单元分开，分开液压控制单元与电子控制单元后，将运输用的保护件安装在阀顶上；不允许将液压泵从液压控制单元上脱开。

（3）当车辆起动时，ABS 警报灯亮，表示 ABS 正进行自检，约 1.7s 后警报灯自动熄灭；若警报灯不灭或在行车中突然点亮，说明 ABS 有故障，ABS 的故障不会影响常规制动装置和助力装置的正常工作；若 ABS 警告灯不亮，但制动效果仍不理想，则可能是制动系统排气不净或在常规的制动系统中存在故障。

(4) 更换液压电子控制单元后，必须使用专用仪器 V. A. G1551（或 V. A. G1552）按规定操作程序输入相应的编码，例如捷达轿车的编码为 03604。否则 ABS 警报灯闪烁，系统不能正常工作。

(5) 在更换液压控制单元或出现系统泄漏等情况进行维修后，要进行加液排气。由于常闭阀在断电状态下关闭，在常规排气时第二回路中的气体无法排出，而当 ABS 一旦起作用，常闭阀打开，第二回路中的空气将会进入整个制动系统，使制动系统变软。因此，在进行常规排气后，必须通过专用仪器 V. A. G1551（或 V. A. G1552）打开常闭阀对第二回路进行排气。

(6) ABS 的电子控制单元只能在短时间承受 90 ℃温度，或在一定时间（约 2 h）内承受 85 ℃温度，有些甚至要求电子控制单元受温不能超过 82 ℃。因此，在对汽车进行烤漆作业时，应视情况将电子控制单元从车上拆下。使用电焊机进行焊接之前，也必须关闭点火开关，然后从电子控制单元上拔下插头。

(7) 用充电机给汽车上的蓄电池充电时，要从车上拆下蓄电池电缆线后再进行充电，切不可用充电机起动发动机。

(8) 在很多 ABS 或 ASR 中有高压蓄能器，在对这类制动液压系统进行维修之前，切记首先泄压，使蓄能器中的高压制动液完全释放，以免高压制动液喷出伤人。释放蓄能器中的高压制动液的方法是：先将点火开关关断，然后反复踩、放制动踏板（至少 25 次以上），直至感觉制动踏板力明显增加（无液压助力）时为止；另外，在制动系统没有完全装好之前，不能接通点火开关，以免电动泵通电运转泵油。

提示：通常在检修制动压力调节器、制动分泵、蓄压器、后轮分配比例阀、电动油泵、制动液管路、压力警告和控制开关时需进行泄压。

(9) ABS 工作必须绝对清洁，决不要使用含矿物油的物质及汽油、稀释剂等类似的清洁剂，同时还要注意不要让制动液流到线束插头内；拆下的元件如果不能立刻完成修理工作必须小心地盖好或者用塞子封闭；配件要在安装前才从包装内取出。

(10) 要求制动液定期更换。ABS 的制动液推荐使用 DOT3 乙二醇型制动液（有的要求使用 DOT4 型制动液），注意不能选用 DOT5 硅酮型制动液，它对 ABS 有严重损害。DOT3 或 DOT4 型制动液吸湿性很强，使用一年后其含水量会增至 3%。含水分的制动液不仅沸点降低，制动系统内部产生腐蚀，而且使制动效果明显下降，影响 ABS 的正常工作，因此制动液应及时更换。

另外，对制动液要做到及时检查、补充，一般制动液液面过低时 ABS 会自动关闭。在存储和更换制动液时，要注意保持器皿清洁，不要使灰尘、污物进入制动液装置中。

(11) 维修轮速传感器要十分细心。拆卸时不要用传感器齿环当作撬面，不要碰撞和敲击传感头；传感器间隙有的是不可调的，有的是可调的，调整时应用非磁性塞尺或纸片，防止上面粘上油污或其他脏物，必要时，可涂上一薄层防锈油。

(12) 应尽量选用汽车生产厂商推荐的轮胎，若要换用其他型号的轮胎，应尽量选用与原车所用轮胎的外径、附着性能和转动惯量相近的轮胎，但不能混用不同规格的轮胎，否则会影响 ABS 的制动效果。

(13) 大多数 ABS 中的轮速传感器、电子控制单元和压力调节器都是不可修复的，如发生损坏，一般进行整体更换。由于 ABS 都是针对某种车型专门设计的，一般并不通用，所以要求选用本车型高质量的正品配件,以确保维修质量。

(14) 系统打开后不要使用压缩空气吹,也不要移动车辆。

2. ABS 常规检查

做好常规检查,可以发现比较明显的问题,做到节省时间、提高效率。常规检查主要包括以下几个方面:

(1) 检查制动液面是否在规定范围内。

(2) 检查蓄电池电压是否在规定范围内,正、负极柱的导线是否连接可靠。

(3) 检查制动油路、泵及阀有无漏损。

(4) 检查所有继电器、熔丝是否完好,插接是否牢固。

(5) 检查电子控制单元导线插头、插座是否连接良好,搭铁是否牢靠。

(6) 检查相关器件(轮速传感器、电磁阀、电动泵、压力警示开关和压力控制开关等)的连接器和导线是否连接良好。

(7) 检查传感器与齿圈间隙是否符合规定,传感头有无脏污。

(8) 检查驻车制动器是否完全释放。

(9) 检查轮胎花纹高度是否符合要求。

提示:需要注意的是,常规制动系统的元件出现了故障,可能使 ABS 工作不正常。因而不要轻易判断 ABS 的电子控制单元等元器件损坏。

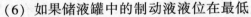
更换制动液

3. 制动液的更换与补充

制动液具有较强的吸湿性,当制动液中含有水分后,其沸点降低,制动时容易产生"气阻",使制动性能下降。因此一般要求 2 年或 1 年更换一次制动液。

提示:很多 ABS 有液压助力,由于蓄能器可能蓄积有制动液,因此在更换或补充制动液时应按一定的程序进行。

(1) 先将新制动液加注到储液罐的最高液位标记处,如图 3-4-21 所示的"MAX"标记处。

(2) 如果需要对制动系统中的空气进行排气,应按规定的程序进行空气排除。

(3) 将点火开关置于 ON 位置,反复踩下和放松制动踏板,直至液压电动泵开始运转为止。

(4) 待电动液压泵停止运转后,再对储液罐中的液位进行检查。

(5) 如果储液罐中的制动液液位在最高液位标记以上,先不要泄放过多的制动液,而应重复以上的(3)和(4)的过程。

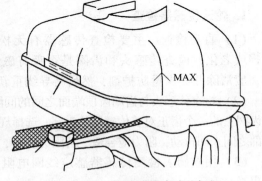

图 3-4-21 储液罐最高液位标记

(6) 如果储液罐中的制动液液位在最低液位标记以下,应向储液罐再次补充新的制动液,使储液罐中的制动液液位达到最高标记处,但切不可将制动液加注到超过储液罐的最高标记;否则,当蓄能器中的制动液排出时,制动液可能会溢出储液罐。

4. 制动系统的排气

液压制动系统有空气渗入时，会感到制动踏板无力，制动踏板行程过长致使制动力不足，甚至制动失灵。当 ABS 液压回路渗入空气后，同样会引起制动效能下降。因此若有空气渗入液压制动系统后，必须对系统进行排气。

提示：当更换制动器、打开了制动管路、更换了制动系统液压部件时，或是制动踏板发软、变低、制动效果变差时，就需要对 ABS 进行排气。

在进行排气之前，应检查液压制动系统的管路及其接头是否有破损或松动；检查储液罐的液位是否符合要求。

ABS 排气比普通的制动系统稍复杂一些，应遵循一定的要领，以避免费工费时，制动系统中的空气还是排不干净。应注意以下几点：

（1）对于装有制动真空助力器的，在进行排气操作前，首先要把制动助力控制装置断开，使制动系统处于无助力状态。

（2）断开 ABS 的电子控制单元，以使排气过程 ABS 的电子控制系统不起作用，避免对排气造成影响。

（3）ABS 排气时间要比普通系统长，消耗的制动液也较多，需边排气边向制动总泵储液罐添加制动液，使储液罐制动液液面保持在 MAX 与 MIN 之间。

（4）刚刚放出的制动液不能马上回添入储液罐，需在加盖的玻璃瓶中静置 3 天以上，待制动液中的气泡排尽后才能再用。

（5）在排气过程中，制动踏板要缓缓地踩，不能过猛，这与普通制动系统一样。

（6）不同形式的 ABS，其排气程序可能会有些不同，应参照相应的保养手册进行排气操作。

（7）一些 ABS 排气可让 ABS 油泵工作（打开点火开关，有的需运行发动机），在加压的情况下可使排气更快更彻底。

提示：更换不用的制动液要集中处理，不可随意丢弃，以免污染环境。

七、ABS 的部件检修

1. 轮速传感器检查

ABS 轮速传感器检测

（1）直观检查。主要检查传感器有无松动，导线及插接器有无松脱、破损或老化；检查传感头和齿圈是否吸有磁性物质和污垢。如有锈蚀、脏污，应清除并涂少量防护剂，然后将导线重新插入插接器，再进行检查。

（2）检查传感头与齿圈齿顶端面之间的间隙。可用无磁性厚薄规检查，如图 3-4-22 所示。将齿圈上的一个齿正对着传感器的头部，选择规定厚度的厚薄规片，将其放入到轮齿与传感器的头部之间来回拉动，阻力应合适。若阻力较小，说明间隙过大；若阻力较大，说明间隙过小。

（3）用欧姆表检测传感器感应线圈电阻。如果电阻过大或过小，均说明传感器不良，应更换。

（4）用交流电压表测量传感器的输出信号电压。在车轮转动时，电压表应该有电压指示，其电压值应随车轮转速的增加而升高，一般情况下，应达 2 V 以上。

（5）用示波器检测传感器的输出信号电压波形。正常的信号电压波形应是均匀稳定的正弦电压波形，如果无信号电压或信号有缺损，应拆下传感器做进一步检查。

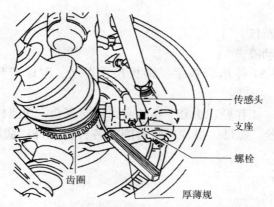

图 3-4-22　检查传感头与齿圈齿顶端面的间隙

2. 电子控制单元的检查

（1）检查 ABS 的电子控制单元线束插接器有无松动，连接导线有无松脱。

（2）检查 ABS 的电子控制单元线束插接器各端子的电压值、波形或电阻，如果与标准值不符，与之相连的部件和线路正常，则应更换电子控制单元再试。

（3）直接采用替换法检验，即在检查传感器、继电器、电磁阀及其线路均无故障时，我们会怀疑是否是 ABS 的电子控制单元有故障。这时，可以用新的 ABS 电子控制单元替代，如果故障现象消失，怀疑就被证实。

3. ABS 压力调节器的检查

（1）用欧姆表检测电磁阀线圈的电阻。如果电阻无穷大或过小，均说明其电磁阀有故障。

（2）加电压试验。将制动压力调节器电磁阀加上其工作电压，看阀能否正常动作。如果不能正常动作，则应更换制动压力调节器。

（3）解体后检查。如果怀疑是制动压力调节器有问题，则应在制动压力调节器内无高压制动液时，仔细拆开调节器进行检查。

4. ABS 控制继电器的检查

（1）对继电器施加其正常的工作电压，看继电器能否正常动作；若能正常动作，则用欧姆表检测继电器触点间的电压和电阻，正常情况下触点闭合时的电压为零。若电压大于 0.5 V 以上，则说明触点接触不良。

（2）用欧姆表检测继电器线圈的电阻，电阻值应在正常范围之内。

【任务实施】

一、任务实施准备

（1）理实一体化多媒体实训场所。

（2）配备 ABS 的实训车辆、车轮挡块。

（3）举升机。

（4）拆装工作台。

(5) 压缩空气源。
(6) 通用或专用诊断仪。
(7) 良好的正品制动液。
(8) 工量具：通用 54 件组合扳手、钢板尺、直尺、游标卡尺、一字螺丝刀、胎压表等。
(9) 备品：工作服、工作鞋、手套、座椅套、转向盘套、变速杆套、脚垫、翼子板布、前盖板布、抹布等；螺栓、螺母、垫片、密封圈等各种易损件；润滑油、润滑脂、清洗液等；透明软管、容器。
(10) 废物收纳箱等。
(11) 车辆维修手册。
(12) 实训工单。

二、任务实施步骤

(1) 组织学生对基本知识进行学习。
(2) 学生分组。
(3) 以小组为单位，讨论制订 ABS 检修工作计划。
(4) 各小组汇报工作计划，教师组织点评，进行可行性分析。
(5) 组织学生按工作计划进行 ABS 检修实操训练，教师巡视、予以指导，同时依据考核工单对学生操作规范性进行考核。
(6) 组织学生查询该车的检测标准，参照检测标准对检查结果进行分析，按要求填写实训工单。
(7) 教师接收学生完成的实训工单。
(8) 实训总结，包括学生自我反思、教师答疑、点评、总结等。

实训工单

学生姓名：_____ 班级_____ 实训日期_____

序号	检查项目	检查结果
1	车辆品牌	
2	VIN 码	
3	制动系统类型	
4	前轮制动器类型	
5	后轮制动器类型	
6	制动液型号	
7	轮胎气压	
8	轮胎磨损情况	
9	ABS 自检情况	
10	蓄电池电压	
11	制动液面高度	
12	制动管路检查	
13	继电器、熔丝检查	
14	轮速传感器检查	
15	传感器与齿圈间隙检查	
16	轮胎检查	
17	ABS 的电子控制单元检查	
18	ABS 的压力调节器检查	
实训总结	实训结论	实训收获与反思

考核工单

学生姓名：　　　　　　考核项目：　　　　　　考核成绩：

序号	项目	分值	扣分标准	得分
1	实训准备工作	5	每缺少1项扣1分	
2	工量具正确使用	5	每错误1次扣1分	
3	设备正确使用	5	每错误1次扣1分	
4	维修手册的正确使用	5	每错误1次扣1分	
5	操作规范性	60	每错误1次扣1分	
6	测量准确性	5	每错误1次扣1分	
7	实训工单填写	5	未填写扣5分	
8	车辆保护	5	每缺少1项扣1分	
9	5S	5	每缺少1项扣2分	
10	是否出现危险行为		出现人身危险总成绩0分；出现车辆危险扣20分；出现工具设备危险扣10分	
	合计	100		

教师评语	

考核教师：

＿＿＿＿＿年＿＿月＿＿日

任务五　电控驱动防滑控制系统介绍

1. 了解防滑控制系统的理论基础。
2. 了解防滑控制方式。
3. 了解防滑控制系统的基本组成与工作原理。

1. 能够收集和整理相关资料。
2. 能够针对具体车型的防滑控制系统向客户进行介绍。
3. 能够对防滑控制系统的结构与工作原理进行说明与分析。
4. 能够对防滑控制系统与防抱列制动系统进行比较。

刚入职不久的小张，在检查前轮轴承异响故障时，师傅让他把车在举升机上支起使轮胎离地，通过挂挡加速的方式检查前轮轴承，但是小张发现该车支起来后发动机加速只能到1 000多转。师傅告诉他关闭 ASR 开关再加油就好了，小张想知道这是什么道理，ASR 的工作原理是什么，和 ABS 又有什么样的关联？相信通过下面的学习，我们会给小张一个满意的答案。

【基本知识】

一、防滑控制系统的理论基础

汽车驱动防滑控制（Anti Slip Regulation，ASR）系统，是继制动防抱死系统（ABS）之后应用于车轮防滑的电子控制系统，丰田公司把 ASR 系统称作牵引力或驱动力控制系统，常用 TCS（Traction Control System）表示。防滑控制系统的基本功能是防止汽车在加速过程中打滑，特别是防止汽车在非对称路面或在转弯时驱动轮的空转，以保持汽车行驶方向的稳定性、操纵性和维持汽车的最佳驱动力，以及提高汽车的平顺性。从控制车轮和路面的滑移率来看，ASR 和 ABS 采用了相同的技术，但两者所控制的车轮滑移率是相反的。可见 ASR 和 ABS 密切相关，常将它们结合在一起使用，构成行驶安全系统。这样，它们可共享许多电子组件，可用共同的系统部件来控制车轮的运动。

所谓汽车打滑有两种情况：一是汽车制动时车轮的滑移；二是汽车驱动时车轮的滑转。ABS 是防止制动时车轮抱死而滑移；ASR 则是防止驱动车轮原地不动而不停地滑转。用 S_d 表示驱动时的滑转率，可用下面的式子来表达：

$$S_d = \frac{V_c - V}{V_c} \times 100\%$$

式中，V 是车身瞬时速度；V_c 是车轮圆周速度。

从式中可以看出，当 V 为 0（汽车原地不动），V_e 不为 0 时，则汽车处于完全滑转状态。图 3-5-1 所示为滑转率与纵向附着系数之间的关系。由图中可以看出：

(1) 附着系数随路面的不同而呈大幅度的变化。
(2) 在各种路面上，当滑转率为 20% 左右时，附着系数达到峰值。
(3) 上述趋势，无论制动还是驱动时都几乎一样。

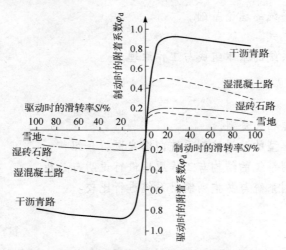

图 3-5-1 滑转率与纵向附着系数之间的关系

二、防滑控制系统的控制方式

防滑电子控制系统的控制参数是滑转率，控制器根据各车轮转速传感器信号计算 S_d，当 S_d 值超过某一限定值时，控制器就输出控制信号，抑制车轮的滑转，将车轮的滑转率控制在理想的范围内。

汽车防滑电子控制系统常用的控制方式有以下几种：

1. 发动机输出功率控制

在汽车起步、加速时若加速踏板踩得过猛，会因为驱动力过大而出现两边的驱动车轮都滑转的情况，这时，防滑电子控制系统控制器输出控制信号，控制发动机的输出功率，以抑制驱动车轮的滑转。

该控制方式下进行驱动防滑控制的方法通常有：辅助（副）节气门控制、燃油喷射量控制和延迟点火提前角控制。

2. 驱动轮制动控制

这种方法是对发生空转的驱动轮直接加以制动，反应时间最短。为使制动过程平稳，应缓慢升高制动压力。

采用制动控制方式的 ASR 的液压系统可分为两大类。一类是 ASR 与 ABS 的组合结构。在 ABS 中增加电磁阀和调节器，从而增加了驱动控制功能。另一类是在 ABS 的液压装置和轮缸之间增加一个单独的 ASR 液压装置。普遍认为今后的发展主流是成本较低的 ASR/ABS 组合结构。

3. 同时控制发动机输出功率和驱动车轮的制动力

控制信号同时开启 ASR 的制动压力调节器和辅助节气门调节器，在对驱动车轮施以制动力的同时，减小发动机的输出功率，以达到理想的控制效果。

4. 防滑差速锁（Limited Slip Differential，LSD）控制

当驱动车轮单边滑转时，控制器输出控制信号，使差速锁和制动压力调节器动作，对滑转车轮施以制动力，使车轮的滑转率控制在目标范围之内。这时，非滑转车轮仍有正常的驱动力，从而提高了汽车在滑溜路面的起步和加速能力及行驶方向的稳定性。LSD 能对差速器锁止装置进行控制，使锁止范围从 0% 到 100%。带防滑差速锁的 ASR 如图 3-5-2 所示。

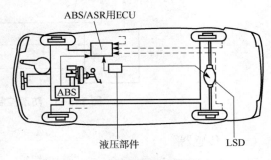

图 3-5-2 带防滑差速锁的 ASR

5. 差速锁与发动机输出功率综合控制

为了达到最理想的控制效果，采用差速制动控制与发动机输出功率综合控制相结合的控制系统。汽车在行驶过程中，路面滑溜的情况千差万别，驱动力的状态也是不断变化的，综合控制系统将根据发动机的状况和车轮滑转的实际情况采取相应的控制。比如，在发动机驱动力较小的状态下出现车轮滑转的主要原因可能是路面湿滑，这时采用对滑转车轮施以制动的方法就比较有效。而在发动机输出功率大（节气门开度大、转速高）时出现车轮滑转，则主要通过减小发动机输出功率的方法来控制车轮的滑转。有时候，车轮滑转的情况更为复杂，需要通过对车轮制动和减小发动机输出功率的共同作用来控制车轮的滑转。

三、ASR 与 ABS 的比较

（1）ABS 和 ASR 都是用来控制车轮相对路面的滑动的，以使车轮与路面的附着力不下降，但 ABS 控制的是汽车制动时车轮的"拖滑"，主要用来提高制动效果和确保制动安全，而 ASR 是控制车轮的"滑转"，用于提高汽车起步、加速及在滑溜路面行驶时的牵引力和确保行驶稳定性。

（2）虽然 ASR 也可以和 ABS 一样，通过控制车轮的制动力大小来抑制车轮与地面的滑动，但 ASR 只对驱动车轮实施制动控制。

（3）ABS 是在汽车制动时工作，在车轮出现抱死时起作用，当车速很低（小于 8 km/h）时不起作用；而 ASR 则是在汽车行驶过程中都工作，在车轮出现滑转时起作用，当车速很高（80 km/h~120 km/h）时一般不起作用。

四、防滑控制系统的结构与工作原理

防滑控制系统的基本组成如图 3-5-3 所示。

车轮车速传感器将行驶汽车的驱动车轮转速及非驱动车轮转速转变为电信号，输送给电子控制单元（ECU）。ECU 根据车轮车速传感器的信号计算驱动车轮滑转率，如果滑转率超出了目标范围，控制器再综合参考节气门开度信号、发动机转速信号、转向信号（有的车无）等因素确定控制方式，输出控制信号，使相应的执行器动作，将驱动车轮的滑转率控制在目标范围之内。

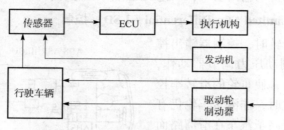

图 3-5-3　防滑控制系统的基本组成

（一）传感器

防滑控制系统的传感器主要是车轮车速传感器和节气门开度传感器。车轮车速传感器与防抱死系统共享，而节气门开度传感器则与发动机电子控制系统共享。

防滑控制系统专用的信号输入装置是防滑控制选择开关，将防滑控制选择开关关闭，防滑控制系统就不起作用。比如，在需要将汽车驱动车轮悬空转动来检查汽车传动系统或其他系统故障时，防滑控制系统就可能对驱动车轮施以制动，影响故障的检查。这时，关闭防滑控制选择开关，中止其作用，就可避免这种影响。

（二）电子控制单元

防滑控制系统的电子控制单元也是以微处理器为核心，配以输入输出电路及电源等组成。防滑控制系统和防抱死系统的一些信号输入和处理都是相同的，为减少电子器件的应用数量，使结构紧凑，防滑控制系统的控制器与防抱死系统电子控制单元通常组合在一起。图3-5-4 是 ABS/ASR 组合电子控制单元实例。

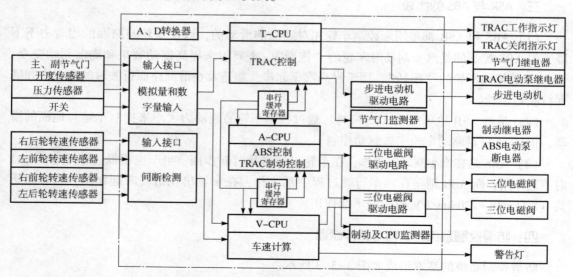

图 3-5-4　ABS/ASR 组合电子控制单元

（三）执行机构

1. 制动压力调节器

防滑控制系统的制动压力调节器执行防滑控制系统电子控制单元的指令，对滑转车轮施加制动力和控制制动力的大小，以使滑转车轮的滑转率在目标范围之内。防滑控制系统的制动压力源是蓄压器，通过电磁阀来调节驱动车轮制动压力的大小。防滑控制系统制动压力调节器的结构型式有单独方式和组合方式两种。

（1）单独方式的防滑控制系统制动压力调节器。所谓单独方式是指防滑控制系统制动压力调节器和防抱死系统制动压力调节器在结构上各自分开，如图 3-5-5 所示。

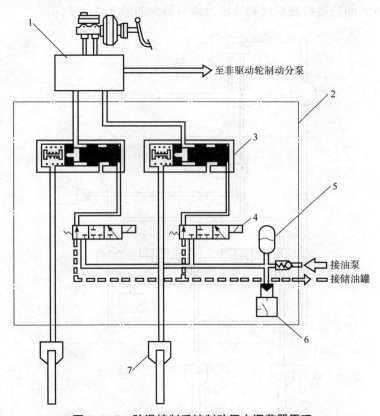

图 3-5-5　防滑控制系统制动压力调节器原理
1—ABS 制动压力调节器；2—ASR 制动压力调节器；3—调压缸；4—三位三通电磁阀；
5—蓄压器；6—压力开关；7—驱动车轮制动器

在防滑控制系统不起作用，电磁阀不通电时，阀在左位，调压缸的右腔与储液罐相通而压力低，调压缸的活塞被回位弹簧推至右边极限位置。这时，调压缸活塞左端中央的通液孔将 ABS 制动压力调节器与车轮制动分泵沟通，因此，在防滑控制系统不起作用时，对防抱死系统无任何影响。

当驱动车轮出现滑转而需要对驱动车轮实施制动时，防滑控制系统控制器输出控制信号，使电磁阀通电而移至右位。这时，调压缸右腔与储液罐隔断而与蓄压器接通，蓄压器具有一定压力的制动液推动调压缸的活塞左移，防抱死制动压力调节器与车轮分泵的通道被封闭，调压缸左腔的压力随活塞的左移而增大，驱动车轮制动分泵的制动压力上升。

当需要保持驱动车轮的制动压力时，控制器使电磁阀半通电，阀处于中位，使调压缸与储液罐和蓄压器都隔断，于是，调压缸活塞保持原位不动，使驱动车轮制动分泵的制动压力不变。

当需要减小驱动车轮的制动压力时，控制器使电磁阀断电，阀在其回位弹簧力的作用下回到左位，使调压缸右腔与蓄压器隔断而与储液罐接通。于是，调压缸右腔压力下降，其活塞右移，使驱动车轮制动分泵的制动压力下降。

在驱动车轮出现滑转时，防滑控制系统的电子控制单元就是通过对电磁阀的上述控制，实现对驱动车轮制动力的控制，将车轮的滑转率控制在目标范围之内。

（2）组合方式的防滑控制系统制动压力调节器，如图3-5-6所示。

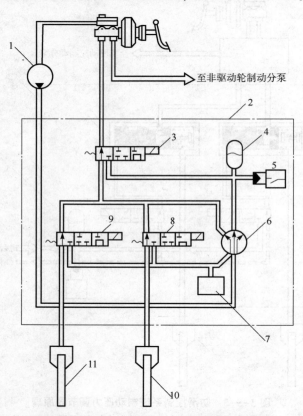

图3-5-6　ABS/ASR　组合制动压力调节器原理

1—输液泵；2—ABS/ASR制动压力调节器；3—电磁阀Ⅰ；4—蓄压器；5—压力开关；
6—循环泵；7—储液罐；8—电磁阀Ⅱ；9—电磁阀Ⅲ；10、11—驱动车轮制动器

在防滑控制系统不起作用时，电磁阀Ⅰ不通电。汽车在制动过程中如果车轮出现抱死，防抱死系统起作用，通过控制电磁阀Ⅱ和电磁阀Ⅲ来调节制动压力。

当驱动车轮出现滑转时，防滑控制系统控制器使电磁阀Ⅰ通电，阀移至右位，电磁阀Ⅱ和电磁阀Ⅲ不通电，阀仍在左位，于是，蓄压器的压力液通入驱动车轮制动器，制动压力增大。

当需要保持驱动车轮的制动压力时，防滑控制系统控制器使电磁阀Ⅰ半通电，阀移至中位，隔断了蓄压器及制动总泵的通路，驱动车轮制动分泵的制动压力即被保持不变。

当需要减小驱动车轮的制动压力时，防滑控制系统控制器使电磁阀Ⅱ和电磁阀Ⅲ通电，电磁阀Ⅱ和电磁阀Ⅲ移至右位，将驱动车轮制动分泵与储液罐接通，于是制动压力下降。

如果需要对左右驱动车轮的制动压力实施不同的控制，防滑控制系统控制器则分别对电磁阀Ⅱ和电磁阀Ⅲ实行不同的控制。

2. 节气门驱动装置

防滑控制系统通过改变发动机辅助节气门的开度来控制发动机的输出功率是应用最多的方法。在防滑控制系统不起作用时，辅助节气门处于全开的位置。当需要减小发动机的驱动力来控制车轮滑转时，防滑控制系统控制器就输出控制信号，使辅助节气门驱动装置工作，改变辅助节气门的开度，从而达到控制发动机的输出功率、抑制驱动车轮滑转的目的，如图3-5-7所示。

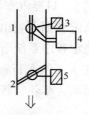

图 3-5-7　辅助（副）节气门进行防滑控制

1—辅助（副）节气门；2—主节气门；
3、5—节气门传感器；
4—辅助（副）节气门执行器

节气门驱动装置一般由步进电机和传动机构组成。步进电机根据防滑控制系统控制器输出的控制脉冲转动规定的转角，通过传动机构带动辅助节气门转动。

任务六　电子稳定控制系统介绍

1. 了解电子稳定程序系统的功能。
2. 了解电子稳定程序系统的基本组成与工作原理。

1. 能够收集和整理相关资料。
2. 能够针对具体车型的电子稳定程序系统向客户进行介绍。
3. 能够对电子稳定程序系统的结构与工作原理进行说明与分析。

老王买车的时候，发现一个高配车有个装备叫电子稳定程序系统，而低配车往往没有这个配置，两者之间的价格相差2万多元，他很纠结，这两万元到底值不值得花。电子稳定程序系统到底是干什么的？下面我们将介绍电子稳定程序系统的功能和工作原理，认识电子稳定程序系统的作用。

【基本知识】

一、电子稳定程序系统的功能

ESP是英语单词Electronic Stability Programe缩写，中文译成"电子稳定程序"。在丰田车系中也称 VSC 系统。VSC 是英文 Vehicle Stability Control 的缩写，中文译成"车辆稳定性控制"。

电子稳定程序系统是改善汽车行驶性能的一种控制系统。该控制系统分成两个系统：一个系统在制动系统中，另一个系统在驱动—传动系统中。其利用与防抱死系统一起的综合控制可防止汽车在制动时车轮抱死；其利用与防滑系统的共同作用可阻止汽车在起步时驱动轮滑转（空转）。只要汽车在行驶时不超出物理极限，电子稳定程序系统兼有防止汽车转向时滑移、不稳定和侧向驶出车道的综合功能。

电子稳定程序系统可在以下几个方面改善汽车行驶安全性：

（1）扩大了汽车行驶稳定性范围。在汽车的各种行驶状况下，如全制动、部分制动、车轮空转、驱动、滑行和负载变化，仍可保持汽车在车道中行驶。

ESP 系统介绍

（2）扩大了汽车在极端情况时的行驶稳定性，如在恐惧和惊恐时要求的特别的转向技巧，从而降低了汽车横甩的危险。

（3）在各种路况下，通过防抱死、防滑控制系统和发动机倒拖转矩控制（在发动机制动力矩过高时可自动提高发动机转速），还可进一步利用轮胎与路面的附着潜力，从而可缩短制动距离，增大牵引力，改善汽车的操控性和行驶稳定性。

二、电子稳定程序系统的基本工作原理

电子稳定程序系统工作的基本原理是利用汽车上的制动系统使汽车能"转向"。车轮制动器的原本任务是使汽车减速或让汽车停下来。在允许的物理极限范围内，电子稳定程序系统通过控制车轮制动器的工作，使汽车在各种行驶状况下在车道内保持稳定行驶。

ESP 系统组成及工作原理

电子稳定程序系统通过横摆角速度传感器，识别车辆绕垂直于地面轴线方向的旋转角度，通过侧向加速度传感器识别车辆实际运动方向。例如：电子稳定程序系统判定为出现不足转向，将制动内侧后轮，使车辆进一步沿驾驶员转弯方向偏转，从而稳定车辆（如图 3-6-1 所示）；电子稳定程序系统判定为出现过度转向，将制动外侧前轮，防止出现甩尾，并减弱过度转向趋势，稳定车辆（如图 3-6-2 所示）。

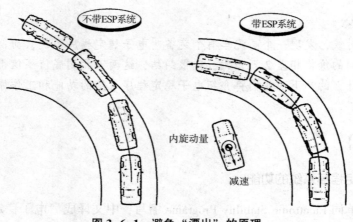

图 3-6-1　避免"漂出"的原理

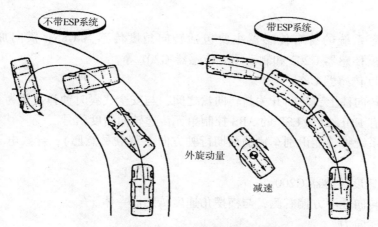

图 3-6-2 避免"甩尾"的原理

三、电子稳定程序系统的组成

图 3-6-3 所示是宝来轿车电子稳定程序系统的组成。电子稳定程序系统是建立在其他防滑控制系统之上的一个非独立的系统。系统的大部分元件与防抱死、防滑控制系统共用。电子稳定程序系统由传感器、控制单元和执行元件三部分组成。

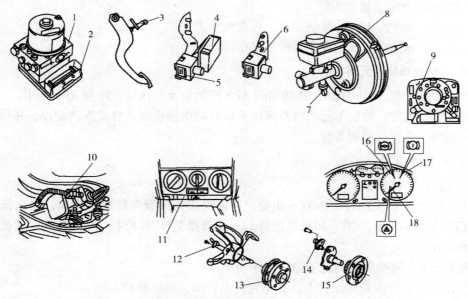

图 3-6-3 宝来轿车 ESP 系统的组成

1—ABS 液压单元 N55；2—带有 EDL/TCS/ESP 功能的 ABS 控制单元 J104；3—制动灯开关 F；
4—横摆角速度传感器 G202；5—横向加速度传感器 G200；6—纵向加速度传感器 G251；
7—制动压力传感器 G201；8—制动助力器；9—转向角度传感器 G85；
10—制动真空泵 V192；11—自诊断接口；12—右前/左前转速传感器 G45/G47；
13—带转速传感器转子的轮毂；14—右后/左后转速传感器 G44/G46；
15—带转速传感器转子的轮毂；16—ABS 警报灯 K47；
17—制动系统警报灯 K118；18—ESP 警报灯 K155

1. 传感器

电子稳定程序系统的特有传感器主要包括转向角度传感器 G85，横向加速度传感器 G200，横摆角速度传感器 G202 和制动压力传感器 G201 等。

（1）转向角度传感器 G85。

安装位置：转向柱上，转向开关与转向盘之间，与安全气囊时钟弹簧集为一体。

作用：向带有 EDL/TCS/ESP 的 ABS 控制单元传递转向角度信号。

失效影响：系统将不能识别车辆的预期行驶方向（驾驶员意愿），导致电子稳定程序系统不起作用。

（2）横向加速度传感器 G200。

安装位置：转向柱下方偏右侧，与横摆角速度传感器一体。

作用：确定横向力。

失效影响：没有横向加速度信号，无法识别车辆状态，导致电子稳定程序系统失效。

（3）横摆角速度传感器 G202。

安装位置：转向柱下方偏右侧，与横向加速度传感器一体。

作用：感知作用在车辆上的扭矩，识别车辆围绕垂直于地面轴线方向的旋转运动。

失效影响：没有此信号，控制单元不能识别车辆是否发生转向，导致电子稳定程序系统失效。

（4）制动压力传感器 G201。

安装位置：在主缸上，计算制动力，控制预压力。

失效影响：导致电子稳定程序系统不起作用。

2. 控制单元与执行元件

控制单元是带有 EDL/TCS/ESP 功能的 ABS 控制单元，执行元件与 ABS 共用。

打开点火开关后，控制单元将做自测试，所有的电器连接都将被连续监控，并周期性检查电磁阀功能，支持自诊断系统。

3. TCS/ESP 开关

安装位置：在仪表板上。

作用：按此开关可关闭 ESP/TCS 功能，并由仪表上的警告灯指示出来，再次按压此开关可重新激活 TCS/ESP 功能。如果驾驶员忘记重新激活 TCS/ESP，再次起动发动机后系统可被重新激活。

下列情况下，有必要关闭电子稳定程序功能：

（1）在积雪路面或松软路面上，让车轮自由转动，前后移动车辆。

（2）安装了防滑链的车辆。

（3）在测功机上检测车辆。

ESP 正在介入时，系统将无法被关闭；ESP 开关 E256 失效，ESP 系统将不起作用。

4. ESP 仪表警报灯

如果打开点火开关且检测结束后，ESP 仪表警报灯 K155 不熄灭，说明 ASR/ESP 系统有故障，此故障只影响 ASR/ESP 安全系统，车上的 ABS 安全系统功能正常。车辆在行驶中，如稳定程序警报灯 K155 闪亮，说现 ASR 及 ESP 系统正在工作。

任务七 辅助制动电控系统介绍

1. 了解电动真空制动助力系统。
2. 了解电子制动力分配系统。
3. 了解车辆上坡起步与下坡控制系统。
4. 了解电子驻车制动系统。

1. 能够收集和整理相关资料。
2. 能够针对具体车型电动真空制动助力系统向客户进行介绍。
3. 能够针对具体车型电子制动力分配系统向客户进行介绍。
4. 能够针对具体车型上坡起步与下坡控制系统向客户进行介绍。
5. 能够针对具体车型电子驻车制动系统向客户进行介绍。

从传统的完全驾驶员控制的制动系统，向自动驾驶紧急制动系统过渡的过程，经历了很长的发展历程。例如电子制动助力系统，在发现制动力不足时，主动产生真空配合传统的真空助力器工作，再如我们在车上前后载荷分布变化的时候能够主动识别并根据负载情况自动分配制动力，还有对于新手的上坡起步的辅助，等等，那这些功能是如何工作的呢？这里我们将介绍辅助制动电控系统的常见功能，让你对这些系统有所了解。

【基本知识】

一、电动真空制动助力系统

1. 电动真空制动助力系统的作用

在冷车暖机阶段，以及挂入挡位（自动挡车）踩住制动踏板等红灯结束期间，发动机会以较快怠速运转，目的是快速预热三元催化器或用来补偿自动变速器所需的力矩。较快怠速运转期间，节气门开度较大，导致进气歧管真空度降低，造成制动真空助力器的助力效果减弱。对于装备汽油发动机、自动变速器，并且满足欧Ⅳ排放标准的轿车，装备制动助力电动真空泵的作用就是使较快怠速与怠速时的制动助力效果相同。

2. 电动真空泵的结构

电动真空泵的结构如图 3-7-1 所示。真空泵由电动机、叶片泵和控制单元组成。叶片泵由壳体、泵轴、转子、叶片、进气口、气室等组成，如图 3-7-2 所示。

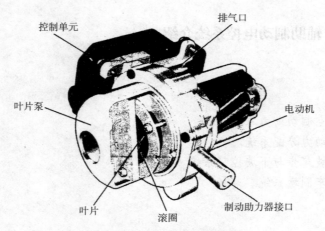

图 3-7-1 电动真空泵的结构

电动机带动叶片轴及转子旋转,转子上的 5 个叶片在离心力作用下紧贴在壳体内壁,从而分割成 5 个气室。真空泵接口与制动助力器的真空管连接。转子顺时针旋转,当气室处于进气口时,容积由小变大,气体被吸入气室;当转过进气口,气室被封闭,容积由大变小,气体被压缩;当气室处于排气口,气体被排到大气中。

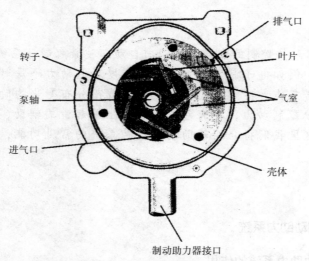

图 3-7-2 叶片泵的结构

3. 制动助力电动真空泵的控制方式

电动真空泵控制方式有两种:可控式,由本身控制单元来控制;可调式,由发动机控制单元来控制。

宝来轿车上安装的是可控式真空泵,安装位置在副车架左侧。将车辆举升后,由下往上才能看到,如图 3-7-3 所示。

可控式真空泵如图 3-7-4 所示,其工作过程如下:

(1) 控制单元根据负荷、发动机转速、节气门开度、制动灯开关是否闭合,计算出进气歧管的压力。

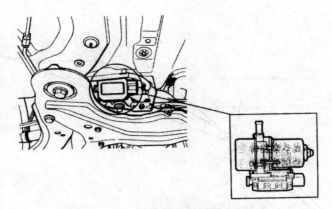

图 3-7-3　可控式真空泵安装位置

（2）将计算出的压力与控制单元存储的压力模型曲线对比，如高于压力模型曲线，则令继电器吸合，使电动机旋转真空泵工作。

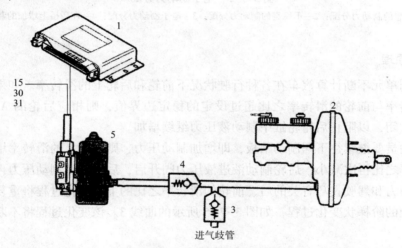

图 3-7-4　可控式真空泵

1—发动机控制单元；2—制动助力器；3、4—单向阀；5—带有控制单元的电动真空泵

二、电子制动力分配（EBV）系统

电子制动力分配系统可以按需要合理分配汽车的制动。在监控汽车稳定性时，通过取消制动压力缓减器或通过增强后轮制动器，以使后桥上的制动过程尽量靠近汽车的整个制动过程。当汽车前桥上的载荷较大时，还可利用前桥上剩余的制动潜力。

1. 理论基础

汽车制动力应当这样分配，即在没有制动压力缓减器，在制动过程的较小制动力阶段（如 0.5 g），可得到理想制动力分配曲线上的固定的制动力分配调节点 P，如图 3-7-5 所示。在配备 ABS 和使用它原来的液压系统、传感技术和电子技术，但在电磁阀和软件已作适当修改的制动系统中，在制动过程的较大制动力阶段时，可以使汽车后桥上的制动力减小。

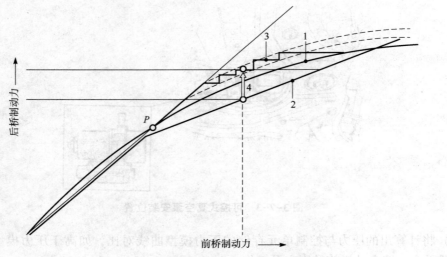

图 3-7-5 电子制动力分配

1—理想的制动力分配；2—不稳定的制动力分配；3—电子制动力分配；4—在后桥上增加的制动力

2. 工作原理

电子控制单元不断计算汽车在各种行驶状况下前轮和后轮上的滑转率。如果在制动过程中后轮的滑转率与前轮的滑转率之比超过设定的稳定边界值，则相应后轮的 ABS 中制动液进液压力阀关闭，以阻止后轮轮缸中制动液压力继续增加。

如果驾驶员要继续往下踩制动踏板，即增加制动压力，则前轮上的滑转率增大，后轮与前轮的滑转率之比再次减小，后轮制动液进液压力阀开启，后轮上的制动压力再次增加。与制动踏板作用力和驾驶技巧有关的后、前轮的滑转率之比的上述变化过程将重复多次，即电子制动力分配的阶梯状变化过程，如图 3-7-5 所示的曲线 3。该变化过程将不断地紧靠理想力分配曲线。

电子制动力分配只是控制 ABS 中后轮制动液进液压力阀，液压调压器中的电机回油泵不工作。

3. 优点

由电子制动力分配曲线可见，其优点是：

①在各种载荷状况，在弯道、上山和下山时的侧向力以及动力传动系统变化（如离合器接合、离合器分离、自动变速器不同挡位）时都能得到最佳的汽车行驶稳定性。

②取消了常规的制动压力缓减器或制动压力限制器。

③降低前轮制动器的热负荷。

④前、后摩擦制动衬片磨损均匀。

⑤在相同的制动踏板作用力时有较大的汽车减速度。

⑥在汽车寿命期内制动力分配不变。

⑦只需对原来的 ABS 中的一些部件作微小改变。

三、车辆上坡起步与下坡控制系统

1. 山区上坡起步控制功能（HHC）

山区上坡起步控制功能如图 3-7-6 所示。它是汽车行驶的舒适性功能，并可防止在陡坡起步时汽车下溜。用倾斜传感器（纵向加速度传感器）可以测定坡度。在停车时，踩踏制动踏板建立的制动压力是汽车在上坡起步所必需的。

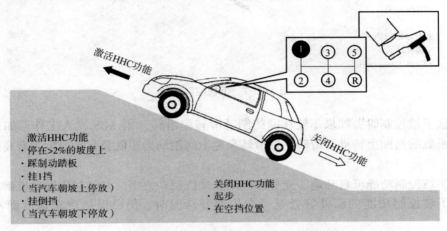

图 3-7-6 上坡起步控制功能

在确认汽车已停下来，且没有踩踏制动踏板时，在液压制动系统中仍将保持驾驶员在停车过程期间预设的制动压力。制动压力保持时间最长达 2 s，以后制动压力下降。在这时间内驾驶员可踩加速踏板使汽车起步，在确认汽车要起步后制动压力下降。

如果汽车发动机转矩足够，则汽车起步行驶。汽车起步可由驾驶员踩踏加速踏板或接合离合器，也可以由变速器输出发动机转矩（如自动变速器）来实现。

若汽车在静止状态时已有足够的发动机转矩（如通过自动变速器驱动）时，则液压制动系统中的制动液压力不再保持。

如果在汽车设定的制动压力保持时间内踩踏加速踏板，则制动压力保持时间要延长到有足够的发动机转矩，以使汽车起步。

若既不踩加速踏板，也不踩制动踏板，则山区上坡起步控制（HHC）在最晚 2 s 以后将失效，汽车就下溜。

上坡起步控制功能是电子稳定程序系统的附加功能，并利用了电子稳定程序系统中的部件。这个控制过程是自动完成的。

2. 山区下坡控制功能（HDC）

山区下坡控制功能如图 3-7-7 所示。山区下坡控制也是汽车的一个舒适性功能。当汽车在山区下坡（坡度达 50%）行驶时，该功能帮助驾驶员自动地进行制动干预。在激活山区下坡控制功能后，无须驾驶员的帮助而能细微调节预先设定的汽车速度。

操纵 HDC 键就可实现激活和关闭山区下坡控制功能。在需要时，驾驶员可以通过踩制动踏板和加速踏板或速度控制器的操纵键改变预设的速度。

图 3-7-7　下坡控制功能

在山区下坡控制时，如果车轮在高的制动滑转率滑转，则 ABS 投入工作。如果车轮在不同附着系数的路面上转动和滑转，则滑转车轮上的制动力矩就会自动分配到有高附着系数的车轮上。

山区下坡控制功能可自动地、充分地利用发动机制动力矩。与只利用发动机倒拖的阻力矩相比，下坡控制功能的额外好处是当车轮离开路面时，仍可保持汽车速度而不会突然加速。

下坡控制功能的另一优点是制动力的分配是可变的，该制动力与自动行驶方向识别连在一起。在汽车倒行时需对后桥进行较猛的制动，以减轻前桥载荷和得到最佳的汽车操控性。

下坡控制功能中有一个地平面检测功能，在山区下坡行驶时允许进行制动干预。如汽车在平路上或在山区上坡行驶时下坡控制功能转换到准备状态，一旦识别出汽车是下坡行驶就再次自动激活下坡控制功能。

为预防驾驶员误用下坡控制功能，若加速踏板移动量超过它的阈值而继续往下踩或汽车超过它的最大控制速度时，则下坡控制功能进入准备状态。如果汽车进一步加速而超过切断速度，则下坡转入关闭控制功能。

下坡控制功能的状态由 HDC 指示灯显示。在通过下坡控制功能进行制动干预时还通过制动灯显示。

四、电子驻车制动系统

1. 电子驻车制动系统的功能

电子驻车制动系统（EPB），俗称电子手刹，它是将行车过程中的临时性制动和停车后的长时间制动功能整合在一起，并且由电子控制方式实现停车制动的技术。

电子驻车制动系统的功能如图 3-7-8 所示。电子驻车制动从基本的驻车功能延伸到自动驻车功能（AUTO HOLD）。驾驶员要停下车辆时，只需按下 AUTO HOLD 按钮，而不需要像之前一样长时间脚踏制动踏板，然后拉起驻车制动杆，即可实现自动驻车。启动自动电子驻车制动的情况下，车辆起动时，电控驻车制动器自行松开，这能避免车辆在坡道起步向后溜车。

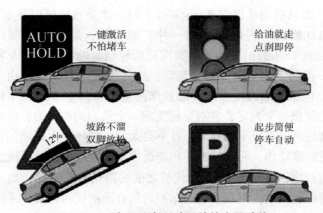

图 3-7-8 电子驻车制动系统的主要功能

2. 电子驻车制动系统的结构与工作原理

电子驻车制动的工作原理与机械式驻车制动相同，均是通过摩擦片与制动盘或制动鼓产生的摩擦力来达到控制停车制动的目的，只不过控制方式从之前的机械式驻车制动拉杆变成了电子按钮。

电子驻车制动系统的组成如图 3-7-9 所示，主要由驻车制动控制单元、驻车制动开关、AUTO HOLD 开关、制动执行元件等组成。

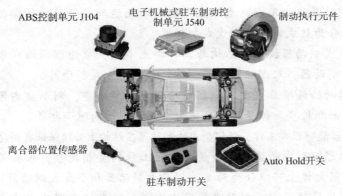

图 3-7-9 电子驻车制动系统的组成

电子驻车制动有以下几种工作模式：

（1）动态起动辅助模式。当车辆从静止起步，车轮扭矩达到一定程度时，电子驻车制动自动释放，将操作简化。

（2）斜坡停车模式。电子驻车制动系统通过内置在其控制单元中的纵向加速传感器来测算坡度，从而可以算出车辆在斜坡上由于重力而产生的下滑力，控制单元通过电动机对后轮施加制动力来平衡下滑力，使车辆能停在斜坡上。

（3）动态紧急制动模式。如果在行车过程中发生极端情况，操作电子驻车制动按键，可以对车辆进行紧急制动。此时车辆的制动并非机械的驻车制动，高速情况下，紧急制动是通过 ESP 控制单元以略小于全力制动的力对全部四个车轮进行液压制动，而当车辆接近静止状态时，才能直接用电子驻车制动来降速或驻车。例如大众的电子驻车制动在 7 km/h 以上的速度就是如此，而只有当速度在 7 km/h 以下时，才是直接施以驻车制动。

（4）AUTO HOLD 模式。它是 ESP 的一种扩展功能，是由 ESP 部件控制，制动管理系统通过 ESP 的扩展功能来实现对四轮制动的控制。当车辆临时停驻，并且很短一段时间之后需要重新起动，这种情况的驻车就交由 ESP 控制的制动来完成，电脑会通过一系列传感器来测量车身的水平度和车轮的扭矩，对车辆溜动趋势做一个判定，并对车轮实施一个适当的制动力，使车辆静止。这个制动力刚好可以阻止车辆移动，并不会太大，以便再次踩油门前行时，不会有太严重的前窜动作。而在临时驻车超过一定时限后，制动系统会转为后轮机械驻车（打开电子驻车制动），来代替之前的四轮液压制动。当车辆欲将前行时，电子系统会检测油门的踩踏力度，以及手动挡车型的离合器踏板的行程，来判定制动是否解除。

电子驻车-制动块更换

AUTO HOLD 功能可以避免使用电子驻车制动而简化操作，自动挡车型也不用频繁地由 D 到 N、D 到 P 来回切换挡位，简化了操作，也减少了"溜车"带来的意外发生。不过，为了环保和减少传动系统磨损，自动挡车型短时停车还是应该适时挂入 N 挡更好。

项目小结

1. 制动系统的功用是根据需要使行驶中的汽车减速甚至停车，使下坡行驶的汽车保持车速稳定，以及使已停驶的汽车保持不动。

2. 汽车制动系统一般由四个部分组成：供能装置、控制装置、传动装置、制动器。

3. 制动器是制动系统中用以产生阻止车辆运动或运动趋势的力的部件。制动器按照摩擦工作表面的不同分为鼓式制动器和盘式制动器。

4. 轮缸驱动鼓式制动器按照其结构与工作特点不同，分为领从蹄式制动器、双领蹄式制动器、双从蹄式制动器、双向双领蹄式制动器和自增力式制动器。

5. 鼓式制动器的检修项目主要有：制动蹄衬片厚度检查、制动鼓内圈磨损检查、制动蹄片与制动鼓接触面积检查、弹簧尺寸及弹力检查、制动间隙调整等。

6. 为保证制动器能够正常工作，任何型式的制动器在结构上必须保证有制动间隙的调节装置。

7. 盘式制动器摩擦副中的旋转元件是以端面工作的金属圆盘，根据固定元件的结构型式不同，盘式制动器大体上可以分为两类：钳盘式制动器和全盘式制动器。

8. 盘式制动器检修项目有：制动盘厚度检查、制动盘端面圆跳动检查、制动块厚度检查、制动间隙调整。

9. 驻车制动装置的作用是使停驶后的汽车能够驻留原地不动，使汽车在坡道上能顺利起步，当行车制动效能失效后临时使用或配合行车制动器进行紧急制动。

10. 液压式制动传动装置中，传力介质是制动油液，利用制动油液将驾驶员作用于制动踏板上的力转换为油液压力，通过管路传至车轮制动器，再将油液压力转换为使制动蹄张开的机械推力。

11. 制动主缸的作用是将踏板力转变成液压力。现代汽车的行车制动系统都必须采用双回路，因此液压制动系统都采用双腔式制动主缸。

12. 制动轮缸的功用是将液体压力转变为制动蹄张开的机械推力。制动轮缸有单活塞式和双活塞式两种。

13. 真空助力器是利用真空能（负气压能）对制动踏板进行助力的装置，对其控制是利用踏板机构直接操纵。

14. 当更换制动器、打开了制动管路、更换了制动系统液压部件时，或是制动踏板发软、变低、制动效果变差时，就需要对制动系统进行排气。

15. 气压式制动传动装置的功用是利用压缩空气的压力，按驾驶员的要求，经控制阀对制动器进行有效的制动，从而获得所需要的制动力矩。

16. 汽车电子控制防抱死制动系统是汽车上的一种主动安全装置。

17. 汽车驱动防滑控制系统是继制动防抱死系统之后应用于车轮防滑的电子控制系统。

18. ABS是在汽车制动时工作，在车轮出现抱死时起作用，当车速很低（<8 km/h）时不起作用；而ASR则是在汽车行驶过程中都工作，在车轮出现滑转时起作用，当车速很高（80~120 km/h）时一般不起作用。

19. 汽车防滑电子控制系统常用的控制方式有发动机输出功率控制、驱动轮制动控制、同时控制发动机输出功率和驱动车轮的制动力、防滑差速锁控制和差速锁与发动机输出功率综合控制。

20. 山区上坡起步控制是汽车行驶的舒适性功能，并可防止在陡坡起步时汽车下溜。

21. 山区下坡控制也是汽车行驶的舒适性功能。当汽车在山区下坡行驶时，能帮助驾驶员自动地进行制动干预，无须驾驶员的帮助而能细微调节预先设定的汽车速度。

自测练习

一、填空题

1. 汽车制动系统一般由四个组成部分：供能装置、控制装置、_____和_____。
2. 根据固定元件的结构型式不同，盘式制动器大体上可以分为两类：_____和_____。
3. 真空助力器是利用_____对制动踏板进行助力的装置。
4. ABS中最主要的执行器是_____。
5. 电动真空制动助力系统的作用是使_____与_____的制动助力效果相同。

二、判断题

1. 气压制动系统的制动力大，制动灵活，广泛应用于轿车。（   ）
2. 电子控制制动防抱死系统失效，汽车将丧失制动性能。（   ）
3. 通常在检修制动压力调节器、制动分泵、蓄压器、后轮分配比例阀、电动油泵、制动液管路、压力警告和控制开关时需进行泄压。（   ）
4. 更换不用的制动液要集中处理，不可随意丢弃，以免污染环境。（   ）
5. 电子稳定性程序是改善汽车动力性能的一种控制系统。（   ）

三、选择题

1. ABS控制单元只能在短时间承受（   ）℃温度。
   A. 70   B. 80   C. 90   D. 100
2. 汽车驱动防滑控制系统简称（   ）。
   A. EDB   B. ASR   C. SRS   D. RSA
3. 液压制动系统排气，应遵循_____的顺序进行排气。

A. 先前轮后后轮　　　　　　　　B. 先后轮后前轮
C. 由远到近　　　　　　　　　　D. 由近到远
4. 当车轮制动器抱死时，汽车车轮在地面上（　　）。
A. 完全滚动　　　　　　　　　　B. 完全滑转
C. 完全滑移　　　　　　　　　　D. 边滚边滑
5. 山区上坡起步控制和下坡控制是提高汽车（　　）的装置。
A. 动力性　　　B. 经济性　　　C. 行驶稳定性　　　D. 行驶舒适性

四、论述题

1. 下图是汽车制动系统工作示意图，请标注图中序号所代表的零部件名称，并分析其工作原理。

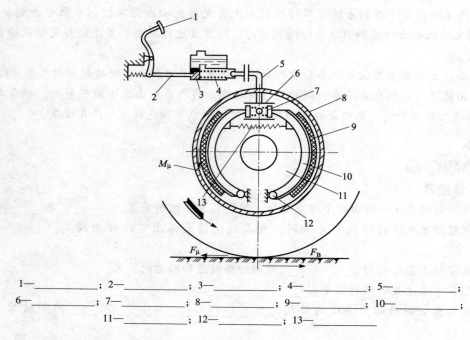

1—————；2—————；3—————；4—————；5—————；
6—————；7—————；8—————；9—————；10—————；
11—————；12—————；13—————

2. 下图是附着系数与滑移率的一般关系，请分析车轮滑移率对附着系数的影响。

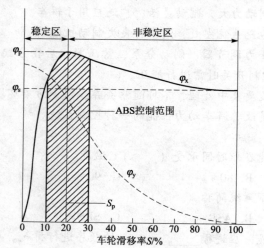

3. 下图是典型轿车双回路液压制动系统示意图,请标注图中序号所代表的零部件名称,并分析其工作原理。

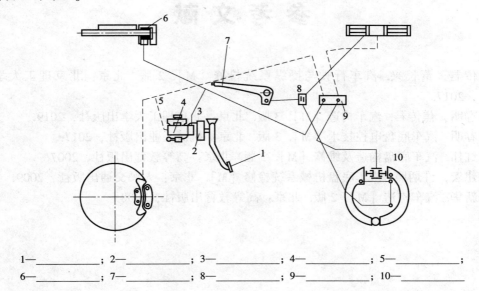

1—_____;2—_____;3—_____;4—_____;5—_____;
6—_____;7—_____;8—_____;9—_____;10—_____。

参 考 文 献

[1] 焦传君,董长兴. 汽车行驶与操纵系统检修 [M]. 2版. 北京:北京理工大学出版社,2017.
[2] 李春明,焦传君. 汽车构造 [M]. 3版. 北京:北京理工大学出版社,2019.
[3] 李春明. 汽车底盘电控技术 [M]. 3版. 北京:机械工业出版社,2017.
[4] 张红伟. 汽车底盘构造及维修 [M]. 2版. 北京:高等教育出版社,2007.
[5] 陈建宏,许炳照. 汽车底盘机械系统检修 [M]. 北京:人民交通出版社,2009.
[6] 郭新华. 汽车构造 [M]. 2版. 北京:高等教育出版社,2008.